# 科学家故事

## 100个

修订升级版

叶永烈 ◎ 著

长江出版传媒 | 长江文艺出版社

**图书在版编目（CIP）数据**

科学家故事 100 个 / 叶永烈著. — 武汉 ：长江文艺
出版社， 2023.10（2024.6）
（百读不厌的经典故事）
ISBN 978-7-5702-3082-2

Ⅰ. ①科… Ⅱ. ①叶… Ⅲ. ①科学家－生平事迹－世
界－青少年读物 Ⅳ. ①K816.1-49

中国国家版本馆 CIP 数据核字（2023）第 087809 号

科学家故事 100 个
KEXUEJIA GUSHI 100 GE

责任编辑：杨　岚 　　　　　　　　责任校对：毛季慧
封面设计：一壹图书 　　　　　　　责任印制：邱　莉　胡丽平

出版：长江出版传媒　长江文艺出版社
地址：武汉市雄楚大街 268 号 　　　　邮编：430070
发行：长江文艺出版社
http://www.cjlap.com
印刷：武汉科源印刷设计有限公司

开本：720 毫米×1000 毫米 　　　1/16 　印张：23 　　　　插页：2 页
版次：2023 年 10 月第 1 版 　　　　2024 年 6 月第 2 次印刷
字数：330 千字

定价：38.00 元

# 目 录
Contents

# 自　序

　　每一位功勋卓著的科学家，都有一部可歌可泣的奋斗史，都可以写成一部长篇传记。这本《科学家故事100个》却纳百于一，以点概貌。书中的每一个故事，只是一段"折子戏"，只是截取科学家一生中的某个光彩照人的片段。因此，这本书可以说是"折子戏集锦"，而不是一部长剧。

　　百人百貌。这一百多个故事，各不相同：有的写科学家勤奋，惜时如金；有的写科学家勇敢，知难而进；有的写科学家谦逊，永不满足；有的写科学家好学，孜孜不倦；有的写科学家坚定，捍卫真理……但是，这一百多个故事汇聚在一起，却是道出了要想成为科学家，应当具备什么样的品格修养。

　　对于每一位科学家来说，书中短短的故事只是小小的片段。为了使小读者能对每一位科学家有概括了解，我特地在故事前写了科学家的简历，配上一幅画像。这一百多个故事，以科学家出生年份为序编排。

　　本书得到中国科学院院士、著名科学家谢希德与著名教育家朱永新教授的看重和推荐，深表感谢。

叶永烈

# 1. 从"班门弄斧"说起——鲁班

## 鲁 班（公元前507—前444）

中国古代的建筑工匠。姬姓，公输氏，名般，春秋时鲁国人。般与班同音，所以又称鲁班。曾创造攻城的云梯和磨粉的磨子，又相传曾发明木工工具。过去曾被建筑工匠尊为"祖师"。

> 采石江边一堆土，
>
> 李白之名高千古，
>
> 来来往往一首诗，
>
> 鲁班门前弄大斧。

这是明朝诗人梅之涣瞻仰了李白墓之后写的小诗。其中"鲁班门前弄大斧"一句，为后人所传诵，以至有人添了一句，变成对偶句：

> 鲁班门前弄大斧，
>
> 关公面前舞大刀。

"鲁班门前弄大斧"，出自成语"班门弄斧"。比喻在行家面前卖弄本领，不知天高地厚。

这里所说的鲁班，是春秋末年的巧匠，人们尊他为木工的开山鼻祖。

很巧，那时候还有一个巧匠叫公输般。般与班同音，有的书上也写作公输班。有人认为，鲁班与公输般是一个人，因为公输般是鲁国人，所以叫他鲁班；也有人认为，鲁班与公输般是两个人，但他们都是古代的巧匠。

由于年代久远，关于鲁班的生平，现在知道很少。但是，关于鲁班的传说却很多。

相传，锯就是鲁班发明的。①

那时候，木工的工具只有斧头。鲁班带着徒弟，上山用斧头砍伐树木，非常吃力，常常累得满头大汗。有一次，他的手破了，鲜血流了出来。他一看，手不是被斧头碰破的，而是被野草叶子割破的。野草叶子怎

---

① 中国考古工作者20世纪末在陕西蓝田县、武功县分别发现西周时期的铜锯，早于鲁班。因此，有人认为流传多年的鲁班发明锯子的故事并不可靠，但此说尚无定论。

么这样厉害呢？鲁班又仔细看了看，这叶子长长的，边缘有许多锋利的小齿。

鲁班深受启发，便在铁片上做出许多小齿，发明了锯子。用锯子锯木头，比用斧头方便、省力多了。

现代有一门研究生物系统的结构、功能等用来改进工程技术系统的科学，叫作仿生学。如此看来，鲁班在野草叶子的形态启发下发明了锯子，也可以说是仿生学应用于实际的一个简单例子。

相传，木工用的刨、钻、铲、曲尺等工具，也是鲁班发明的。至今，有人仍把曲尺称为"鲁班尺"。

墨斗是木工用来弹线的工具，相传也为鲁班发明。起初，鲁班在画墨线的时候，自己拿着一头，他母亲拿着另一头。后来，他发明了墨斗弯钩，这样画线时就用不着两个人了。至今，墨斗弯钩还被人们称为"班母"，意思是说它代替了鲁班的母亲。

据说，磨同样是鲁班发明的。

本来，人们是用石杵在石臼中把米捣成粉的，又慢又费力。鲁班发现人们用手搓米，能把米搓碎。于是，就用两块圆石头来搓米，如此便发明了石磨。

关于鲁班的传说还有很多，甚至有人说赵州桥也是鲁班修的，但赵州桥其实是隋朝石匠李春带领工匠建造的。人们为什么把赵州桥也说成是鲁班修的呢？这是因为鲁班在人们的心里，已经成了聪明、智慧的象征了。

不过，还有一个关于鲁班的传说，是值得记取的：小时候，鲁班雕刻一只凤凰，结果雕出来却像只鸡，一点也不好看，人们都嘲笑他把凤凰雕成了鸡。后来，鲁班不断学习雕刻，手艺不断提高，终于雕出了一只美丽的凤凰，受到人们的赞扬。

这个故事告诉我们：熟能生巧，天才出于勤奋。鲁班并不是生下来就心灵手巧的，而是经过了刻苦的努力，才成为一个世人所称颂的神匠的！

# 2. 古代的"博士"——亚里士多德

亚里士多德（公元前 384—前 322）

古希腊哲学家、科学家。是古希腊学者中最博学的人物之一，在哲学、美学、教育学、生物学、生理学、医学等方面都有贡献。主要著作有《工具论》《形而上学》《物理学》《伦理学》《政治学》《诗学》等。

"没有一个动物同时具有长牙和角。"

"反刍动物有多重胃，但是牙齿很不行。"

"长毛的四足动物胎生，有硬鳞甲的四足动物卵生。"

…………

可以看出，上面的这些话，只有经过长期的观察、思考，并经过归纳、总结，才能说出来。

使人感到惊讶的是，这些话竟出自一位古人之口！

他是谁呢？

他是著名的古希腊大科学家亚里士多德。

在亚里士多德生活的那个年代，人类的生产和科学技术还十分落后。然而，就在那样的年代，亚里士多德却酷爱科学，细致地研究了许多自然现象。

为什么"没有一个动物同时具有长牙和角"呢？

亚里士多德的回答是："野兽有了长牙可以保护自己，何必再长角呢！"

为什么"反刍动物有多重胃，但是牙齿很不行"呢？

亚里士多德的回答是："正因为它们的牙齿很不行，才要靠多重胃来帮助消化。在自然界中，一贯是从这一部分拿掉后，就会在另一部分加以补偿。"

为什么"长毛的四足动物胎生，有硬鳞甲的四足动物卵生"呢？

亚里士多德的回答是："这说明动物是可分为好多类的。不同类的动物，生育的方法是不同的。"

亚里士多德在公元前384年生于斯塔其拉。他的父亲尼哥马克斯是一位医生。亚里士多德受父亲影响，从小喜爱大自然。后来，他博学多才的老师、著名的古希腊学者柏拉图，给了他良好的教育。

亚里士多德有一个很大的优点，就是喜欢亲自动手做实验，而且具有很敏锐的观察力，并善于进行总结和归纳。

亚里士多德曾解剖过至少50种不同类型的动物，弄清了各种动物的内部构造。人们说，如果不是由于当时的宗教不允许解剖人的尸体的话，亚里士多德一定会在那时候就研究人体的内部构造了。亚里士多德把540种动物按照它们的外貌特征分为11大类，写入他的生物学著作。这是人类第一次对动物进行详细的分类。

亚里士多德曾很详细地观察了鸡蛋孵成小鸡时胚胎的发育过程："心脏好像一块红血在蛋白的中间。这一点红血跳着，然后伸出两条充满了血的血管，成旋涡的形状。有一层布满血管的薄皮包围着蛋黄。然后肢体才伸出来，最初是很小而且是白色的。"这样详细、如实的科学记录，在那个时代是多么可贵！

亚里士多德根据他的解剖观察，指出"鲸鱼是胎生的，不像产卵的鱼类"。这在人类认识史上，也是首创的。

亚里士多德不懂就问，善于思索。他曾注意到这样的遗传现象："有一个白种人的女子嫁给一个黑种人，他们的子女是白色的皮肤，但到了孙儿那一代之中，又有黑色皮肤的。那么，他们白色皮肤的子女中，如何藏着黑色的血统呢？"这个问题，直到2000多年后孟德尔①创立现代遗传学时，才找到了答案。

亚里士多德的学识非常渊博，写了许多著作。尽管其中一大部分后来都散失了，但仅从那幸存的一小部分著作看，内容便涉及哲学、逻辑学、动物学、天文学、气象学、解剖学、诗学、修辞学、政治学等许多方面。他，不愧是一位古代的"博士"！

当然，由于时代的局限性，亚里士多德的著作中也有许多错误。比如他认为：

"重物体比轻物体坠落得快。"

"人是用心脏思考的。"

"地球是宇宙的中心。"

"世界上不存在原子。"

---

① 参看本书《后花园里的科学实验》一文。

"一切能自由行动的动物，都是有灵魂的。"

…………

亚里士多德死后，起初，人们称他为"学问之神"，遇到不懂的事，总是说"去看看亚里士多德的著作吧"。后来，人们把他捧到了至高无上的地位，他说的所有的话，都成了真理。谁反对他的话，就成了"亵渎圣贤"，轻则问罪，重则杀头。

其实，这不能责怪亚里士多德。他在那个时代，做了那么广泛的研究，是何等难能可贵。即使讲了些错话，也是可以原谅的。应当责怪的，是那些把亚里士多德"神化"了的人。

著名的意大利科学家伽利略在用事实否定了亚里士多德所说的"重物体比轻物体坠落得快"的论断之后，说了一段非常深刻的话：

"我并不是说我们就不应当倾听亚里士多德的话，相反地，我称赞那些虚心阅读和仔细研究他的人。我所反对的只是那些屈服于亚里士多德的权威的人，他们盲目赞成他的每一个字，不想去寻求其他的根据，而只是把他的每一个字看成是颠扑不破的真理。"

伽利略的话是公允的，恰当的。

亚里士多德是伟大的。人们在他逝世时，曾用这样的话赞扬他：

"亚里士多德把科学给予了世界。"

# 3. 几何学之父——欧几里得

**欧几里得（约公元前330—前275）**

古希腊数学家。雅典人。著有《几何原本》13卷，是世界上最早的公理化数学著作。欧几里得在这部书中，总结了前人的生产经验和研究成果，从公理和公设出发，用演绎法叙述几何学。

　　说出来也许会使你感到惊奇：原来，今天你所读的几何课本中的大部分内容，都来自古希腊时期的一部数学著作——《几何原本》。这部书的作者，便是被誉为"几何学之父"的古希腊著名数学家欧几里得。《几何原本》在2000多年间，一直被沿用为几何学的课本。欧几里得是第一个把几何学系统化、条理化、科学化的人。

　　欧几里得是希腊亚历山大大学的数学教授。著名的古希腊学者阿基米德，是他"学生的学生"——卡农是阿基米德的老师，而欧几里得是卡农的老师。关于欧几里得的生平，没有详细的记载。然而，却流传着许多关于他的有趣故事……

　　那时候，人们建造了高大的金字塔，可是谁也不知道金字塔究竟有多高。有人这么说："要想测量金字塔有多高，比登天还难！"

　　这话传到欧几里得的耳朵里。他笑着告诉别人："这有什么难的呢？当你的影子跟你的身体一样长的时候，你去量一下金字塔的影子有多长，那长度便等于金字塔的高度！"

　　欧几里得的名声越来越大，以至连国王也想赶时髦，学点几何学。于是，国王便把欧几里得请进王宫，讲授几何学。谁知刚学了一点，国王就显得很不耐烦，觉得太吃力了。国王问欧几里得："学习几何学，有没有便利一点的途径，一学就会？"

　　欧几里得笑道："陛下，很抱歉，在学习科学的时候，国王与普通百姓是一样的。科学上没有专供国王行走的捷径。学习几何，人人都要独立思考。就像种庄稼一样，不耕耘，就不会有收获的。"

　　前来拜欧几里得为师，学习几何的人非常多。有的人是来凑热闹的，看到别人学几何，他也学几何。一位学生曾这样问欧几里得："老师，学习几何会使我得到什么好处？"欧几里得思索了一下，请仆人拿点钱给这位学生，冷冷地说道："看来，你拿不到钱，是不肯学习几何学的！"

　　欧几里得沉醉于他的几何学。他对做官、赚钱之类的事情没有多大兴趣。他认为，科学与权势、金钱无缘。他把毕生的精力献给了几何学。如今，人们还把他所研究的几何学称为"欧氏几何"。

# 4. "等一下杀我的头"——阿基米德

阿基米德（公元前 287—前 212）

　　古希腊学者，生于叙拉古。曾发现杠杆定律和阿基米德定律，确定许多物体表面积和体积的计算方法，并设计了多种机械和建筑物。罗马进犯叙拉古时，他运用机械技术来帮助防御，城破时被害。

在公元前212年的一天黎明，古罗马的军队偷袭了一个小国——叙拉古王国。古罗马军队悄悄地打开一扇城门，闯进叙拉古城。他们不急于进攻王宫，却直奔著名科学家阿基米德的住处。这是因为他们惧怕阿基米德，胜过惧怕叙拉古国王希罗二世。他们知道，阿基米德足智多谋，又富有爱国热情，不把他杀掉，休想征服叙拉古王国。

当古罗马军队的士兵一脚踢开阿基米德的房门时，里面居然静悄悄的，毫无声响。古罗马士兵以为阿基米德还在酣睡，仔细一瞧，床上空荡荡的，只见地上一动不动地蹲着一个两腮长着长长的花白胡子的人。

啊，是他，是阿基米德！他在干什么呢？原来，这位75岁高龄的老科学家通宵未眠，正用双手托着下巴，聚精会神地看着画在地上的几何图形，以至于连罗马士兵站在他眼前都未发觉。

当罗马士兵把寒光闪闪的利剑碰到阿基米德鼻尖时，这位老科学家才从数学的迷梦中惊醒，明白发生了什么事情。阿基米德毫无惧色，用手推开了剑，十分平静地说道："等一下杀我，再给我一会儿工夫，让我把这条几何定律证明完毕。可不能给后人留下一道还没有求解出来的难题啊！"他刚说完，又沉思起来，继续研究着地上的几何图形。残暴的罗马士兵不由分说，一剑砍死了这位伟大的科学家。

阿基米德在数学、物理学等许多方面有过重大贡献。阿基米德酷爱科学，常常废寝忘食。有时，阿基米德一边吃饭，一边在火盆的灰烬中画着各种几何图形，思索着求解难题的方法，以至连饭冷了都不觉得。那时候，人们有一种用油擦身的习惯，阿基米德擦着，擦着，竟用油在身上画起三角形来。著名的"阿基米德定律"就是阿基米德在洗澡时觉得身体在水中轻了许多，从中受到启发而发现的。

阿基米德杰出的成就，是与他的勤奋、专心、坚韧分不开的。

屠刀只能砍下阿基米德的脑袋，无法砍掉他在科学上的功绩。在阿基米德死后，人们整理出版了《阿基米德遗著全集》，以纪念这位不幸遇难的科学巨人。

# 5. 龙嘴里吐出了铜球——张衡

张　衡（78—139）

中国东汉科学家、文学家。字平子，河南南阳西鄂（今南阳石桥镇）人。曾两度担任执管天文的太史令。精通天文历算，创制世界上最早利用水力转动的浑象（也叫"浑天仪"）和测定地震的地动仪。他第一次正确解释了月食的成因。天文著作有《灵宪》；文学作品有《二京赋》《归田赋》《四愁诗》《同声歌》等。

公元 138 年，东汉京都洛阳传来了惊人的消息：

"发生地震啦！""京都西面发生地震啦！"

这消息是从太史令（专管天文和地震工作）张衡那里传出来的。

然而，在京都，谁也没觉察出发生过地震。几天过去了，没有什么信息传来。"张衡吹牛！""张衡瞎说！"京都的民众议论纷纷。

正在这时，从洛阳西面的陇西来人说，那里前几天发生了大地震！这下子，人们既震惊，又佩服。

陇西位于今甘肃省西南部，离洛阳很远。张衡怎么会知道那里发生了地震呢？原来，在张衡生活的年代，地震十分频繁。光是从公元 96 年到公元 125 年这 30 年间，就有 23 年发生过大地震，有好几次就发生在洛阳附近。正因为这样，地震引起了张衡的注意。

张衡经过多年的摸索，在公元 132 年制成了世界上第一架测定地震的仪器，叫作"地动仪"。

地动仪是用铜做的，直径约 3 米，样子像酒坛。在这个"酒坛"的外壁上，倒挂着 8 条龙。每条龙的嘴里都含有一个铜球。每条龙下面，蹲着一只铜蛤蟆。蛤蟆仰着头，张大嘴巴。8 条龙的龙头，分别朝着东、南、西、北、东南、西南、西北、东北 8 个方向。哪个方向发生地震，哪个方向的龙嘴里的铜球就震落下来，正好落在正对着它的铜蛤蟆嘴里，发出"当啷"一声。

那天，朝西面的龙嘴里的铜球落下来了，于是，张衡断定是京都西面发生了地震。

地动仪是根据惯性原理设计的。发生地震之后，地震波传来，地动仪中间的"都柱"（类似于惯性运动的摆）就受到震动，朝那个方向偏动，通过杠杆，使那个方向的龙嘴张开，铜球坠落。

在几千年前，张衡能够制造出这样精巧、灵敏、准确、造型美观的仪器，实在令人叹服！

张衡的祖父张堪，曾当过蜀郡太守。到张衡出生时，家道已经衰落，生活贫苦。但是张衡有志气，他说过："不患位之不尊，而患德之不崇；

不耻禄之不伙，而耻智之不博。"意思是说："不担心自己的地位不高，而担心自己的道德不高尚；不应当为收入微薄而羞耻，而应当为知识不广博而害臊。"

张衡为人正直，知识渊博。张衡在科学上的另一大贡献是在公元117年制成了浑天仪。这是一种观测天象的天文仪器。什么是"浑天"呢？原来，在那时候，人们以为大地是平的（一说像覆着的盘），天像一只巨大的碗反扣在大地上面，这叫"盖天说"。张衡根据自己对天文学的研究，认为地好像蛋黄，天好像蛋壳，包在地的外面，叫作"浑天说"。浑天说比盖天说进步多了。浑天仪是用铜做的，内有几层圆圈可以转动，上面刻着日、月和各种星辰。这个大铜球可用水力使它慢慢转动，转动一周的速度跟地球自转一周的速度一样。人们从浑天仪上可以看出星辰日月是怎样运动的。这在当时，是天文学上的一大创造。

张衡用肉眼观测星星，曾把观测结果画成一幅星图。当时，他看到的星星有2500多颗。现在天文学上观测到的六等以上的星（即可用肉眼看见的星）为3000颗左右，只比张衡观测到的多500来颗。可见张衡在当时研究天文是多么细心！

张衡不仅是一位科学家，还是一位文学家、画家。他29岁的时候，写过《东京赋》和《西京赋》。这两篇文章深受人们欢迎。据说，张衡写这两篇文章，前后花了10年时间！他著有诗、赋等32篇。张衡的绘画、书法也很不错。他还喜欢数学，算出圆周率为$\sqrt{10}$，即3.1622。

就在张衡用地动仪测到了陇西地震的第二年，他不幸病逝。

1956年，河南南阳县（今南阳市）重修了张衡墓，深切怀念这位中国古代杰出的科学家。郭沫若为张衡墓碑题词："如此全面发展之人物，在世界史中亦所罕见。"

# 6. 妙手神医——华佗

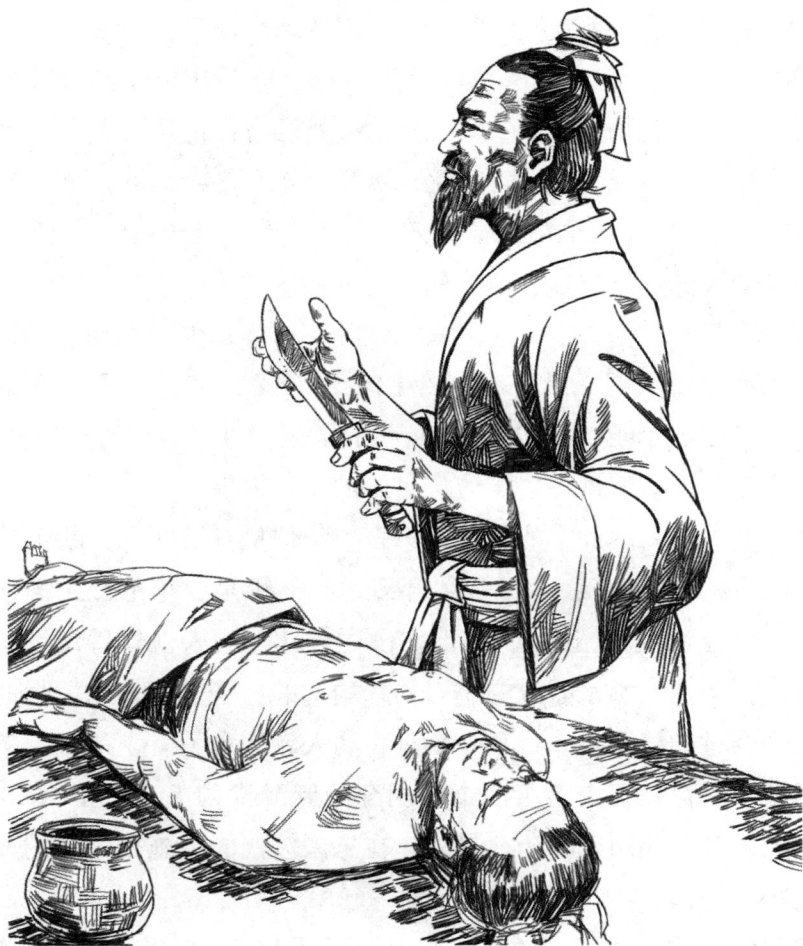

华　佗（约145—208）

　　中国汉末医学家。又名旉，字元化。沛国谯县（今安徽亳州）人。精通内、外、妇、儿、针灸各科，尤其擅长外科。曾创用麻沸散给患者麻醉后施行腹部手术。他还创立了五禽戏，强调锻炼身体。后来因不服从曹操的征召，被曹操所杀。

在《三国演义》第七十五回，有一个脍炙人口的故事"关云长刮骨疗毒"。

故事里写道，关云长的右臂被曹仁的弓弩手射中一箭，"箭头有药，毒已入骨，右臂青肿，不能运动"。这时，名医华佗坐了小船，专程赶来给关云长治疗。关云长一边与马良下棋，一边伸臂让华佗刮骨疗毒。这时，"佗乃下刀，割开皮肉，直至于骨，骨上已青；佗用刀刮骨，窸窸有声。帐上帐下见者，皆掩面失色。公饮酒食肉，谈笑弈棋，全无痛苦之色"。没一会儿，华佗刮尽毒药，关云长马上"臂伸舒如故，并无痛矣"。人们钦佩关云长的英雄风度，也钦佩华佗的神医妙手。

这段故事只是一个传说，它的真实性并不可靠，但是在历史上，华佗确有其人，而且确实是古代一位妙手回春的神医。如今，人们还常常用"华佗再世"之类的词句来形容医术高明的医生，可见华佗的影响之深。

在史书上，记载着许多关于这位名医的动人故事。

有一次，一个人的肚子痛得非常厉害。华佗检查了一下，断定是"肠痈"（即盲肠炎之类的疾病），必须开刀治疗。于是，华佗用酒配制了麻醉药——"麻沸散"，让病人喝下。没一会儿，病人就昏昏沉沉，不省人事。这时，华佗用沸水煮过的小刀划开病人的右下腹，切除溃烂的肠组织，再用消毒过的线缝合。过了一个月，病人就痊愈了。

据考证，华佗是历史上第一个使用全身麻醉术的人。过了 1600 年之后，欧洲人才开始使用麻醉药。另外，在三国时代能够施行这样的开刀手术，也是很难得的。

华佗很注意收集民间单方。有一次，他在路上遇见一个人在车中呻吟，一问，说是咽喉阻塞。华佗嘱咐他只需到前面的饼店里买个大饼，加上三两蒜泥和半碗醋，调和着吃下去，就会好的。那人按照华佗的吩咐去做了。不久，竟吐出一条长长的蛔虫。原来，华佗曾多次遇上这样的病人，采用这种民间单方，简单又见效，药到病除。

华佗除了给人治病之外，还常常劝人加强锻炼，增强体质，预防疾病。他模仿虎、鹿、熊、猿和鸟这五种动物的动作，创造了一种医疗体操——五禽戏。华佗曾教许多人做五禽戏。他自己也每天坚持练五禽戏，所以50来岁时，还能翻山越岭，健步如飞，身体很好，牙齿也一颗未掉。他的学生吴普，每天做五禽戏，竟活到90多岁。

华佗不仅医术高明，热心助人；更可贵的是，他刚正不阿，不畏权势。

曹操在东汉末年时当上了丞相。他患偏头痛。听说华佗是神医，便请华佗治病。华佗用细针刺在曹操的"鱼腰""攒竹"两个穴位上，治好了曹操的病。曹操要留他在身边做侍医，华佗不愿光为他一个人服务，就借口妻子有病，回家乡去了。

不久，曹操的偏头痛又发作了，派人到乡下找华佗。结果发现华佗正忙着给乡亲们看病，而他的妻子压根儿没有病。

曹操大怒，要处死华佗。曹操的谋士荀彧连忙请求曹操宽恕华佗："华佗的医术确实高明，关系别人的生命，应该加以宽容，留他的性命。"曹操不听，杀死了华佗。

华佗曾写过一部医学著作《青囊经》。他在狱中，想把这部书稿交给一个姓吴的牢头，以便将来有机会印成书，造福后代。可惜，这位牢头害怕自己受牵连，不敢接受。华佗在悲愤之中，用火烧掉了这部宝贵的著作。

这位神医死于曹操刀下，终年才六十多岁！

就在华佗被处死之后不久，曹操也病重而亡。

人们深深怀念这位不屈的神医。至今，徐州城内还保存着华佗墓。在华佗的故乡安徽亳州，建有华祖庵。

# 7. 月球上有他的名字——祖冲之

### 祖冲之（429—500）

中国南北朝时期南朝的数学家、天文学家。字文远，范阳遒县（今河北涞水县北）人。他推算出圆周率 π 的值在 3.1415926 和 3.1415927 之间，并提出了 π 的约率为 22/7 和密率为 355/113，要比欧洲早 1000 多年。在天文方面，他编制了《大明历》。又曾改造指南车，做水碓磨、千里船等。数学著作有《缀术》等，都已失传。

随着人类飞上太空，人类对月球的了解也越来越详细。如今，人类已经能绘制出详细的"月图"。在月亮背面的月图上，你可以看到一座山被标注为"祖冲之山"。

祖冲之是我国南北朝时著名的数学家、天文学家，享有很高的国际声誉。月球上的山脉用他的名字命名，就是一种象征。

祖冲之在数学上的重要贡献之一是求得了圆周率7位小数的精确值。他所提出的圆周率的密率，比荷兰工程师安托尼兹早了1000多年。因此，日本数学史家三上义夫建议，把原来以安托尼兹命名的圆周率的密率，改为"祖率"，以纪念祖冲之。

所谓圆周率，就是圆周长与直径长之比。圆周率通常用希腊字母 $\pi$ 表示，因为希腊文中"周围"一词的开头字母是 $\pi$。求算 $\pi$ 的值是数学上一个耐人寻味的问题，许许多多数学家为求算 $\pi$ 的值花费了多年的精力。

我国的数学家们研究 $\pi$，很早就开始了：

在公元前100多年的一部《周髀算经》里，就有"周三径一"的记载，也就是 $\pi = 3$。

东汉时，张衡认为，$\pi = \sqrt{10} \approx 3.1622$。

三国时，刘徽算出，$\pi = 157/50 \approx 3.14$；后来又算出，$\pi = 3927/1250 \approx 3.1416$。

祖冲之又远远超过了刘徽，算出 $\pi$ 为3.1415926与3.1415927之间，这是世界上最早的 $\pi$ 的七位小数精确值。

直到1000年后，15世纪阿拉伯数学家阿尔·卡西和16世纪法国数学家维叶特，才超过了他。

祖冲之还用两个分数值来表示圆周率：

约率 $\pi = 22/7 \approx 3.14$，

密率 $\pi = 355/113 \approx 3.1415926 \sim 3.1415927$。

直到1000多年后，法国数学家奥托和荷兰工程师安托尼兹才得出与祖冲之相同的密率。

这就是说，祖冲之不论是对 $\pi$ 的计算，或 $\pi$ 的密率的提出，都比外国科学家早了 1000 多年——这正是祖冲之对数学的卓越贡献。

祖冲之用什么方法推算 π 的值的，史书上没有记载。如果用一般的方法计算，算出 π 的小数点后 7 位数，一定要运算 130 次以上，其中包括开方运算在内，是很不容易的。

祖冲之的祖父、父亲，都很喜爱数学，对天文历法也很有研究，给了祖冲之很大的影响。

也许你会感到意外，祖冲之还是一位文学家，写过 10 卷小说呢！他对音乐也相当精通。

# 8."活鲁班"——喻皓

**喻 皓（生活在 10 世纪）**

中国古代建筑家。生于五代末、北宋初。又称预浩、预皓、喻浩。浙东人，曾任杭州都料匠。擅长营造，尤善建塔。在建造开封开宝寺塔时先做模型，然后施工，历时 8 年建成。在杭州建梵天寺塔时，他科学地解释了木塔的稳定问题。所著《木经》3 卷，是中国古代重要的建筑专著，已失传。

公元 989 年，东京（即开封）建成了一座 13 层高的塔。这塔呈八角形，塔上安放菩萨，塔下作为"天宫"——人们朝拜菩萨的地方。这塔名叫"灵感塔"。

负责设计、施工的，是特地从杭州调来的名匠喻皓，人称"活鲁班"。

灵感塔建成之后，人们觉得这一次"活鲁班"似乎太粗心了，那塔身明显朝西北方向倾斜！

听到别人的议论，喻皓笑了，说道："这是我特地设计的。这里土质比较松，加上常年吹西北风。这塔建成之后，过了几十年、上百年，塔身会向下陷落一些，经西北风不断地吹，正好会慢慢矫正过来。"

人们听了非常佩服，夸他到底是"活鲁班"！

又有一次，人们在杭州建造一座木塔。造到第三层，觉得塔摇摇晃晃的，不敢再造第四层。人们赶紧把"活鲁班"请来。

喻皓上上下下、仔仔细细看了一番，说道："只消在每一层上都铺上木板，把木板钉在木梁上。这样，增加了横向的拉力，塔就不会摇晃了。"

人们根据喻皓的意见改进后，果真，塔变得非常稳定，一点也不摇晃了。

人们佩服喻皓，把他称为"活鲁班"，说他的本事是神仙赐的。喻皓笑笑，不以为然。他的本事是从哪里来的呢？你只消知道下面这个故事，就明白了。

在开封城里，有一座唐朝时建造的相国寺。它具有 10 种各具一格的建筑结构，号称"十绝"。喻皓一到开封，就跑到相国寺去，细细查看。慢慢地，他看懂了十绝中的九绝，还有一绝看不懂。

哪一绝呢？就是屋檐四角向上卷的"卷檐"结构。

喻皓先是站在那里，仰着头看。站累了，坐下来看。坐累了，干脆躺在地上，认认真真地看。他经过反复分析，终于弄懂了卷檐的结构，知道用什么办法建造这种卷檐。

喻皓那胸有成竹的本领就来自他刻苦学习，善于吸取别人的长处。

喻皓曾写过一本书，叫作《木经》，可惜没有流传下来。他做过多年的木工，后来学会了设计。他是在干中学，学中干，不断增长知识、提高本领的。

# 9. 多才多艺的科学家——沈括

## 沈 括（1031—1095）

　　中国北宋科学家、政治家。字存中，杭州钱塘（今浙江杭州）人。神宗时参加王安石变法运动。晚年失意，住在江苏镇江东郊的梦溪园，把平生见闻写成《梦溪笔谈》。他在天文学、数学、地质学、药用植物与医学方面都有贡献。还著有《良方》10卷和《长兴集》等。

本篇故事的主角叫沈括，他是北宋时期的著名科学家。

在这里，先请你看一段日本数学史家三上义夫在《中国算学之特色》一书中，对沈括的评价：

"日本的数学家没有一个比得上沈括，像中根元圭精于医学、音乐和历术，但没有沈括的经世之才；本多利明精于航海术，有经世之才，但不像沈括的多才多艺……沈括这样的人物，在全世界数学史上找不到另一个，唯有中国出了这一个人。我把沈括称作中国数学家的模范人物或理想人物，是很恰当的。"

英国剑桥大学教授李约瑟在他的《中国科学技术史》一书中认为："沈括可算是中国整部科学史中最卓越的人物。"

李约瑟还把沈括的名著《梦溪笔谈》誉为"中国科学史上的坐标"。

沈括的父亲沈周曾做过"太常寺少卿"这样的官。沈括的母亲是一个有学问的人。沈括从小就喜欢读书，各种杂书都爱看。小时候，他曾跟随父亲到过泉州、开封、南京、苏州等地，大开眼界。

父亲死后，沈括做过县官。33 岁时，考中进士。后来调到东京（开封），埋头在皇家图书馆中读了不少书。他还做过"司天监"的官员，研究过天文和历法。不久，他又奉命到好几个地方负责治水，当过使节出使辽国，还当过指挥官打过仗，绘制过地图——《天下州县图》。后来，他在江苏镇江东门外的梦溪园里隐居起来，写出了《梦溪笔谈》。65 岁时，死于梦溪园中。

沈括多才多艺，是一位博学家。他的《梦溪笔谈》一书，内容涉及天文、气象、历法、数学、物理、化学、生物、医药、地质、地理、文学、史学、音乐、艺术等方面的知识。这广博的知识，是沈括刻苦学习得来的。

沈括为了测定北极星的位置，在 3 个多月中，每天晚上起床 3 次（上半夜、午夜、下半夜各一次），观看天象，画上星图。3 个多月中，共画了 200 多幅图。那时候没有闹钟，这样每夜准时起床 3 次，是何等不容易呀。没有坚强的毅力，是办不到的！

沈括被罢官以后，整整花了3年时间，编绘出了全国地图。原来，他早就想着手这一工作，平时随身带着图稿，到什么地方就画一点。由于公务繁忙，未能整理。这时，他趁机细细画图，再经过不断修改，终于完成了《天下州县图》。这幅地图的总图，高近4米，宽3.3米。另外，还附有19幅分图。从着手画草图开始，到最后完成，前后共花费了10多年时间！

沈括很喜欢亲自动手做实验。比如，为了研究共振现象，他剪了一个小纸人，"骑"在一根琴弦上，再拨动另一根琴弦，看到那小纸人也振动起来，便断定这根琴弦在共振。

沈括很谦虚，常向各种人请教，"或医师，或里巷，或小人，以至于士大夫之家，山林隐者，无不求访"。他到了延安一带，便去察看石油，并把自己的见闻写进了《梦溪笔谈》。在中国历史上，"石油"一词，最早就是见于《梦溪笔谈》这本书。他在杭州看到人们用毕昇创制的胶泥活字排字印刷，就详细调查了制作过程，还了解了毕昇的生平，写入《梦溪笔谈》。如今，人们只有从这本书中才能了解到毕昇的生平。如果不是沈括把他记下来，恐怕后人就不知道毕昇是一个什么样的人了。

沈括看问题很精细，常有自己独特和精辟的见解。比如，在开封的相国寺里有一幅壁画，画着一个弦乐队在演奏。有人看了以后，说画家画错了：当管乐演奏者在吹"四"字音的时候，那个弹琵琶的居然与大家不合调，手指不是在拨"四"字音所在的上弦，却是掩着下弦。

沈括看了之后，却认为画家很高明，深知音乐。他说：弦乐跟管乐不同。演奏管乐时，手指头扫在什么音上，就发什么音，是同时的。演奏琵琶则不同，只有当手指拨弦之后，才会发音，动作是早于声音。正因为这样，当管乐的演奏者奏"四"字音时，弹琵琶的人的手指看上去没有在弹"四"字音。

大家听了沈括的高见，都异常佩服。

还有，唐代白居易曾写过："人间四月芳菲尽，山寺桃花始盛开。"这首诗写于公元817年4月28日。许多人认为，白居易写错了，那时桃花早就开过了。可是沈括根据自己的观察，知道深山里比较寒冷，花开得迟，所以认为白居易的诗没有错，反而说明诗人很尊重客观事实。如今，据地理学家们测定，在山上高度每升高 200 米，气温平均要下降 1℃，证明沈括的见解是正确的。

　　沈括晚年多病，但还是坚持写完了《梦溪笔谈》。除了这本书之外，他还写过 35 种以上的著作。他晚年因受人排挤，心境不好，病中骨瘦如柴。有一次乘船过江，差一点儿掉到江里，幸亏旁边的人把他拉住，才没有落水。他死后多年，《梦溪笔谈》才得以出版。

# 10. 他不知道发现了美洲——哥伦布

哥伦布（约 1451—1506）

　　意大利航海家。生于热那亚。1476 年移居葡萄牙，曾向国王建议向西做环球航行，以探索通往东方印度、中国的海上航路，未被采纳。1485 年移居西班牙。1492 年奉西班牙国王斐迪南和女王伊莎贝拉之命，率船 3 艘、水手87 人，从巴罗斯港出航，横渡大西洋，到达巴哈马群岛和古巴、海地等岛。后又于 1493 年、1498 年、1502 年 3 次西航至牙买加及中美、南美洲等地。哥伦布误以为他所到达的地方是印度。

当人们谈论起美洲的时候，总是说："哥伦布是第一个发现美洲的人。"

奇怪的是，哥伦布自己并不承认自己发现的是美洲，而认为是来到了亚洲！

哥伦布诞生于意大利热那亚，从小最爱读《马可·波罗行纪》。

马可·波罗是意大利威尼斯人，著名的旅行家。他曾游历过中国、缅甸、印度。后来，在意大利的内战中，马可·波罗被捕，关在监狱里无事可做，便由他口述，请同狱的鲁思梯谦笔录，写成了《马可·波罗行纪》。马可·波罗获释后，《马可·波罗行纪》得以出版，很快销售一空，成为畅销书。人们曾开玩笑说，马可·波罗不坐牢的话，也许就没有《马可·波罗行纪》了。

哥伦布从《马可·波罗行纪》里得知，中国、印度这些东方国家富庶极了，简直是"黄金遍地，香料盈野"，于是便幻想能够远游，去那诱人的东方世界。

长大后，哥伦布一直想去东方。本来，人们都是通过欧洲大陆来到东方。但那时欧洲大陆受土耳其和阿拉伯控制，不易通过。哥伦布请教意大利地理学家托斯堪内，得知沿着大西洋一直往西航行，也能够到达东方。

哥伦布想坐船去东方。可是，他双手空空，谈何容易！

哥伦布制订了一个远航计划，先向葡萄牙国王建议，未被采纳；后又请求西班牙国王给予支持。1486 年 5 月，西班牙女王伊莎贝拉召见哥伦布，虽然她对哥伦布的计划很感兴趣，可是没有马上答应下来。

一直到 1491 年底，西班牙国王斐迪南二世和女王接见哥伦布，几经周折，才总算答应给予支援。

国王给了哥伦布 3 艘破旧的帆船。可是，谁也不愿去远征，怕在半途中葬身鱼腹。后来，国王从刑事犯中挑选了一批人给哥伦布当水手。

1492 年 8 月 3 日清晨，哥伦布带领 87 名水手，驾驶着"圣马利亚"号、"平特"号、"宁雅"号 3 艘帆船，离开了西班牙的巴罗斯港（塞维利亚港的古称），开始远航。

　　这是一次横渡大西洋的壮举。在这之前，谁都没有横渡过大西洋，不知道前面是什么地方。

　　海上的生活非常单调，水天茫茫，无垠无际。过了一天又一天，过了一周又一周，水手们沉不住气了，吵着要返航。

　　那时候，大多数人认为地球是一个扁圆的大盘子，再往前航行，就会到达地球的边缘，帆船就会掉进深渊，但哥伦布坚持前进。

　　过了一天又一天，过了一周又一周，还是天连着水，水连着天。越来越多的人沉不住气了，要求返航的呼声越来越高。

　　唯独哥伦布坚持向西航行。为了继续航行，他不得不把剑拔出来，强迫水手们向前航行。

　　就这样，船队在茫茫大海之中度过了两个多月。1492年10月11日，哥伦布看见海上漂来一根芦苇，高兴得跳了起来！有芦苇，就说明附近有陆地！他们加强了瞭望。

　　果真，11日夜里10点多，哥伦布发现前面有隐隐的火光。12日拂晓，水手们终于看到一片黑压压的陆地，全船发出了狂欢声！

　　他们在海上航行了2个月零9天，终于到达美洲巴哈马群岛的华特林岛。哥伦布把这个岛命名为"圣萨尔瓦多"，意即"救世主"。

　　哥伦布虽然踏上了新大陆——美洲，可是，他却认为这是亚洲。因为那时人们根本不知道在欧洲与亚洲之间，还存在着一个美洲——哥伦布压根儿想都没想到过！

　　哥伦布在美洲游历了一番。很遗憾，并不是马可·波罗吹嘘的那样"黄金遍地，香料盈野"。

　　哥伦布把39个愿意留在新大陆的人留在那里。把10名俘来的印第安人押上船。1493年3月15日，哥伦布返回西班牙巴罗斯港。

　　回来以后，哥伦布受到了西班牙国王和女王的隆重接待。哥伦布高兴地向人们报告，他到达了"印度群岛"，到达了"日本"。

　　后来，哥伦布又3次横渡大西洋。不过，他的声誉不是越来越高，而是越来越低。这是因为西班牙国王和女王派他远航，为的是从"黄金遍地"的东方掠取黄金。可是，哥伦布并没有带回成箱成箱的黄金，只带来一点儿从印第安人那里抢来的黄金首饰。

1500 年 10 月，哥伦布被戴上镣铐，变成了阶下囚。他被指控为"骗子"。

1506 年 5 月 20 日，哥伦布在贫病之中默默死去。临死，哥伦布仍然认为，他远航所到的就是亚洲！

1519 年，葡萄牙人麦哲伦继承哥伦布未竟之业，做了一次环球旅行。直到这时，人们才证实了哥伦布发现的是美洲，而不是亚洲；直到这时，事实才驳倒了那种地球是扁圆大盘子、是有边缘的"理论"；直到这时，地球是一个圆球，才得到了事实的证明。

尽管哥伦布并不承认他发现的是美洲，但是后人仍尊重他的功绩，把他誉为"发现美洲的人"。①

---

① 据考证，在哥伦布之前 1000 多年，中国一位名叫慧深的和尚曾到达美洲。

# 11. 临死的挑战——哥白尼

哥白尼（1473—1543）

波兰天文学家，日心说（也称地动说）的创立人。曾在波兰和意大利的几所大学学习，研究数学、天文学、法学和医学。哥白尼最大的成就是推翻了在西方统治了1000多年的地心说，建立了日心说。哥白尼关于日心说的名著《天体运行论》，出版于1543年。

1543 年 5 月 24 日，一位久卧病榻的老人已经气息奄奄。然而，他流露着期待的目光，似乎还想在临终前看一下什么。

他想见一下他的亲人？不，他在期待着一本书，一本不平常的书！忽然，他听见有人高喊："书来了，书来了！"老人的脸上露出了笑容。

一本刚印好的新书，送到老人手中。老人的眼睛已经看不清东西了，他只好用手抚摸着这本新书，用鼻子闻着它的油墨香味。

过了一小时，老人就与世长辞了。

这位老人，就是著名的波兰天文学家哥白尼。那本新书，就是老人花了毕生精力写成的不朽著作《天体运行论》。

这不是一本普通的书，这是一本挑战书！

在这本书里，哥白尼勇敢地说出了他自己的观点：

"我主张地球是动的。"

"地球除自己旋转外，还有某些运动，还在遨游，它其实是一颗行星。"

"在所有的行星中，太阳是中心……"

"太阳高居于王位之上，统治着周围儿女一样的众行星。"

在这本书中，哥白尼还写下了这样气壮山河的豪言：

"我不会在任何人的责难面前退缩。"

"对数学一窍不通的无聊的空谈家，会摘引《圣经》的章句，对我的著作进行非难和攻击。对这种意见，我决不予以理睬。我鄙视他们。"

果真，这本书出版之后，引起了极大的震动。罗马教皇看了之后，惊恐地说："如果地球是众行星之一，那么《圣经》上所说的那些大事件就完全不能够出现了。"

著名德国诗人歌德深刻地指出："哥白尼的地动说撼动人类意识之深，自古以来没有一种创见和发明，可与之相比……哥白尼的学说在人类的意识中造成了天翻地覆的变化，地球既然不是宇宙的中心，那么，无数古人所相信的事物将成为一场空了。谁还相信伊甸的乐园、赞美的颂歌和宗教的故事呢？"

正因为这样，《天体运行论》出版不久，便被教会列为"禁书"，加以取缔。

为什么一本天文学著作，会引起教会如此惊恐呢？

原来，在公元1世纪末（也有的说是2世纪初），古希腊天文学家托勒密在他的13卷巨著《天文学大成》中，系统地提出了"地球中心说"，简称"地心说"。

托勒密认为，地球是宇宙的中心，地球是不动的，所有的星体都围绕着地球运转。他还认为，天有九层：第一层是月球，第二层是水星，第三层是金星，第四层是太阳，第五层是火星，第六层是木星，第七层是土星，第八层是恒星，第九层是"最高天"，那是上帝居住的地方。

在当时，托勒密能够提出这样完整、系统的学说，尽管它的基本观点是错误的，但也应当说是相当可贵的。因为人类对自然界的认识，总是逐步深入，有片面性、有错误并不奇怪。然而，由于托勒密的"地心说"符合基督教神学的观点，有人便把它捧到了至高无上的地位。

《圣经》认为，"上帝创造了天和地""上帝按照自己的形象创造了人"，人类居住的地球，当然应当是宇宙的中心。托勒密的"地心说"，正好为基督教义提供了"科学根据"。

托勒密的理论，成了不可冒犯的教条。

1473年2月19日，哥白尼诞生于波兰托伦城。10岁时，父亲去世，他便跟随舅父路加斯·瓦兹洛德生活。他的舅父是一位学识渊博的主教，哥白尼深受影响，爱上了天文学和数学。哥白尼18岁时，入克拉科夫大学学习。他白天上课，夜间观测星星。后来，哥白尼又到意大利博洛尼亚大学攻读天文学。哥白尼成人之后，回到波兰，在弗伦堡天主教堂当牧师。哥白尼在教堂的一角，找到了一间小屋，建立了一个小小的观测台。他自己动手制造了四分仪、三角仪、等高仪等观测仪器。

哥白尼经过长期的观测，算出太阳的体积大约相当于161个地球（实际上比这数字还大）。他想这么一个庞然大物，会绕着地球旋转吗？他开始对流传了1000多年的托勒密的"地心说"产生怀疑。

哥白尼天天观测着，计算着。后来他终于创立了以太阳为中心的"日心说"。

僧侣们听说了哥白尼的新观点之后，都说他疯了。哥白尼只得躲避起来，继续埋头于天体研究。

1510 年左右，哥白尼动手写《天体运行论》。花了 20 多年的时间，数易其稿，他终于写成了 6 卷巨著《天体运行论》。

哥白尼已预料到这本书将会遭到教会的激烈反对。他在序言中写道：

"我知道，某些人听到我在《天体运行论》一书中提出的地球运动的观念之后，就会大叫大嚷，当即把我哄下台来！

"我深深地意识到，由于人们因袭许多世纪以来的传统观念，对于地球居于宇宙中心静止不动的见解深信不疑，所以我把运动归之于地球的想法肯定会被他们看成是荒唐的。"

鉴于当时教会势力的强大，哥白尼虽然深知自己手中掌握的是真理，但是否立即把这一真理公之于众，却踌躇不定。因而书稿完成之后，他把它放在贮藏室里，整整 10 年，未敢拿去出版。

1539 年，一位 25 岁的德国数学家雷蒂卡斯获知哥白尼创立了一种新的天体运行理论，专程来到波兰向他请教。这位年轻人读了《天体运行论》的手稿，大为震惊，极力鼓动哥白尼出版这本著作。

在雷蒂卡斯和许多朋友的热情鼓励下，哥白尼终于下定决心，把《天体运行论》送去出版。

可是，书刚刚印好，哥白尼就离开了人世。

恩格斯在《自然辩证法》一书中，高度评价了哥白尼的《天体运行论》[①]：

"自然科学借以宣布其独立，并且好像是重演路德焚烧教谕的革命行为，便是哥白尼那本不朽著作的出版，他用这本书（虽然是胆怯地而且可说是只在临终时）来向自然事物方面的教会权威挑战。从此，自然科学便开始从神学中解放出来……"

---

① 《自然辩证法》，人民出版社 1971 年版，第 8 页。

# 12. 真金不怕火——塞尔维特

塞尔维特（1511—1553）

　　西班牙生理学家。曾在巴黎大学医学院任教授。1553 年发表巨著《基督教的复兴》，主张"灵魂本身就是血液""灵魂随肉体死亡"。他提出了血液循环学说。1553 年，塞尔维特因异端的罪名，被教会法庭判处火刑。

1553 年 10 月 27 日，瑞士日内瓦刑场上火光冲天。著名的西班牙生理学家塞尔维特被教会用火活活烧死，年仅 42 岁。塞尔维特所著的、刚印出的《基督教的复兴》一书，也被扔进火堆，烧成灰烬。

临死前，塞尔维特面无惧色，铁铮铮地说了一句简短、有力的话：

"我既没有撒谎，也没有犯罪！"

塞尔维特确实没有撒谎，他的著作《基督教的复兴》是真实的记录。

塞尔维特确实没有犯罪，非但无罪，而且有功，他为科学作出了重大贡献。

那么，塞尔维特为什么会被活活烧死呢？这是因为塞尔维特大胆地指出了盖仑著作中的错误。而盖仑是古希腊的医学"权威"，他的医学理论统治医学界长达 1000 多年。塞尔维特被教会指责为"冒犯神明"。

盖仑认为，血液是肝脏制造出来的，它通过血管流向全身，被身体各部分所吸收，再也不会返回。

塞尔维特通过观察，却认为，血液是由心脏的右心室里流出来的，经过肺，被"改造"成鲜红色，再流回心脏的左心室。

塞尔维特用事实揭露了盖仑的谬误，并首创了血液肺循环理论，在生理学上作出了重大贡献。

然而，塞尔维特却受到教会的迫害。1538 年，塞尔维特被迫离开了他工作过的巴黎医学院，躲避到维也纳。他一边以行医为业，一边继续研究血液循环问题。

1553 年，塞尔维特把他关于血液循环的理论，写进了一本宗教著作《基督教的复兴》中。虽然这一理论在书中只占 6 页左右，却又触犯了教会。尽管他是匿名出版这本著作的，但很快就被教会发现，要判处他死刑。

塞尔维特没办法，被迫逃到了日内瓦。在那里，本来是他好朋友的加尔文却告发了他。于是塞尔维特被捕，并被用火刑处死。

塞尔维特为真理献出了自己的生命。

塞尔维特虽然被烈火夺去了生命。但是，"真金不怕火"，他的学说像黄金一样是烈火所烧不毁的，他的斗争精神在烈火中永存！

# 13. 科学不承认偶像——维萨里

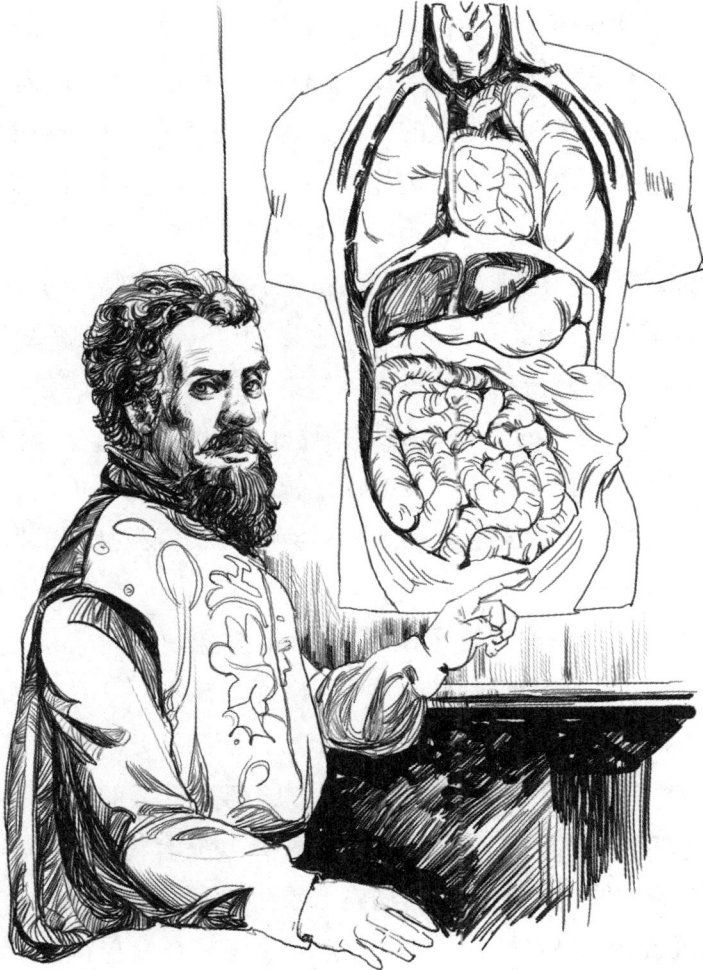

维萨里（1514—1564）

比利时医生和解剖学家。近代解剖学的奠基人。意大利巴丢阿大学教授。他曾从事人的尸体解剖，翔实地记载了人体构造，著有《人体的构造》7卷。他纠正了当时一直沿用的盖仑解剖学中许多有关人体结构的错误记载，对于近代医学科学的发展，起了很大作用。

想想真好笑！在400多年前，一些人曾为马有多少颗牙齿而发生激烈的争论。奇怪的是，争论的双方都不愿去找匹马查看一下它有多少颗牙齿，反而都去查古代的医学文献。由于各种古代医学文献上记载的马的牙齿数目不一样，这场争论无法得到统一的结论。

想想真好笑！人是人，狗是狗，猪是猪，这是3岁孩子都懂得的常识。然而，在400多年前，堂堂的医科大学教的却是"狗的解剖学""猪的解剖学"。要知道，医科大学研究的是人，兽医大学才研究狗和猪，但是，那时候的一些人认为，人和狗、猪的构造差不多！

这是怎么回事呢？原来，在公元2世纪，有个叫作盖仑的医生给罗马的一位皇族治好了病，罗马皇帝便封他为御医。盖仑曾解剖过牛、羊、猪、狗、猴、熊，但是没有解剖过人体。由于盖仑是御医，被人们奉为古代医学的权威，于是他的著作便成了医学上的"圣经"，大家照抄照搬。其实，盖仑的理论有很多错误，因为他是根据牛、羊之类的解剖知识，推论人体的构造的。比如，盖仑认为人的肝有5叶，就是从狗的肝分5叶推想而来的。

盖仑的"理论"整整统治了医学界1000多年。医科大学把盖仑的著作当课本。中国有个寓言叫《郑人买履》，说的是有一个郑国人去买鞋时忘了带尺码，他宁可回家拿尺码，也不相信自己的脚。那时有些人也是这样，宁信1000多年前盖仑的著作，却不去解剖一具人的尸体，查看一下人体的内部结构。同时，中世纪顽固的宗教势力统治着欧洲，解剖人的尸体被认为是冒犯神明，大逆不道，这就严重阻碍了科学的发展。

到了16世纪，比利时医生维萨里勇敢地向盖仑发起挑战。他不顾教会的阻挠，跑到坟地、刑场里找人的尸体，进行解剖。

维萨里发觉，从人的尸体中所看到的真实情形，同盖仑著作中描述的有许多不同。比如说，盖仑著作中认为，在人体中，心室间是有孔的，血液可以从右心室通过中膈的孔流入左心室。

维萨里写道："在不久以前，我不敢对盖仑的意见表示丝毫的异议。但是中膈却是同心脏的其余部分一样厚密而结实，因此我看不出即使是最小的颗粒怎样通过右心室送到左心室去。"

维萨里在四五年内解剖了大量人的尸体。29 岁时，维萨里发表了他的名著《人体的构造》。在学校里，维萨里把人的尸体搬进课堂，一边解剖，一边讲给学生们听。学生们大开眼界，辨清了是非真伪，听课的人达四五百人之多。

然而，维萨里受到教会势力激烈的攻击，咒骂他"渎神"。就连维萨里的老师，也反对维萨里。比如，盖仑认为人的大腿骨是弯曲的，维萨里拿着人的大腿骨说明它是直的。他的老师虽不能否认事实，却说："像今天所看到的人的大腿骨是直的这一点，很明显和盖仑的说法不符合，但这是近代人穿细腿裤的结果。"一句话，盖仑还是对的！

没办法，维萨里被迫离开了大学的讲台。但是，他继续研究人体的解剖。

维萨里被宗教裁判所判处过死刑。1564 年，他在去巴基斯坦的途中病死，终年 50 岁。

"青山遮不住，毕竟东流去。"维萨里死后，英国科学家哈维继续努力探索，终于彻底推翻了盖仑体系，真理获得了最后胜利。

维萨里的一生说明：科学只尊重事实，科学不承认偶像！

# 14. 花费 27 年写巨著——李时珍

**李时珍（1518—1593）**

　　中国明代杰出医药学家。字东璧，号濒湖，蕲州（今湖北蕲春）人。经27 年的艰苦劳动，著成《本草纲目》，收录原有诸家《本草》所载药物共1518 种，新增药物 374 种。全书总结了 16 世纪以前我国劳动人民丰富的药物经验，对后世药物学的发展作出了重大贡献。他还著有《濒湖脉学》《奇经八脉考》等。

　　《本草纲目》是一本闻名世界的巨著。说它"闻名世界"，是因为它早已被译成拉丁文、英文、日文、德文、法文、俄文和韩文，在世界各国出版。英国著名的生物学家达尔文称它是"中国古代的百科全书"，他曾细读过这部巨著。

　　说它是"巨著"，可以用这样一些数字来表达：

　　全书共190多万字。

　　全书共52卷，分为16部、60类。

　　全书记载药物1892种，附药方11096个，附药物形态图1160幅。

　　这部巨著的作者是明代医药学家李时珍。他从30多岁开始写这部巨著，整整花费了27个年头才完成！李时珍写作这部巨著，参看了近1000种著作。他前后经过三次修改，才最后定稿。他为写这本书而作的札记，据估计有1000万字。他为写这本书，走了上万里的路，访问了上千个人。

　　以上这一大串数字，不仅勾画出了这部巨著的"巨"字，而且还勾画出了作者的勤奋、刻苦和坚韧。

　　李时珍的祖父、父亲都是医生。李时珍从小受家庭影响，喜爱医学。然而，他的父亲还是希望他通过科举求得功名，因为那时候医生的社会地位实在太低了。李时珍14岁时考上秀才。此后，三次参加乡试，都名落孙山。后来，李时珍决心做一名医生，从二十四五岁起，就开始行医了。李时珍一边行医，一边钻研医药书籍。他读了《神农本草经》《本草经集注》《唐本草》《蜀本草》《证类本草》《开宝本草》《嘉祐本草》等许多"本草"（古代药物学的别称），从中学到不少知识，同时也看到书中有许多错误和遗漏的地方。

　　比如，《日华子诸家本草》这本书中把虎掌与漏篮子写成同一种药物。实际上，虎掌是有毒的，跟无毒的漏篮子是两回事。如果医生照这本书配药，那该多么危险！又如，南北朝时的名医陶弘景认为，巴豆是一种泻药。而李时珍根据自己的行医经验证明，巴豆用量大，会引起腹泻；用量小，却能止泻！

　　另外，李时珍从民间收集了许多单方，认识了许多新药。

于是，李时珍决定写作《本草纲目》。为了写作这部巨著，李时珍花费了毕生精力。他知道医药关系到人的生命，写作时非常慎重，遇上不明白的地方，尽可能去实地调查。

有一次，李时珍听说家乡蕲州有一种毒蛇，叫作蕲蛇，是很贵重的药材。为了弄清楚这种蛇究竟是什么样子的，爱吃什么东西，李时珍决心到蕲蛇的产地——龙峰山去仔细调查。

龙峰山又高又险。李时珍在捕蛇人的帮助下，冒着生命危险，爬上了龙峰山，来到一个杂草丛生的山洞。在那里，他终于亲眼看到了凶猛的蕲蛇。这种满身黑底白花的蕲蛇，正在吃一种长着绿色小圆叶的野藤——"石南藤"。在那里，李时珍还亲眼看到捕蛇人怎样捕捉蕲蛇，怎样把蛇剖开、洗净，并把它烘干做成药材。后来，李时珍就根据自己亲眼看到的情景，详细地记录了蕲蛇的形状、产地、习性、药用价值，纠正了许多医书上对蕲蛇的一些不正确的记载。

那时候，人们还传说穿山甲可以作为药材，可是对穿山甲的习性却了解很少。李时珍跟几个砍柴人和猎人一起来到深山，捉住了穿山甲。李时珍剖开了穿山甲，发现它的胃里差不多有 1 升蚂蚁——这就是说，穿山甲是靠吃蚂蚁长大的。可是，穿山甲又是怎样吃蚂蚁的呢？李时珍又到深山里观察，亲眼看到穿山甲扒开蚁穴，把头伸进去，用舌头舐蚂蚁吃。后来，他就在《本草纲目》中，很详细地记录了穿山甲的习性。

当然，李时珍不可能对每一种药物都去实地考察。科学是老老实实的学问。李时珍治学非常严肃，不懂就说不懂。有一次，李时珍从一本唐代的书上看到，外国有一种"食蛇鼠"，能吃毒蛇；人如果被毒蛇咬伤，只消抹上这种鼠的尿便可解毒。李时珍觉得这种说法不一定可靠，又无法找到"食蛇鼠"。于是，他就如实地写上，这件事是否可靠，请后人查证。

李时珍花了 27 年时间，再加上他的儿子、孙子、徒弟帮助他抄、画，终于完成了《本草纲目》这部巨著。

# 15. 从小热爱星星——第谷·布拉赫

第谷·布拉赫（1546—1601）

　　丹麦天文学家。任丹麦乌兰尼巴天文台台长达 20 年之久，进行了大量的天体方位测量。助手开普勒分析这些观测资料，发现了行星运动三定律，为牛顿发现万有引力定律打下了基础。第谷·布拉赫著有《路德福天文表》。

深更半夜，一扇门无声地开了。一个少年披着衣服，赤着脚，轻轻地走出卧室，来到阳台上。这时，他长长地舒了一口气，仿佛一只久囚的鸟儿飞出了樊笼。

在阳台上，少年仰首观天，细细看着天上的星星。看着，看着，露水湿了他的头发，他也不觉得。一直到天快亮了，少年才又蹑手蹑脚地回到卧室，无声地关上了房门，安然睡着了。

这位少年除了阴天、下雨之外，从春到夏，从秋到冬，每夜都要起床悄悄地观察星星。他的心，被星星迷住了！

然而，在白天，他却坐在教室里，听着老师米德尔给他上课。课程排得满满的。尽管如此，这位少年依旧坚持在半夜研究天文。

这位少年是丹麦人，名叫第谷·布拉赫。

第谷·布拉赫的父亲是一位著名的律师。布拉赫共有 10 个兄弟姐妹，他排行第二。布拉赫的伯父年老无子，布拉赫就被过继给伯父。

布拉赫的伯父有钱有势，他很希望布拉赫长大以后，成为一个有名望的律师。于是，他就专门聘请了一位家庭教师，给布拉赫上课。这位老师十分认真，每天给他讲述做律师所需要懂得的学问。

然而，布拉赫却不愿意做律师，心中迷恋着天上的星星。

布拉赫怎么会爱上星星呢？那是在他 14 岁的时候，有一天，天空发生日食。布拉赫非常仔细地观察了日食的全过程，从此对天文学产生了极为浓厚的兴趣。

正因为这样，布拉赫瞒着伯父和老师，坚持每夜观察星星。他 17 岁时，已发现许多天文学书上写错了星星的位置。

布拉赫长大以后，果真没有去当律师，而是成了著名的天文学家，在天文学上作出了许多贡献。布拉赫成为世界上最后一位也是最伟大的一位用肉眼观测的天文学家。他被誉为近代天文学的奠基人。

后来，丹麦国王专门拨出一笔钱，并把一个名叫汶岛的小岛划给布拉赫。布拉赫在岛上建立了乌兰尼巴天文台。"乌兰尼巴"，就是"天空的堡垒"的意思。这是世界上最早的大型天文台，布拉赫在这里设置了四个观象台、一个图书馆、一个实验室和一个印刷厂，配备了齐全的仪器。在那里，布拉赫整整工作了 20 年，每夜用肉眼观察星星，写出了著名的天文学专著《路德福天文表》。

1599 年，布拉赫读到一本题为《神秘的宇宙》的书，作者是年轻人约翰尼斯·开普勒。布拉赫非常赏识开普勒的天文学造诣和认真的研究态度，给开普勒寄去路费，邀请他担任自己的助手。

1600 年 29 岁的开普勒来到布拉赫的身边，成为他的助手。1601 年 10 月 24 日，布拉赫去世，终年 55 岁。国王为布拉赫举行了隆重的葬礼。

开普勒接替了布拉赫的工作，并继承了他的宫廷数学家的职务。开普勒后来成了著名的天文学家。

# 16. 烈火烧不了真理——布鲁诺

**布鲁诺（1548—1600）**

　　文艺复兴时期意大利唯物论哲学家。因反对经院哲学，被宗教裁判所判处死刑，烧死于罗马。他接受并发展了哥白尼的日心说，认为宇宙是无限的，太阳系只是宇宙中的一个天体系统。主要著作有《论原因、本原和太一》《论无限、宇宙和诸世界》《驱逐趾高气扬的野兽》等。

1592 年 5 月，一艘木帆船在意大利威尼斯码头靠岸了。

码头上，一位矮胖的威尼斯贵族，笑容可掬地站在那里迎候贵客。

从船上走下一个 40 来岁的男人，身材修长，两道浓眉下射出坚定的目光。他正想走向那位满脸堆笑的"老朋友"，却立即被几条大汉拦腰抱住。他，被捕了！

这时，他用怒目注视着那个贵族，知道自己上了贵族的圈套。

这个被捕的人叫作布鲁诺，意大利人，在国外流浪多年，是罗马教会的宿敌。

在 16 年前即 1576 年，布鲁诺本来在意大利那不勒斯修道院当修道士，由于他写了批判《圣经》的文章，被修道院宣布为"异端"，开除了教籍。布鲁诺只身逃到罗马，后来又逃到威尼斯，依旧进行反宗教活动。

宗教法庭发布了通缉布鲁诺的命令。1578 年，布鲁诺越过终年积雪的阿尔卑斯山，流落在异国。

布鲁诺在国外度过了 10 多年的逃亡生活，先后到过法国、瑞士、英国、奥地利、匈牙利、捷克。

就在逃亡的时候，布鲁诺读到了哥白尼的《天体运行论》。

布鲁诺一口气读完了这部名著，深为哥白尼的真知灼见所感动。他举双手赞成哥白尼的观点。从此，布鲁诺在他的反宗教活动中，又多了一项重要的内容——宣传哥白尼的"日心说"。

布鲁诺于 1548 年出生在意大利那不勒斯附近的一个农民家庭。他自幼喜欢天文学和哲学，也很爱文学。此时，他根据自己对天文学的研究，进一步发展了哥白尼的学说。他写出了《论无限、宇宙和诸世界》《论原因、本原和太一》等论著，大胆地指出"宇宙是无限大的，其中的各个世界，是无数的"。他不仅认为地球绕着太阳旋转，而且认为宇宙中有许多像太阳那样的恒星，只不过它们离地球很远，看上去很小罢了。

哥白尼是在临死时出版《天体运行论》的。书刚出版，他就死了。布鲁诺继承了哥白尼的事业，到处奔走，四处宣传"日心说"，引起了罗马教会极大的恐慌。于是，他们设下了圈套，用布鲁诺过去的一位朋友、威尼斯的那位贵族的名义，邀请布鲁诺返回故乡。

布鲁诺被捕之后，被投进了监狱。

毒刑、监禁、辱骂、威逼，动摇不了布鲁诺的意志。他坚信真理，他的意志是钢铁铸造的。

面对教会的审讯，布鲁诺大声表明不能改变自己的观点，他说："我不能够，我不愿放弃，我没有可以放弃的事物。"

教会终于决定对他下毒手。

1600年2月17日，乌云笼罩着罗马的鲜花广场。高大的十字架上捆绑着布鲁诺，十字架下堆满了木柴。

虽然布鲁诺经过近8年的监禁，身体已十分虚弱，但他仍然高昂着头，冷眼看着那在寒风中瑟瑟发抖的审判官。

宗教裁判所的审判官当众念完判决词之后，布鲁诺无畏地呵斥道：

"你们对我宣读判决词，比我听判决词还要感到畏惧！"

布鲁诺视死如归，在熊熊烈火中为真理而献身。

烈火虽然烧死了布鲁诺，可是烈火烧不了真理。

真理终于战胜了强权。不朽的战士——布鲁诺，赢得了全世界人民的尊敬。

# 17. "徐家汇" 的来历——徐光启

徐光启（1562—1633）

中国明代科学家。字子先，上海徐家汇人。1604 年进士。1632 年升任礼部尚书兼东阁大学士，并参与机要。1633 年，兼任文渊阁大学士。他较早跟从罗马传教士利玛窦等学习研究西方科技知识，并将其介绍到国内，对当时社会生产有促进作用。曾编著《农政全书》，并主持编纂《崇祯历书》；译著甚多，以《几何原本》最为著名。

熟悉上海的人，差不多都知道"徐家汇"。

"徐家汇"这地名怎么来的呢？原来，著名科学家徐光启死后葬在这里，徐光启的子孙们曾住在这里，而这里原叫法华汇，为了纪念他，改名为"徐家汇"。

1562 年，徐光启出生在（当时的）上海县。他父亲本来经商，后来亏本，只好种田生活，母亲纺纱织布，称得上是"男耕女织"，家境清贫。

徐光启考中秀才后，几次去考举人都没有考中，只好在家乡教书。36 岁时他到北京考举人，考卷竟被一个阅卷官所摈弃。幸亏有一个很重视人才的主考官看了那份被遗弃的考卷，觉得考生很有才学，才录取了这位考生。发榜时，徐光启名列第一，中了举人。

从那以后，徐光启做了官。43 岁时，他还中了进士。不过，他做官也并不顺利。他相信科学，提倡科学，常常受人排斥，几次被罢官。

1600 年，徐光启在南京结识了在华耶稣会会长、意大利传教士利玛窦。利玛窦懂得许多科学知识，而徐光启喜爱科学，两人非常投机，关系融洽。

徐光启从利玛窦那里看到了古希腊数学家欧几里得的名著——《几何学原本》，深感兴趣，便请利玛窦讲解，把它译成中文。这本书共 15 卷（后 2 卷不属欧几里得本人所著），他们共同合作翻译了前 6 卷。

徐光启 46 岁的时候，父亲病故。按照那时候的规定，必须回家守孝 3 年。在这 3 年里，徐光启亲自种田。有一次，一个朋友从福建来，给他带来了山芋（即红薯）。徐光启从来没见过山芋，吃了以后很感兴趣。于是就托人从福建运来山芋，在自己的园子里种起来了。徐光启亲自种山芋，获得成功。他特地写了《甘薯疏》一书，宣传种山芋的好处和种植方法，于是上海一带普遍种起山芋来了。

徐光启过去写过一本《种艺书》，是一部内容比较简单的农书。后来，他开始编写"大部头"的《农政全书》。这部书有 50 多万字，共分 60 卷，12 目，全面总结了中国农业科学的经验，包括农本、田制、农事、水利、农器、树艺、蚕桑、种植、牧养、制造、荒政等内容。书中既有摘录古书中的农业知识，也有许多作者自己的见解与经验。

徐光启花了4年时间，参考了252种图书，才写成了这部农业巨著。如今，《农政全书》与《氾胜之书》《齐民要术》《陈旉农书》《王祯农书》并列为中国古代五大农书。

徐光启虽然曾经位居高官，但是为人正派，过着简朴的生活。1633年11月8日病逝，终年72岁。他死的时候，身边只有1两银子、几件旧衣服。

# 18. 300年沉冤昭雪——伽利略

**伽利略（1564—1642）**

　　意大利物理学家、天文学家。他发现了物体的惯性定律、摆振动的等时性、抛体运动规律，并确定了伽利略相对性原理。他推翻了亚里士多德关于"物体落下的速度和重量成比例"的学说，建立了落体定律。他是经典力学和实验物理学的先驱。主要著作有《关于两种世界体系的对话》《两种新科学的对话》。

1979 年 11 月 10 日，罗马教皇在公开集会上，正式承认了 300 年前教廷对意大利物理学家、天文学家伽利略的审判是不公正的。接着，在 1980 年 10 月，教皇又在世界主教会议上，提出要重新审理这一冤案。于是，一个由不同宗教信仰的世界著名科学家组成的委员会在罗马成立，它的任务是："研究科学同宗教信仰的关系，伽利略案件的科学方面以及伽利略学说对现代科学思想的贡献。"这个委员会由 6 名诺贝尔奖获得者担任委员，其中有著名物理学家杨振宁博士和丁肇中博士。

伽利略是 17 世纪的科学巨匠，屡建科学奇勋。他是比萨大学的教授，因捍卫科学真理，遭到天主教会的残酷迫害。

事情是从波兰天文学家哥白尼开始的。哥白尼创立了"日心说"，认为太阳是宇宙的中心，地球是绕着太阳运转的。这种学说违反了天主教关于"人类中心"的教义。天主教历来认为，地球是人类居住的地方，是宇宙的中心，是不动的，日月星辰是绕地球转动的。意大利学者布鲁诺由于宣传哥白尼学说，在 1600 年 2 月 17 日被天主教会用火刑烧死于罗马鲜花广场。1616 年 3 月 5 日，天主教会宣布把哥白尼的著作列为禁书。没几天，在 3 月 26 日，天主教宗教裁判所便开始审讯伽利略。

伽利略为什么会受到审讯呢？因为伽利略早在 1597 年，便已经宣称"拥护哥白尼的学说"。他在《星宿的信使》一书中，宣传哥白尼的观点。于是，在审讯时，红衣主教贝那明尼警告他，必须放弃"异端邪说"，不然就要受到"严厉制裁"！伽利略不得已在《否认书》上签字，表示服从。

然而，伽利略并不心服，暗地里，仍悄悄用望远镜观察星辰，研究日心说。之后，他得知原先那下禁令的教皇死了，新教皇乌尔班的思想比较开明。于是，伽利略觉得轻松了点，开始写《关于两种世界体系的对话》。在这本书中，伽利略巧妙地把哥白尼学说当作"一种纯数学假说来叙述"，居然骗过教会的检察机关，于是这本书于 1632 年在意大利佛罗伦萨出版。这本书通俗易懂，是用意大利土语写成，采用对话形式，说理简明扼要，宣传了哥白尼的观点。它出版后，受到读者欢迎，同时，也引起了教会的注意。新教皇其实并不"开明"，把这本书视为洪水猛兽一般，在1632年底下令再次传审伽利略。

这时，伽利略已是68岁的老人，正躺在病床上。医生为他写了证明："伽利略病重。他从佛罗伦萨到罗马，可能在半路上便到另一个世界中去了！"尽管教皇曾是他的朋友，此时却冷酷无情，命令道："把他抓起来，锁上铁链，押到罗马！"

1633年1月，伽利略不得不在凛冽的寒风中，动身到罗马。到了那里，他差不多已冻了个半死。

严厉的审讯开始了，教会一次又一次把伽利略押上法庭，接连审了几个月，伽利略都不肯认罪。教皇乌尔班大怒，下令对伽利略采用"维里亚"刑讯。所谓"维里亚"，就是"不眠"。法官们每隔4小时换一次班，而伽利略却得不到喘息的机会。这样的"车轮大战"持续了50多个小时，已是风烛残年的伽利略实在支持不住了。6月22日，他被迫在别人已经代他写好的认罪书上签字："我，伽利略，现年70岁，亲临法庭受审，双膝下跪，两眼注视，双手接触《圣经》，以虔诚的心情宣誓：我违背教义，我诅咒我的罪孽，我悔恨我的过失，宣传地球运动的邪说……我从此不以任何方法、语言或著作去支持、维护或宣扬地动的邪说。"

次日，天主教法庭宣读了对伽利略的"判词"："为了处分你这样严重和有害的错误与罪过，以及为了你今后更加审慎和给其他人做个榜样和警告，我们宣布，用公开的命令禁止《关于两种世界体系的对话》一书；判处暂时把你正式关入监狱内，根据我们的同意，以及使你得救的忏悔，在3年内每周读忏悔圣歌，我们仍然有上述批准和减少、变更、完全地和部分地取消忏悔的权力。"

这便是300多年前著名的"伽利略案件"。

然而，教会的恫吓、威逼，并不能阻止真理的传播。人们反而广泛流传着这样的故事：当伽利略被迫签字时，他嘴里却喃喃说着——"不管怎么样，地球仍在转动！"

由于好友们的帮助，伽利略总算获准监外执行，被押回老家。那里离佛罗伦萨很近，但教会规定他不许去佛罗伦萨。这位 17 世纪科学巨匠的晚年十分痛苦，贫病交加。他回家不久，女儿因郁悒而病死。

伽利略是顽强的。他依旧坚持科学研究，写出《两种新科学的对话》一书。他是一个犯人，无法在国内出版著作，后来托人到荷兰出版。1637年，他双目失明。这对于他又是一次沉重的打击。他自叹道："以前我用望远镜所放大的星辰，现在都缩灭得完全看不见了！"他不能再研究天文学了，但他仍用双手摸着摆锤，测量着时间。他异常寂寞，门可罗雀，旧日的朋友都疏远了。只有一个敬重他的学生，忠心耿耿地照料着这位孤苦伶仃的老人。1642 年 1 月，他患热病去世，终年 78 岁。

真理终究会战胜强权。300 个春秋过去了，如今"伽利略案件"终于得到平反。它清楚地说明："一时强弱在于力，千秋胜负在于理！"

# 19. "小解剖家"——哈维

哈 维（1578—1657）

英国医生，实验生理学的创始人之一。他根据实验研究，证实了动物体内的血液循环现象，并阐明了心脏在此过程中的作用。他还测定过心脏每搏输出量。1628 年发表《动物心血运动的解剖研究》。1651 年发表《论动物的生殖》。

维萨里和塞尔维特向盖仑的错误理论猛开了两炮。接着，哈维又狠狠地开了一炮。到此，才终于把盖仑的错误理论彻底打倒。

1578 年 4 月 1 日，哈维生于英国东南海岸肯特郡福克斯通市。哈维的父亲担任过福克斯通市的市长，所以家庭比较富裕。

哈维小时候的生活道路很顺利，一年接着一年在学校里读书。19 岁时，哈维在剑桥大学获得了文学学士学位。后来，他弃文学医，到意大利去攻读医学。5 年之后，他获得了医学博士学位。哈维成了一位年轻的医生，回到了英国伦敦。

哈维是一位身材修长的青年，很爱活动，也很聪明。他热爱医学，常常白天给病人看病，晚上回家后还解剖尸体，一直工作到深夜。

由于哈维医术高明，名气越来越大，以至连当时的国务大臣都请他治病。哈维先后当上了英国国王詹姆士和查理一世的御医。

哈维很注意解剖动物和人体，从中进行研究。早在医学院里读书的时候，同学们就称他为"小解剖家"。

哈维经过解剖人体，对照塞尔维特的著作，很同意塞尔维特的观点。根据测定，哈维进行了这样的计算：一个人每一次从左心室里流出来的血液，大约有 2 盎司重。如果一个人每分钟心脏跳动 72 次，那么在 1 小时内，就从左心室中流出了 2 盎司×72×60 = 8640 盎司 = 540 磅（1 盎司 = 0.0625 磅，1 磅≈454 克）血液。也就是说，相当于一个人体重的 3 倍！

哈维这样一计算，就完全驳倒了盖仑的观点。因为盖仑认为血液是不断流向身体各部分，再不返回。如果真是这样，那么在 1 小时内岂不是要从心脏中流出 3 倍于人体重的血液吗！哪来这么多的血液呢？

哈维还发现，人体中有两种血管：一种血管里流着鲜红的血液，叫作动脉；一种血管里流着暗红色的血液，叫作静脉。

哈维认为，人体内的血液是循环流动的：从心脏里流出，经过动脉血管，流入静脉血管，重新回到心脏。这就是著名的"血液循环说"。

哈维还解剖了 40 多种动物，发现动物体内的血液也是循环的，并不像盖仑说的那样"一去不复返"。

哈维经过 20 年的观察、解剖、研究，写出了名著《动物心血运动的解剖研究》，于 1628 年出版。

这本书一出版，立即招来许多社会名流的激烈反对。有人骂它是"荒诞的、无用的、虚妄的、不可能的、荒谬的、有害的"，一口气用了六个否定词！更有甚者，有人只花了 14 天，便写出一本书，对哈维花 20 年写成的科学著作逐条加以驳斥！所幸哈维有着国王御医的金字招牌，那些人看在国王的面上，总算还不敢把哈维送入监狱或者判处火刑。

其实，盖仑写错了，倒也没什么可指责的。因为他是公元 2 世纪的人，在那样的时代能够提出他的医学理论，还算是难能可贵的。问题在于 1000 多年以来，特别是那些哈维的同时代的人，迷信权威，不顾事实，那就大错特错了。

后来，随着医学的发展，哈维的学说终于得到世界的公认。

1657 年 6 月 3 日，哈维病逝，终年 79 岁。他留下遗嘱，把自己所有的仪器、标本和书籍，全部献给了国家。

恩格斯高度评价哈维的贡献，指出①：

"哈维由于发现了血液循环而把生理学（人体生理学和动物生理学）确立为科学。"

---

① 《自然辩证法》，人民出版社 1971 年版，第 163 页。

# 20. 奇人奇书——徐霞客

## 徐霞客（1587—1641）

中国明代地理学家。名弘祖，字振之，号霞客，南直隶江阴（今属江苏）人。幼年好学，博览图经地志。因见明末政治黑暗，不愿做官，专心从事旅行。其观察所得，按日记载。死后，后人将他 1613—1639 年间日记，整理成富有地理学价值和文学价值的《徐霞客游记》。

这篇故事的主角，是一位"奇人"。

这位"奇人"奇在哪里呢？

奇在终生热爱旅行。他从 22 岁开始，直至去世，都在不停地外出旅行。他到过江苏、浙江、山东、河北、山西、陕西、河南、安徽、江西、湖南、湖北、广东、广西、福建、贵州、云南等省区。他到过三川（长江、黄河、珠江），到过五岳（泰山、华山、恒山、衡山、嵩山）。要知道，在他生活的那个时代，没有飞机，没有汽车，没有火车，没有轮船，除了小船等落后的交通工具之外，大都要靠两只脚行走。

这位"奇人"的旅行，十分奇特：他遇上高山，一定要登上顶；遇见山洞，一定要钻进去考察一番。他不怕虎豹，不惧盗贼，不畏风雨，知难而进。他每天坚持记日记，把当天的见闻，详细记录下来。这些留下来的日记经过编印，就是那本"奇书"。

"奇人"叫徐霞客，"奇书"叫《徐霞客游记》。

徐霞客名弘祖，字振之，霞客是他的号。由于他的游记用了徐霞客这名字，所以知道他本名的人倒不多。1587 年，他出生于江苏江阴，是一个世家子弟。小时候，徐霞客就很讨厌那些枯燥乏味的经书，却爱读那些历史、地理和探险游记。他向往瑰丽多姿的大自然。19 岁时，他的父亲逝世，家中只剩年迈的母亲。他的母亲很支持徐霞客，鼓励他说："志在四方，男子事也。"母亲还亲自为徐霞客收拾行装。在这样一位胸怀宽广的母亲的积极支持下，徐霞客从 22 岁起开始作考察旅行。

徐霞客风餐露宿，千里跋涉，很少骑马、坐船，有时还要身背行李赶路。

他曾这样说过："不避风雨，不惮虎狼，不计程期，不求伴侣。""遇有名胜之区，无不披奇扶奥，一山一水，亦必寻其源而探其脉。"

有一次，徐霞客来到广西融县的真仙岩，要到一个山洞里考察，正好一条巨蛇横卧洞口。徐霞客毫不在乎，从蛇身上跨了过去，径自到洞里考察起来！

又有一次，徐霞客来到湖南茶陵的麻叶洞前，要进洞察看。当地的好多人都劝他别去，据说洞里有"神龙奇鬼"，会把人吃掉。徐霞客笑笑，坦然进去。他从来不相信有什么神，也不相信有什么鬼。当他从洞里出来时，人们非常吃惊。当地人在那里住了那么久，还没有一个人敢进去呢！

最感人的是，徐霞客在51岁的时候，还决定到西南地区去考察。当时，徐霞客约了三个同伴一起去。其中有一个叫作静闻的和尚，和徐霞客志同道合，最为要好。然而，才走20天，有一个同伴就吃不消了，自顾自回家了。在广西南宁附近，静闻不幸得病，死在途中。徐霞客安葬了静闻之后，仍坚持旅行。这时，他的最后一个同伴吃不起苦，竟然偷了他的钱财，逃走了！徐霞客在这样困难的情况下，依旧坚持考察，直到54岁时完成了西南考察，这才回家。

在这次西南长途旅行中，徐霞客几度病重，三次绝粮。他的身体本来很健壮，经过这次长达4年的连续长途旅行，体质变得十分虚弱。回家后半年，就不幸病逝，终年只有55岁。他临死时，床前还摆着从野外带回来的岩石标本！

现存的《徐霞客游记》是后人根据徐霞客的日记整理、编印的，共10卷，60余万字。其实，这只是徐霞客游记的一部分，其余的都散佚了，非常可惜！

《徐霞客游记》文字清新，是很有文学价值的散文。他把广西桂林的江上奇峰，比为"青莲出水"；而把风景绮丽的阳朔写作"碧莲玉笋世界"。

《徐霞客游记》更重要的价值，是在科学方面。它是一部古代杰出的地理学著作。现在的《徐霞客游记》，大部分是他51岁起的西南之行日记，其中详细地记述了广西的石灰岩地貌和岩溶①景观。

欧洲人爱士倍尔在1774年才进行岩溶考察（称为"喀斯特地貌"），

---

① 岩溶，是一种特殊的自然现象。雨水、河水里，或多或少总溶有一些二氧化碳。当这些水流过石灰岩时，水中的二氧化碳就会和石灰岩（主要化学成分为碳酸钙）发生作用，变成碳酸氢钙溶解于水。于是，石灰岩被溶成奇形怪状，还出现许多地下洞穴，这便是岩溶现象。

而徐霞客比他早了 100 多年。

徐霞客还详细考察了广西桂林的"七星岩"，把它写入日记中。1953 年 9 月，中国科学院地理研究所对"七星岩"进行了勘察后，指出："在 320 年前，徐霞客对这个洞穴所做的精简生动的真实描述，至今还可作为我们研究洞穴时的对照参考。"

"奇人"徐霞客的一生，是不畏艰难险阻向科学顶峰不断攀登的一生，值得我们学习。

"奇人"写的"奇书"——《徐霞客游记》，具有文学与科学上的双重价值，永远为后人所铭记。

# 21. 看门人游历 "小人国" ——列文虎克

列文虎克（1632—1723）

　　荷兰生物学家。早年学会磨制玻璃、制造透镜的技术，制成简单的显微镜。1675 年发现原生动物。1683 年发现细菌。

> 我所讲的小人国，
> 不是指英国著名小说
> 《格列佛游记》中的小人国，
> 也不是指苏联童话影片的小人国；
> 我讲的是真实的科学故事……

高士其在《揭穿小人国的秘密》这首诗中，把微生物世界称为"小人国"。

微生物天天跟人们打交道，甚至不时从人们的鼻中进进出出。然而，由于人们用肉眼看不见它们，所以几千年来，人们竟不知道世界上有微生物。

> 直到17世纪末叶，
> 才有显微镜的发明，
> 小人国的种种阴谋活动，
> 就都被揭露出来了。

第一个揭露小人国秘密的是谁呢？是荷兰代尔夫市政厅的看门人，名叫列文虎克。

看门这种工作，收入低微，但是比较清闲。每天，列文虎克只需定时到钟楼上敲钟，以及定时开闭市政厅的大门。这样，列文虎克就有很多空余的时间。

不过，列文虎克并没有闲着。他在干什么呢？他在起劲地磨制镜片。

列文虎克的一生，是苦难的一生。他未成年，父亲就去世了。他从小没有受过正规的教育，过着漂泊不定的生活。直到当上了看门人，算是稍微安闲了一点。

列文虎克曾跟人学过磨制眼镜片。这时，他反正闲着没事，便磨起镜片来。

有一次，列文虎克透过两片透镜观看东西，发觉透镜能把极为微小的东西放大好多倍。这下子，引起他莫大的兴趣。

他把自己的牙垢放在透镜下观看，结果，发现里头竟有许多奇形怪状的"小人国"居民——微生物。他感到非常惊讶，这样写道："在一个人口腔的牙垢里生活的生物，比整个王国的居民还多！"

就这样，列文虎克发明了显微镜。

就这样，列文虎克成了第一个发现细菌的人。

就这样，列文虎克成为微生物学的开山鼻祖。

就这样，一个看门老头儿登上了科学宝座。

就连英国女王也知道了列文虎克的新发明，向他提出要求：希望亲眼用显微镜看一下那些"小人国"的居民。

有人十分羡慕列文虎克，紧跟在他的后边，追问着他成功的"秘诀"。列文虎克一句话也没说，伸出了他的双手——一双因长期磨镜片而满是老茧和裂纹的手！

# 22. "我站在巨人肩上"——牛顿

## 牛 顿 （1643—1727）

英国物理学家、数学家、天文学家。他在伽利略等人工作的基础上进行深入研究，建立了成为经典力学基础的牛顿运动定律。他还进一步发展了开普勒等人的工作，发现万有引力定律。由于他建立了经典力学的基本体系，人们常把经典力学称为"牛顿力学"。在光学方面，他于1666年用三棱镜分析日光，发现白光是由不同颜色（即不同波长）的光构成的。在热学方面，他确定了冷却定律。在天文学方面，他于1671年创制了反射望远镜。在数学方面，创立了牛顿二项式定理等，还与莱布尼茨共同创立了微积分。主要著作有《自然哲学的数学原理》《光学》等。

这真是一位十分糊涂的主人：

他请客，请来了一位好久没见面的老朋友。

他请客，热情地端出一盘烧鸡请老朋友吃。

他忽然想起来，应该请老朋友喝杯酒。

"我去拿瓶酒，马上就来。"主人对客人打了招呼，就出去了。

客人左等右等，还没见主人的影子。

幸亏客人是老朋友，一点儿也不客气，不等主人回来，就动手吃起烧鸡来了。一直到吃完烧鸡，主人还是没回来，客人就自管自走了。

过了好久，主人总算回来了。他一看，盘子里只剩下几根鸡骨头，便自言自语："哈，我以为我没有吃饭，其实已经吃过啦！"

这么一个糊里糊涂的主人是谁呢？

也许你会不相信，他就是英国著名物理学家、数学家、天文学家牛顿。

牛顿出去拿瓶酒，干吗要那么久呢？

原来，他一出去，忽然想起一种新的实验方法，就连忙到实验室里做了起来。一做就做了一下午。等他做完了实验回到客厅，早已人走盘空，他却把出去拿酒的事儿全忘了。

牛顿确实是这样一个奇妙的人：健忘和专心，马虎和精细，他都兼备。

他对生活的琐事，常常忘记，十分马虎。他的衣着随随便便，从来也不知道什么叫"时髦"。他的袜子常常拖到脚后跟，他也置之不理。有一次，他牵着马上山，一边走，一边考虑着科学研究中的问题。到了山顶，他想起来要骑马了，一看，不知什么时候松了手，马早就不知跑到哪里去了。

牛顿小时候体质很差，常常生病，亲戚们都担心他不能长大成人。可是由于他后来很注意锻炼身体，体质渐渐增强，一直活到84岁。

牛顿小时候只喜欢数学，其他功课成绩并不好，老师都以为牛顿是个"低能儿"。后来，由于牛顿非常勤奋，学习成绩不断进步，成为全班的尖子。18 岁时，牛顿考入英国著名的剑桥大学。26 岁时，牛顿成为教授。

牛顿很少在深夜两三点钟前休息，常常通宵达旦地工作。

牛顿是科学上的巨人之一。恩格斯在《英国状况》一文中论述 18 世纪的科学成就时曾这样评价牛顿①：

"牛顿由于发现了万有引力定律而创立了科学的天文学，由于进行了光的分解而创立了科学的光学，由于创立了二项式定理和无限理论而创立了科学的数学，由于认识了力的本性而创立了科学的力学。"

然而牛顿却非常谦逊。他有两段质朴、感人的话，已成为科学界的名言：

"不知世人对我怎样看，不过我觉得自己好像只是在海滨玩耍的一个小孩子，有时很高兴地拾着一颗光滑美丽的石子，但真理的大海，我还是没有发现。"

"如果说我所见的比笛卡尔②要远一点，那就是因为我是站在巨人的肩上的缘故。"

① 《马克思恩格斯全集》第一卷，人民出版社 1972 年版，第 657 页。
② 笛卡尔，法国哲学家、物理学家、数学家，解析几何的创始人。

# 23. 预言的胜利——哈雷

哈　雷（1656—1742）

　　英国天文学家、数学家。曾任格林尼治天文台台长。编制了第一个南天星表和首次利用万有引力定律推算出一颗彗星的轨道，并预测它约以 76 年为周期绕太阳运转。这颗彗星后来被命名为"哈雷彗星"。

1759 年，一进入 3 月，全世界的天文台都处于高度的紧张之中。天文学家们注视着星空，等待着一位"不速之客"的来临。

这位"不速之客"是一颗彗星。英国天文学家哈雷预言：这颗彗星将在"1758 年底或 1759 年初"出现。后来，别的天文学家根据哈雷的预言，做了更精确的计算，确定这颗彗星将在 1759 年 3 月至 5 月之间出现。

果然，1759 年 3 月 13 日，这颗明亮的彗星，拖着长长的扫帚般的尾巴，出现在星空之中。

全世界沸腾起来。人们奔走相告："哈雷真是神机妙算，他算中了!"

这颗彗星被命名为"哈雷彗星"。

遗憾的是，哈雷本人没有亲眼看到这颗彗星的出现，他已经于 17 年前——1742 年，离开了人间。

哈雷生于 1656 年。1673 年进牛津大学王后学院。1676 年放弃获得学位的机会，去南大西洋的圣赫勒纳岛，并在那里建立了南半球的第一个天文台，测编了第一个南天星表。1678 年，南天星表发表后，他被选为皇家学会会员。1720 年起，任格林尼治天文台台长。

哈雷的"神机妙算"怎么会那样准确呢?

其实，人们早就看到过彗星。然而，在以前，人们只是看到了彗星，不了解彗星运动的规律，以为一颗颗彗星只不过是一个个经过的不速之客罢了。

哈雷编纂了大量彗星的观测记录，并且第一个全力以赴地从事彗星轨道计算工作。结果他发现，他 26 岁时——1682 年出现的一颗彗星，与 1607 年、1531 年出现的彗星，运动轨道十分相似。

哈雷又算了一下：

$1682-1607=75$，$1607-1531=76$。

这表明，这三次彗星出现的间隔时间也差不多。

于是哈雷想，这三次出现的彗星，也许并不是大家以为的 3 颗不同的彗星，而是同一颗彗星三次经过那里。

哈雷以此为据，算出这颗彗星下一次出现的时间为 1758 年或 1759 年。

他的预言做出以后，别的天文学家考虑到在这 76 年间行星对彗星运动的影响，所以算出更精确的时间为 1759 年 3 月至 5 月之间。

尽管哈雷逝世了，但是他的预言得到了证实，受到了全世界的尊重。

有趣的是，后来人们根据哈雷的原理，算出哈雷彗星将在 1910 年再度出现，而且哈雷彗星长长的尾巴将会与地球相碰！据计算，这次哈雷彗星在地球和太阳中间通过，它和地球的距离是 2400 万千米，而它的尾巴长达 2 亿千米。显然，这条长长的尾巴会"扫"到地球上。

这下子，全世界都震惊了："彗星要和地球相撞了！""地球的末日要到来了！"

1910 年 5 月 18 日，哈雷彗星果真出现了，许多人提心吊胆地看着它，等待着灾难的来临。

哈雷彗星那条长长的尾巴真的扫过了地球，然而，地球安然无恙，什么灾难也没有发生，鸟儿照样在天上飞，鱼儿照样在水里游。

原来，彗星分彗核和彗尾两部分。彗核不大，直径一般只有几千米；而那长长的彗尾，只不过是非常稀薄的气体和尘埃罢了。彗尾扫过地球，对地球来说毫无影响。即使是彗核撞上地球，由于彗核的质量只有地球质量的千分之一，也算不了什么。

哈雷能够预言彗星的到来，说明事物是相互联系的。掌握了事物相互联系和运动的规律，人们就能够做出科学的预言，推动科学的发展。

# 24. 钟和地球——李希尔

李希尔（生活在 17 世纪）

　　法国天文学家，1672 年，首先发现在地球的不同地方，摆长相等的摆，摆动周期不同，进而用摆动的快慢来推算地球的扁率。

1672 年，法国天文学家李希尔受法国科学院的委派，来到南美洲圭亚那的卡宴岛。卡宴岛位于赤道附近，在那里可以清楚地观测火星冲日。

李希尔来到卡宴岛不久，就发现了件怪事：钟怎么不准了？每昼夜要慢两分半！

李希尔带去的不是普通的钟，而是很精确的天文摆钟。这样的钟绝不可能每昼夜慢两分半。

李希尔去问别的旅客，他们也说带去的钟变慢了。

摆钟要调节快慢，可以调节钟摆的长度。钟摆越长，走得越慢；钟摆越短，走得越快。李希尔转动摆锤下的螺丝，使摆锤上升，把摆长缩短了将近 3 厘米，钟就准了。

然而，当李希尔回到巴黎时，却又发生了怪事：钟怎么又不准了？每昼夜要快两分半！

李希尔只好把摆重新放长 3 厘米，钟又准确了。

这是怎么回事呢？李希尔仔细进行研究。

后来，李希尔得出一个惊人的结论——因为地球不是圆的！

钟的快慢，怎么会跟地球的形状有关呢？

原来，李希尔是从牛顿那里得到启发的。按照牛顿力学，可以推算地球的形状。过去，人们常常认为地球是圆溜溜的——用几何学的术语来说，叫作"正球体"。牛顿却认为，地球是扁的——用几何学的术语来说，是"扁椭球体"。这种"扁椭球体"的扁度，称为"扁率"。

如果赤道半径为 a，极半径为 b，则：扁率＝a−b/a

根据牛顿力学推算，地球的扁率为 1∶230。①

李希尔查阅了世界地图，查出卡宴岛的纬度为 2°，巴黎的纬度为 45°。这就是说，巴黎离地心比卡宴岛近。李希尔根据牛顿理论进行计算，得出在卡宴岛时的摆长应当缩短 2.88 厘米。

李希尔的观点遭到了法国天文学世家卡西尼家族的坚决反对。

---

① 现在经精确计算，地球的扁率为 1/298.257。

卡西尼家族在法国天文学界有很大的势力，他们祖孙四代，曾相继担任巴黎天文台台长职务。他们根据自己对地球的测量，认为地球像竖立着的鸡蛋似的，是长椭圆形的。

由于李希尔得出的结论正好与卡西尼家族的观点相反，竟被他们驱逐出法国科学院！

李希尔并没有因此而退却，他坚持自己的观点。

地球，究竟是什么样的？

为了弄清地球的真面目，法国国王路易十五授权巴黎科学院，派出两支勘测队。一队到北纬60°的拉普兰，一队到赤道附近的秘鲁，分别测定这两个地区的经线1°弧长。秘鲁勘测队于1735年出发，拉普兰远征队于1736年出发。两支勘测队经过9年的艰苦测量，这才得出结果：

秘鲁经线1°弧长为110600米，拉普兰为111900米。也就是说，同样是经线1°的长度，拉普兰比秘鲁长1300米。这就用事实证明，地球确实是扁椭圆形的。拉普兰队的领队本来是怀疑牛顿见解的，经过实地测量，他信服了。

测量队队员根据实际测量的结果，算出地球的扁率为1：297.2，证明了牛顿力学的正确性，也证明了李希尔是对的。

到此时，卡西尼家族仍不相信，又组织测量队重新测量。经过10年的重新测量，结论与之前测量的一样。

在事实面前，卡西尼家族才不得不服输，第四代的卡西尼——雅克·多米尼克·卡西尼伯爵承认了牛顿理论的正确性。

恩格斯在《自然辩证法》中指出①："牛顿在理论上确定了地球是扁圆的。"然而，牛顿的理论是经过多么曲折而又激烈的斗争，才终于确立的啊！

尽管卡西尼家族有权有势，他们可以把坚持真理的"小人物"李希尔赶出法国科学院，但是他们却无法把真理赶出去。

———————————

① 《自然辩证法》，人民出版社1971年版，第185页。

# 25. 至死自称"印刷工"——富兰克林

富兰克林（1706—1790）

美国科学家。资产阶级革命时期的民主主义者。1731 年在费城建立美国第一个公共图书馆。独立战争时参加反英斗争，并参加起草《独立宣言》。在研究大气电方面做出贡献，发明了避雷针。

这真是历史上的巧遇：英国电学巨匠法拉第是印刷工出身，美国电学先驱富兰克林小时候也是一个印刷工。富兰克林死于 1790 年，而法拉第诞生于 1791 年。

这又是历史上的巧遇，当俄罗斯科学家罗蒙诺索夫和利赫曼冒着生命危险探索雷电之谜时；富兰克林在美国也冒着生命危险揭开了雷电的秘密。他们各自独立进行试验，彼此并不知道谁在做什么。

富兰克林的实验是这样进行的：用绸做一个大风筝，风筝上缚一根铁丝，然后把放风筝用的麻绳系在铁丝上。在麻绳下端，再系上一把金属钥匙。

富兰克林曾在一封给友人的信中，描述过自己的试验：

"当带着雷电的云来到风筝上面的时候，尖细的铁丝立即从云中吸取电火，而风筝和绳索就全部带了电，绳索上的松散纤维向四周直立开来，可以被靠近的手指所吸引。当雨点打湿了风筝和绳索，以致电火可以自由传导的时候，你可以发现它大量地从钥匙向你的手指流过来。通过这个钥匙，可以给莱顿瓶充电；用所得到的电火，可以点燃酒精，也可以进行平常用摩擦过的玻璃球或玻璃管来做的其他电气实验。于是带着闪电的物体和带电物体之间的相同之点，便完全被显示出来了。"

富兰克林的实验，非常清楚地说明了闪电的本质——一种放电现象。闪电并不神秘。

富兰克林写成了论文《论闪电与电气之相同》。然而，当他在英国皇家学会上宣读这篇论文时，却遭到了一些人的讥笑。但是科学是经得起时间考验的，最终，被讥笑的必是讥笑者自己！人们后来终于明白了，雷电是一种自然现象。

不过，富兰克林的实验是极其危险的。富兰克林的论文发表以后，曾有好几个人重复做富兰克林的实验，结果都被闪电击死！

富兰克林家境贫困，10 岁的时候就开始帮助父母做蜡烛，12 岁时进印刷厂做工，当了 10 年印刷工。他从所印刷的报刊、书籍中学到不少科学知识，并开始在报纸上发表文章。

富兰克林常说："读书是我唯一的娱乐。我从不把时间浪费于酒店、赌博或任何一种恶劣的游戏；而我对于事业的勤劳，乃是不厌不倦。"他曾引用这样一句谚语告诫人们："空无一物的袋子是难以站得笔直的。"富兰克林非常爱惜时间，他说："你热爱生命吗？那么别浪费时间，因为时间是组成生命的材料。"

富兰克林在电学、地质学、植物学、数学、化学方面，都有许多贡献。他还是美国独立战争的坚强战士，参加过美国《独立宣言》和美国宪法的起草工作。

尽管富兰克林声名显赫，可是他一直以自己曾是一个印刷工而自豪。他为自己写墓志铭，只写"印刷工富兰克林"，只字未提他那一堆荣誉头衔。

# 26. 勇往直前的人——罗蒙诺索夫

1745 年 1 月，在俄罗斯彼得堡科学院的全体大会上，一位宽肩膀、高个儿、头上戴着假发的院士，在大声地宣读着自己的论文：《论冷和热的原因》。

这位 30 多岁的院士，在论文里提出了一个崭新的观点：他不同意科学界中最流行而又最普遍的关于冷和热的看法——冷是由于物体中含有"冷素"，热是由于物体中含有"热素"。他认为，冷和热的根本原因，就在于物质内部的运动！

这是一个前所未有的观点，这是一个向当时最流行的关于冷和热原因的理论的大胆挑战。

宣读这篇论文的科学家，就是俄罗斯彼得堡科学院院士米·华·罗蒙诺索夫。

罗蒙诺索夫诞生在俄罗斯北方一个渔民的家里。小时候，罗蒙诺索夫常常跟着他父亲一起出海捕鱼。

罗蒙诺索夫从小就非常好学，很快地，他念完了他在村子里所能借到的所有书籍。

强烈的求知欲，驱使罗蒙诺索夫在 19 岁的时候，便离开了故乡，到莫斯科去求学。他怕他的父亲不让他走，在一个北风呼啸着的寒夜，他趁家里的人都睡着时，穿着两件单薄的衬衫和一件皮袄，带着 3 个卢布，偷偷地离开了家。

经过了长途跋涉，罗蒙诺索夫终于来到盼望已久的莫斯科，并以优异的成绩，考进了当时莫斯科唯一的高等学校——斯拉夫-希腊-拉丁语学院。

在斯拉夫-希腊-拉丁语学院里，罗蒙诺索夫第一次走进了图书馆，看到那么多的书籍，他简直像一个饿汉闯进一个放满白面包的厨房里一样，贪婪地读了起来。

罗蒙诺索夫以惊人的勤奋和顽强的精神学习着，在一年时间里，就学完了三年的课程。由于罗蒙诺索夫成绩优异，他被选派到彼得堡去，在那里的科学院附属的大学里学习。

罗蒙诺索夫来到彼得堡后，还不到一年，随即又被派到德国去学习冶金和采矿。在德国，罗蒙诺索夫得到了实际的锻炼，成了一个知识渊博的人。

罗蒙诺索夫平时刻苦学习，善于观察和分析自然界各种现象，这使他的科学思想，远远超过了他的同时代人。

罗蒙诺索夫曾和利赫曼努力探索雷电之谜。他们认为，闪电是天空中的一种放电现象，雷声则是闪电时产生的声音。然而，许多人不相信。

1753 年 7 月，罗蒙诺索夫和利赫曼决心用科学实验揭开雷电的奥秘。他们在屋顶上竖起一根长长的铁杆，下面绑了一根铁尺，想把空中的电引下来。

在一个风雨交加、雷鸣电闪的夜晚，罗蒙诺索夫迎着风雨站立在屋顶，观察着风云变幻的天空。利赫曼拿着铁尺站在地上，等待着观察从天上引下来的电流。

忽然，空中猛地一闪亮，震耳欲聋的雷声还没有到来，罗蒙诺索夫就听到从下面传来的利赫曼教授的惨叫声。

罗蒙诺索夫赶紧爬下屋顶，一看，利赫曼已被引下来的电流击毙，倒在地上。利赫曼为科学献出了生命！

但是，罗蒙诺索夫没有被这件不幸的事故吓退。他在给利赫曼念完悼词、安葬完毕以后，又继续冒着生命危险，重新开始探索雷电奥秘的试验。在罗蒙诺索夫看来，攻克科学堡垒就像打仗一样，总有人牺牲、有人挂彩，只有勇往直前才能夺取胜利。

罗蒙诺索夫揭开了雷电之谜，但这只是他对科学所作贡献的一小部分。

罗蒙诺索夫博学多才，他不仅在化学、物理学、矿物学、医学方面有过许多贡献，而且还是当时著名的诗人。他对历史、教育学、音乐也有相当的研究。

罗蒙诺索夫在 54 岁时便不幸去世。他留下这样的遗言：

"朋友们，我知道我将死了，我对死亡是看得极为平常和淡漠的，所可惜的是我不能完成一切我所计划的有关祖国利益、有关科学发展及科学荣誉的事情……"

# 27. "怪人" 不怪——开文迪许

开文迪许（1731—1810）

英国化学家。又译为卡文迪许。生于法国，后迁英国。1749年进剑桥大学求学。在氢气、水、硝酸、惰性气体研究方面曾做出贡献。他出身贵族，终身未婚。

英国化学家开文迪许常常被人们称为"科学怪人"。

说他怪，他确实有点儿怪。

开文迪许个子瘦高，戴着长长的假头发。因为他经常通宵达旦地工作，所以眼皮总是有点儿肿，脸色也有点儿发黄。英国人一般是很讲究时髦、讲究衣着整洁的，而开文迪许却总是穿着过时的老式服装，而且很少有一件衣服的纽扣是齐全的。

开文迪许的家，是科学之家。楼下那个房间，本来是客厅，开文迪许把它改为实验室；楼上的那个房间，本来是卧室，他却在床边装了许多仪器，变成了观察宇宙的观测台。开文迪许家里的家具，就是图书和仪器。

开文迪许的藏书很多，有一间小小的图书室。当别人来借他的书时，要履行借书手续。他自己要从书架上拿走一本书时，也要办理一下借书手续，非常严格。他的书从哪儿拿走，将来仍还回哪儿。

开文迪许难得外出。有时出去一下，不是参观工厂，便是考查地质。他不愿把时间耗费在舞会、宴会上。

开文迪许很孤僻，不大喜欢那些慕名而来的访客打扰他的研究工作。他不擅长言谈。有人来拜访时，他不得不奉陪，但常常一言不发，眼睛一直看着天花板。其实，他坐在那里，心不在焉，脑海中还是在思索着科学研究中的问题。偶尔迫不得已讲一声"欢迎"或"再见"，声音尖利而急促，似乎想尽快把话说完。他送客人刚到门口，一转身，就飞似的奔回实验室。

开文迪许觉得谈恋爱太浪费时间，终身没有结婚。他不爱同家人谈话。有一位女仆给他做饭。他每天写好菜单之后，放在餐桌上。女仆送来饭菜离开之后，他才来吃饭。女仆在他家工作多年，开文迪许未与她讲过一句话。

金钱对于开文迪许毫无吸引力。开文迪许的父亲、祖父、外祖父都是公爵，家庭非常富有。人称开文迪许是"学者中极富的人，也是富人中成就极大的学者"。他不会理财，不知道 1 万英镑究竟是多大的一笔财产。有一次，他的一个仆人病了，开文迪许给了他一张 1 万英镑的支票，使这个仆人惊讶得说不出话来！

诸如此类关于开文迪许的怪事，说也说不完。

然而，这位"科学怪人"并不怪——他只是把自己的一切都献给了科学。他专心致志地埋头于科学研究，达到了忘我的地步，所以才会做出许多平常人看来是十分奇怪的事情。

开文迪许活到 79 岁，临死之前还在做科学实验。

人们在追悼开文迪许的仪式上，列举了开文迪许在科学上的五项不朽工作：

一、详尽地研究了氢气的性质；

二、研究了二氧化碳与水的关系；

三、查明了水的组成；

四、查明了硝酸的组成；

五、发现了空气中的惰性气体。

开文迪许写了大量科学著作，但是他很慎重，从不急于发表。他逝世后，人们找到他的许多遗著，其中有不少具有重要的科学价值。

# 28. 当真理碰到鼻尖上——普利斯特列

普利斯特列（1733—1804）

英国化学家。利用水槽、汞槽集气法研究各种气体，发现氧、氨、氯化氢、一氧化碳、二氧化碳、氧化亚氮、氧化氮等。晚年因同情和赞助法国资产阶级革命，受到迫害，移居北美。主要科学著作有《电学史》《各种气体之实验与观察》《从水中产生气体的实验》等。

在化学史上，一谈到氧气的发现，人们便要提到化学家普利斯特列的大名。

那是在1774年8月1日，普利斯特列得到一个直径为1英尺（1英尺≈0.3米）的放大镜，便做起实验来了。他在当时的实验记录中，这样写道：

"我在找到一块凸透镜之后，便非常快乐地进行我的实验了。如果把各种不同的东西放在一只充满水银的瓶子里，再把那瓶子倒放在水银槽中，用凸透镜使太阳的热集中到那物体上，我不知道会得到什么样的结果。在做了许多实验后，我想拿三仙丹（即氧化汞）来做做看。我非常快乐地看到，当我用凸透镜照射之后，三仙丹竟然产生了许多气体。"

这是一些什么样的气体呢？普利斯特列继续进行试验，查明这种气体不易溶解于水，而把点燃的蜡烛放进去，"进而产生一种非常亮的火焰"。普利斯特列把两只小老鼠放进充满这种气体的瓶子中，小老鼠竟显得非常自在、快活。

普利斯特列接着写道："老鼠既然在这气体里能舒舒服服地生活，我自己也要亲自来试试看……我用玻璃管从一个大瓶里吸进这种气体，我竟觉得十分愉快。我的肺部在当时的感觉，好像和平常呼吸空气时没有什么区别，但是，我自从吸进这气体后，觉得经过好久，身心还是十分轻快舒畅。唉，又有谁知道，这种气体在将来会不会变成时髦的奢侈品呢？不过，现在世界上享受到这种气体的快乐的，只有两只老鼠和我自己。"

对于这种无色、无味的新气体，普利斯特列可以说已经了解得十分清楚了。然而，他竟然不明白自己究竟发现了什么！普利斯特列虔诚地相信当时流行的"燃素理论"。这种理论认为，一切物质会燃烧，全是因为含有一种"燃素"的缘故。按照这种观点，普利斯特列断言："这种新气体……显然是因为它完全没有燃素，因而要贪婪地从燃烧物里吸取燃素。"普利斯特列称这种新气体为"失燃素的空气"。

后来，法国著名化学家拉瓦锡在普利斯特列实验的启发下，进一步研究，结果发现那"失燃素的空气"就是能够帮助燃烧的氧气。他以三仙丹的分解实验为依据，推翻了燃素学说，阐述了著名的物质不灭定律。

本来，普利斯特列完全可以发现拉瓦锡所发现的这些东西，可是由于他受到燃素学说这种错误理论的束缚，像戴上了有色眼镜似的，无法看清事物的本来面目。正因为这样，恩格斯深刻地指出①："这种本来可以推翻全部燃素说观点并使化学发生革命的元素，在他们手中没有能结出果实。"他指出②："……从歪曲的、片面的、错误的前提出发，循着错误的、弯曲的、不可靠的途径行进，往往当真理碰到鼻尖上的时候还是没有得到真理（普利斯特列）。"

普利斯特列在 1733 年 3 月 13 日生于英国，小时候体弱多病，7 岁丧母，靠姑母抚养成人。普利斯特列博学多才，教过法文、意大利文、希腊文和拉丁文，作过文学、历史、法学、解剖学讲演。他喜爱化学，成为英国皇家学会会员。他是一个燃素学说的顽固支持者。拉瓦锡在 1789 年出版了名著《化学基本教程》，非常清楚地阐述了氧气理论，批判了燃素学说，然而普利斯特列仍至死抱着燃素学说不放。

普利斯特列很勤奋。他曾这样说过："我从清早 7 点一直要工作到下午 4 点，中间除去 1 小时的进餐时间，其他简直没有一点儿闲暇的时间，而且我从来也无所谓什么假期……"

普利斯特列的晚年是在美国度过的。1804 年 2 月 6 日死于美国，终年71 岁。临死时，他还在改动一本著作的校样。他最后的一句话是："我现在改正的才是对的了。"过了半小时，他就与世长辞了。

很多人为普利斯特列"当真理碰到鼻尖上的时候"竟然没有发现真理而惋惜。其实，普利斯特列坐失良机，倒从反面说明了——"偏见比无知离真理更远"。

---

① 《资本论》第二卷《序言》，人民出版社 1975 年版，第 20 页。
② 《自然辩证法》，人民出版社 1971 年版，第 212 页。

# 29. "蒸汽大王" ——瓦特

瓦　特（1736—1819）

英国发明家。对当时已出现的原始蒸汽机做了一系列的重大改进，提高了蒸汽机的热效率和工作的可靠性，使蒸汽机成为工业上可用的发动机，并由此得到广泛的应用。

也许，你曾听说过这样的传说：壶里的水烧开了，蒸汽不断地掀动着壶盖，瓦特看了大受启发，于是便发明了蒸汽机。

其实，这个传说并不可靠。因为在瓦特之前，人们已经发明了蒸汽机；瓦特是在别人发明的蒸汽机的基础上加以改进，使蒸汽机臻于完善，能应用于工业生产。另外，瓦特改进蒸汽机，也并不容易，而是花费了10多年的艰苦努力！

1736年，瓦特出生在英国造船工业中心格拉斯哥附近的小镇格里诺克。瓦特的父亲是一个经验丰富的木匠，他的祖父和叔叔也都是机械工人。由于家里很穷，瓦特没办法到学校里读书，就顽强地自学。在6岁的时候，瓦特就开始自学几何，后来自学物理。到了15岁的时候，他学完了《物理学原理》等书。

瓦特小时候很喜欢自己动手制造各种机械。他曾制造和修理起重机、唧筒、滑车和一些航海器械。就这样，小瓦特对机械产生了浓厚的兴趣。

瓦特17岁的时候，就去当学徒，跟人学习修理机器。19岁的时候，瓦特来到伦敦，在一家钟表店里当学徒。

瓦特心灵手巧。他从修理各种机器中，弄懂了许多机械原理，于是修理的范围越来越广，甚至连经纬仪、方位罗盘、象限仪这些精密仪器，他也能修理。

瓦特那高超的手艺，引起了格拉斯哥大学教授的注意，聘请瓦特到格拉斯哥大学附属的教学仪器厂当仪器修理工。在那里，瓦特开始接触蒸汽机，这成为他一生事业的重要转折点。

早在瓦特之前，人们就已经在那里制造蒸汽机了。从达·芬奇到牛顿，已有20多人研究过用蒸汽做动力的机械。1679年，法国的巴本制成了一台蒸汽机。1698年，英国的塞维利制成一台蒸汽泵，能够在矿井中抽水。1705年，苏格兰铁匠纽可门在巴本和塞维利的基础上，制成了一台蒸汽机。从1712年起，这种蒸汽机开始在英国各矿井使用。

不过，纽可门发明的蒸汽机，工作效率很低，常常要消耗大量的煤。

1763年，瓦特在格拉斯哥大学修理一台纽可门蒸汽机，这使他有机会深入了解蒸汽机的构造，并使他对蒸汽机产生了浓厚的兴趣。瓦特看出了纽可门蒸汽机的毛病——蒸汽是在汽缸中冷凝，要花费大量的热量来加热汽缸。

瓦特凭借他丰富的机械知识和灵巧的双手，开始想办法改进纽可门的蒸汽机。那时候，瓦特身体不大好，可是他仍夜以继日地工作，花费了 2 年多时间，终于制成了一种新型的蒸汽机，工作效率大为提高。接下来的时间里，瓦特又花费了 6 年多的时间，对蒸汽机做了两次重大改进。1784 年，瓦特终于制成了新式的单动作蒸汽机。这种新蒸汽机比纽可门蒸汽机的耗煤量节省四分之三，而且运转速度大为提高。

从此以后，蒸汽机广泛得到应用，成为工农业生产中的动力。

正如恩格斯所指出的："蒸汽机是第一个真正国际性的发明。"① 他还指出，"自从蒸汽和新的工具机把旧的工场手工业变成大工业以后，在资产阶级领导下造成的生产力，就以前所未闻的速度和前所未闻的规模发展起来了。"②

随着蒸汽机的广泛应用，瓦特的大名也随之传遍了欧洲。人们把瓦特誉为"蒸汽大王"。

这时，荣誉和金钱像雪花般向瓦特飞来，他从一个穷苦的工人一下子跃为大老板，跃为英国皇家学会会员。

瓦特迷醉于荣誉、金钱、地位和权力，变得无所作为。他的后半生，在科学技术上没有作出什么贡献。相反，瓦特以权威的身份，去压制别人的发明。1781 年，瓦特曾反对推广霍恩布鲁渥发明的"双筒蒸汽机"；18 世纪末，他又极力压制特列维蒂克发明的"高压蒸汽机"。

1819 年，瓦特逝世，终年 83 岁。

瓦特的一生说明：在科学的征途上只有不断艰苦地攀登，才会有所发明，有所前进；一旦有了坐享其成的念头，就会停滞不前，甚至成为绊脚石。

---

① 《自然辩证法》，人民出版社 1971 年版，第 92 页。
② 《反杜林论》，人民出版社 1970 年版，第 265 页。

# 30. 药房里的化学家——舍勒

舍　勒（1742—1786）

　　瑞典化学家。他发现了氯，描述了锰与钡的性质，并独立地发现了氧、氨和氯化氢。在无机酸中他发现了氢氟酸、钨酸、钼酸以及砷酸等。他首先发现银化合物的感光性。

人们在悼念逝世的人时，总是要追述死者一生的功绩。1786 年，人们在悼念瑞典科学院的一位院士时，在悼词中罗列了一系列化学元素和化合物的名称：

"氧、氯、锰、氟、盐酸、氨、氢氟酸、砷酸、钨酸、钼酸、草酸、柠檬酸、酒石酸、没食子酸、焦性没食子酸、苹果酸、硫酸亚铁……"

原来，这么多化学元素和化合物，都是这位死去的院士首先发现的。

死者只有 44 岁，正是精力旺盛的时候。壮年而逝，使人们更为痛惜。

他叫卡尔·威廉·舍勒，1742 年 12 月 9 日，生于当时瑞典的斯特拉尔松城（现属德国）。虽然舍勒死的时候有着瑞典科学院院士的头衔，但那是他 33 岁以后才获得的。在这之前，他走过了非常艰难的路程……

舍勒出生在一个小商人的家庭，从小过着清贫的生活。在读小学的时候，舍勒就以学业优秀而获得老师的赞赏。然而，他父亲无力供他念完中学。在 13 岁时，舍勒就被送到一家药房里当学徒。

这个药房里有各种化学药品和化学仪器，药剂师包赫教他用化学方法制造药物。另外，包赫家中还有许多化学书籍。勤奋好学的舍勒到了那里，一下子便迷恋上了化学。他开始大量阅读"与他那年龄不相称的书"——化学书籍，做那"大人尚且觉得困难的试验"——化学实验。

舍勒从许多化学史书上知道，德国人布朗德发现磷，瑞典人格·波朗特发现钴，瑞典人克朗斯塔特发现镍，都是通过大量的化学实验获得的，所以他非常注重实验。在药房的 8 年学徒生活中，舍勒对照莱姆里的《化学教程》和孔科尔的《化学实验》两书，做了许许多多化学实验。

读书和实验，是舍勒的两大爱好。

舍勒喜欢借书，买书，读书。他借阅了包赫的全部藏书，还把他那菲薄的工资几乎全部用来买书。他读书很认真，常常读了一两遍便把内容都记住了。他的一位朋友曾说："舍勒的天才完全用于化学，他绝对不喜欢别的……虽然他有极好的记忆力，但似乎只宜于有关化学的知识。"

舍勒喜欢动手做实验。化学是一门以实验为基础的科学。舍勒正是因为勤于实验，才有那么多重大的发现。然而，做化学实验时产生的气体常常是有毒的，舍勒不得不在实验室外面做实验。即使在严冬，舍勒仍整天在寒风中坚持实验。到了35岁时，他就觉得浑身关节酸疼，后来身体越来越差，以致壮年而逝。

早在25岁时，舍勒就发现，把硝酸银溶液倒入盐酸中，本来澄清的溶液会变得一片白浊——生成了白色沉淀氯化银。在阳光照射下，这氯化银会很快变黑。这一重大发现，奠定了现代摄影术的基础。照相底片上便涂着氯化银（或溴化银、碘化银），利用它的感光性来拍照。

30岁时，舍勒在二氧化锰中加入浓硫酸，制得了"火气"（即氧气，与此同时，英国化学家普利斯特列也独立发现了氧气），写出著名的论文《论空气与火》。然而，他的论文被出版商压了下来，一直到1777年才出版。另外，他的其他几篇论文送交瑞典科学院，也被以"格式不合"为借口，没能发表，甚至其中的内容被某一"权威"剽窃，变成了这位"权威"的论文。

舍勒并不灰心。他认为自己并非为了名利而研究，而是为神圣的科学事业而研究。他把科学上的新发现，当作人生的最大快乐。他说过这样的话："乐，从科学发现中生出来。发现之乐，使我的心情愉快。"

新生力量是压制不了的。由于舍勒在化学上有了种种发现，终于得到了社会的承认，成为瑞典科学院院士。舍勒在病中仍坚持进行化学实验，病越来越重。1786年3月，他在做光线对于硝酸影响的实验时，没做完，就病倒了。舍勒躺在病床上还念念不忘实验，他说："到了夏天，我将重做这个实验。"

谁知夏天还没来临，他就离开了人世！

# 31. 善于思索的人——拉瓦锡

拉瓦锡（1743—1794）

　　法国化学家。曾学过天文学、数学、植物学、矿物学及地质学等学科。1772 年开始研究硫、磷及金属的燃烧问题，证眀物质燃烧和动物的呼吸都属于空气中氧所参与的氧化作用，并据此驳斥当时不正确的 "燃素学说"。1787 年，在他的领导下，同另外三位法国化学家拟订了化合物的第一个合理命名法。1789 年，写成了一本新体系的化学教科书《化学基本教程》。

在古代，炼金家们用瓦器或玻璃瓶烧水时，发现水经过烧煮之后，总会出现一些沉淀。于是，他们便提出这样的"理论"：火跑到水中，转变成土。那些沉淀就是土。

然而，法国著名化学家拉瓦锡却是一个善于独立思考的人。他并不轻信那流传了几千年的"理论"。

拉瓦锡做了这样一个实验：在一个玻璃瓶中倒进水，再装上一套循环装置，使水在加热时变成水蒸气，经过冷凝管，重新回到瓶子里。事先，拉瓦锡称了一下玻璃瓶和水的重量。加热 100 天之后，水中出现不少沉淀，拉瓦锡重新称了玻璃瓶和水的重量，结果发现总重量不变。

拉瓦锡还查明，那些沉淀——也就是"土"的重量，几乎正好等于玻璃瓶本身减轻了的重量。他对那些"土"进行了化学分析，表明"土"的成分跟玻璃相似。

拉瓦锡把自己的实验结果写成论文——《论水的性质兼论"证明"水可能变为土的实验》，指出那些"土"是玻璃溶解于水沉淀出来形成的，并不是什么火跑进水中变成土。

拉瓦锡推翻了流传多年的"理论"，指出："……由于人工的或天然的操作不能无中生有地创造任何东西，所以每一次操作前后存在的物质总量相等，且其要素的质与量保持不变，只是发生更换和变形，这可以看成为公理。"这段话，便是"物质不灭定律"。用现代科学的语言表达，就是："物质虽然能够变化，但是不能消灭或凭空产生。"

拉瓦锡不仅注意了物质在化学反应中性质的变化，而且注意了数量上的变化。这样，他的思想就超过了同时代的化学家，在化学上作出许多新贡献。

拉瓦锡在 1743 年 8 月 26 日，生于法国巴黎。他的父亲是一位律师，家境富裕。尽管他父亲希望他也成为一个律师，而他却爱上了自然科学。

拉瓦锡小时候为了研究各种光线，竟然把自己关在一个黑暗的房间里达 6 个星期之久，为的是使自己的眼睛变得敏锐，能够在暗处看出光线微弱的变化。

拉瓦锡 21 岁时，写出了一篇关于城市燃灯最好方法的论文，受到法国科学院的赞许，给他颁发了金质奖章。

拉瓦锡博学多才，研究过炸药，在农业上提倡种麻、种山芋和种胡萝卜，改良过养牛法、养羊法，制订过开河、筑路、开矿的计划。他的主要贡献在化学和物理学方面。

拉瓦锡的特点是擅长思索。他一生中发表过 200 多篇论文，这些论文很少是写他自己直接发现什么科学现象，而是把别人的发现加以归纳，摸索其中的规律，提出一种新的理论。正因为这样，他使近代化学系统化、理论化，被誉为"近代化学之父"。

1794 年 5 月 8 日，拉瓦锡被指控为"在士兵的烟草中掺水"，而被残暴地杀于断头台，终年 51 岁。在临死前，拉瓦锡曾要求："情愿被夺一切，只要做一名普通的药剂师，做一点化学实验，就心满意足了。"然而，他的要求没有得到同意。当时，他正在进行一项化学实验，要求缓刑两个星期，让他做完这个实验，也未获准。

拉瓦锡死后，人们痛惜道："他们割下拉瓦锡的头，只不过是一刹那的事，但是不知在 100 年之内，世界上还能不能再长出一颗那样的头？"

# 32. 从"朝三暮四"到专心致志——拉马克

拉马克（1744—1829）

　　法国博物学家。最先提出生物进化的学说，后称"拉马克学说"。主要著作有《法国植物志》《无脊椎动物的系统》《动物学哲学》等。

如果用"朝三暮四"这个词来形容青少年时期拉马克那多变的兴趣，真是太恰当了。

1744 年 8 月 1 日，拉马克生于法国皮卡第。父母有子女 11 人，他是最小的一个，也是最受父母宠爱的一个。

拉马克的父亲希望他长大后当个牧师，送他到神学院读书。

拉马克的哥哥有好几个是军人，他也很想当个军人，将来做将军。16 岁时，拉马克加入军队，由于作战勇敢，被授以中尉的军衔。

不久，拉马克因病退伍，爱上气象学，想当个气象学家，整天仰首望着多变的天空。

后来，拉马克在银行里找到了工作，想当个金融家。

很快，拉马克又爱上了音乐，成天拉小提琴，想成为一个音乐家。

这时，他的一位哥哥劝他当医生。因为在当时的社会中，医生是"铁饭碗"，即使失业了，在家里也可以开业。拉马克学医 4 年，可是对医学没有多大兴趣。

拉马克 24 岁时，由于他"朝三暮四"，在人生的道路上摇摇晃晃，没有把毕生的志向确定下来。

正在这时，他偶然遇上一位良师，引导他进入生物科学之门，终于使这位"朝三暮四"的青年始终如一地爱上了这门科学，将毕生精力贡献给这门科学，成为一位生物科学的巨匠。

这位良师，叫作让·雅克·卢梭，他是法国著名的思想家、哲学家、教育学家、文学家。24 岁的拉马克与 56 岁的卢梭在植物园里散步时萍水相逢，认识了。

卢梭很喜欢这位爱动、爱幻想的年轻人，带他到自己的研究室里去。在那里，拉马克深深地被生物科学迷住了，仿佛一见钟情似的，把自己的兴趣转移到生物科学上去。

从此，拉马克花了整整 11 年的时间，系统地研究了植物学，写出了著名的《法国植物志》。

拉马克 35 岁的时候，当上了法国植物标本馆的管理员。又花了 15

年，研究植物学。

拉马克 50 岁的时候，开始研究动物学。此后，他为研究动物学花费了 35 年。

拉马克最早提出了生物进化论，被人们称为"拉马克学说"。他的著作《无脊椎动物的系统》《动物学哲学》，在科学史上占有重要地位。

然而，拉马克的学说，在他死后才得到科学界的公认与尊重。他的一生，是在贫穷与冷漠中度过的。他结婚四次，有的妻子因病而死，有的妻子另求富贵而背离了他，到头来他依旧是个鳏夫。他有好几个儿女不幸死在他之前。只有女儿柯尼利娅照料着他，直至他久病之后于 1829 年 12 月 18 日在孤寂之中死去。但是，拉马克为自己有了一个终身伴侣——科学而感到欣慰，他把自己的一切都贡献给了科学，把个人的悲辛痛苦全置之度外。

拉马克死后，他的女儿买不起坟地，只好租了一块坟地安葬父亲。这块坟地租期只有 5 年。到期之后，拉马克的尸骨被掘了出来，埋在公共的大墓地里。

直到 1909 年，人们纪念拉马克的名著《动物学哲学》出版 100 周年，巴黎植物园向各界募捐，才算为拉马克建立了一块纪念碑。碑上刻着他女儿的话：

"我的父亲，后代将要羡慕您，他们将要替您报仇雪恨！"

拉马克的一生，说明良师的作用是多么巨大；拉马克的一生，说明在科学上"朝三暮四"是无所作为的，只有专心致志才能获得成功。

# 33. 牛痘的来历——琴纳

琴　纳（1749—1823）

　　英国医师。他在 1768—1796 年间，经过观察，证实患过牛痘的人就不再患天花，并于 1796 年第一次给人接种牛痘成功。著有《接种牛痘的原因和效果的调查》。

作为一个医生，如果不能把病人医好，那将是他最大的痛苦。

英国乡村医生爱德华·琴纳就曾有过非常痛苦的时候：那时，天花是一种很厉害的传染病。人类对天花病毒束手无策。感染上天花病毒以后，就整天发高烧。在四个病人之中，有一人死亡，三人身上留下难看的疤痕。琴纳眼看着一批又一批人死去，一批又一批人身上留下难看的疤痕，心急如焚，却又想不出办法来。

有一次，乡村里的检察官要琴纳统计一下几年来村里死于天花以及感染留疤的人数。

琴纳挨家逐户地查，差不多家家都有被天花夺去生命的人。然而，奇怪的是，他来到养牛场，却发现挤牛奶的工人中间，竟没有一个死于天花或者感染留疤的。

奇怪，挤牛奶的人为什么能幸免于难呢？

琴纳细细地钻研起来。他问挤奶女工生过天花没有？他们的奶牛生过天花没有？

挤奶女工们告诉琴纳：牛会生天花，可是牛却很少死去，也不会留疤，只在牛的皮肤上出现一些小脓疱。挤奶女工给患天花的牛挤奶，也好像得了天花，不过病情很轻，只是稍微有点不舒服，没多久就好了。

琴纳猜想，可能是牛的抵抗力很强，所以牛虽然得了天花，反应却很轻微。挤奶女工在挤奶时，手指沾上牛的脓浆。因此传染上天花，但是，从牛身上传染来的天花，反应是很轻微的。

琴纳还发觉，凡是得过天花的人，从此再也不会得天花。他想，这大概是得了一次天花以后，人体里就产生了一种"免疫力"。挤奶女工得了一次轻微的天花，从此也获得了免疫力。

琴纳终于想出了对付天花的方法：从牛身上获取天花脓浆，接种到人身上，让他像挤奶女工一样也得天花，但很轻微，从此就再也不患天花了。这种从牛身上提取的天花脓浆，叫作"牛痘"。

1796 年 5 月，琴纳第一次给一个 8 岁的小男孩种上牛痘。不久，小男孩感到有点儿不舒服，没几天就恢复正常了。

　　几个月后，琴纳从一个天花病人身上取得脓浆，接种到这个小男孩身上，看这个男孩是不是已经具有免疫力。

　　那几天，琴纳真是度日如年，如坐针毡。他很担心小男孩会不会真的生起天花病来。万一有什么意外，后果将不堪设想。

　　几天过去了，小男孩平安无恙！琴纳终于找到了战胜天花的法宝。

　　消息一传开来，整个村子沸腾了。人们纷纷向琴纳庆贺。

　　然而，当琴纳把自己的论文送到英国皇家学会时，专家们却不相信，不同意发表。有人甚至挖苦说："种了牛痘，会使人的头上长出牛角，发出牛叫的声音！"

　　事实胜于雄辩。牛痘给人民带来了福音，千千万万的人争着种牛痘，铁一般的事实证明——种牛痘确实能够预防天花。

　　那些专家在事实面前认输了。

# 34. 轮船之父——富尔敦

富尔敦（1765—1815）

美国工程师。又译富尔顿。于 18 世纪末到 19 世纪初，他在巴黎试验用人力转动螺旋桨的潜水艇和用蒸汽机作为动力的船。1807 年，在纽约制造了轮船"克莱蒙特"号，航行于哈得孙河上。他是最早用轮船从事定期运输的人。

1803 年的一天，法国巴黎塞纳河畔围满了人。他们伸长脖子在那里看热闹：河里，一些人正在打捞着什么。其中那个领头的人，浑身湿透，在河里已经工作了一昼夜，连饭都没吃。直到费了九牛二虎之力，从河底捞上一台又重又大的机器后，他昏倒了，从此病了好长时间。

他就是罗伯特·富尔敦。

富尔敦在捞什么呢？他在捞蒸汽机。

原来，富尔敦在工人们的帮助下，花费了许多时间，建造了一艘长约 20 米、宽约 2.5 米、吃水约 1 米的轮船。当这艘轮船准备正式试航的时候，谁知在夜间遇上了狂风暴雨，塞纳河上风浪汹涌，这艘轮船结构薄弱，加上蒸汽机和铜锅炉又非常沉重，船经不起风浪的袭击，拦腰折成两段。

富尔敦看到辛勤劳动的成果付之东流，悲痛欲绝。在工人们的帮助下，才总算把蒸汽机和锅炉捞了上来。

失败沉重地打击了富尔敦。但是，富尔敦并没有倒下去，没有灰心。他从失败中吸取了教训。

又经过几年的努力，1807 年，富尔敦终于在美国纽约建成了另一艘轮船"克莱蒙特"号。这艘轮船长约 45 米、宽约 4 米、吃水约 1 米。然而，许多人嘲笑这艘轮船是"富尔敦的蠢物"。

8 月 17 日，"克莱蒙特"号点火试航了。那天，哈得孙河岸上挤满了参观的人群。"克莱蒙特"号装载了 40 名乘客，在隆隆声中离开码头。

开船不久，出了故障，轮船停滞不前。这时，富尔敦马上进行修理，很快就排除了故障，使船继续破浪前进。

这是世界上第一次轮船航行。从此，富尔敦被誉为"轮船的发明者"。

富尔敦家境贫寒，9 岁时父亲便去世了。他家附近有一家机器铺，富尔敦从小就喜欢在那里看工人们怎么拆机器、修机器，有时还当他们的小助手。渐渐地，富尔敦懂得了机械的一些基本原理。14 岁时，富尔敦在别人的指导下，制成了一支气枪。

富尔敦结识了瓦特后，爱上了蒸汽机。他把蒸汽机用到船上，终于发明了轮船。

　　富尔敦是一个不知疲倦的人，一生中设计、制造了十几艘轮船。每设计一条新船，他总是有所改进，有所创新。他始终不以已经取得的成绩为满足。就在他逝世的那一年，还设计、制造了一艘快速汽艇。

　　后来，美国把富尔敦的故乡——宾夕法尼亚州南部的一个县命名为"富尔敦县"，以此纪念这位"轮船之父"。

# 35. 袜子的启示——道尔顿

道尔顿（1766—1844）

英国化学家、物理学家。对气象、物理和化学三门学科曾作出不少贡献。
1801 年发表 "气体分压定律"；1803 年创立 "倍比定律"，并引入元素的相
对原子量。1808 年发表《化学哲学的新系统》，提出了原子的科学假说——
"道尔顿原子学说"。

一提起道尔顿，人们总是说：他是英国著名的化学家。其实，道尔顿还是世界上第一个发现色盲现象的人。一个化学家，怎么会研究起生理现象——色盲呢？

这得从一件小事说起。

那是在道尔顿18岁的时候，他给妈妈买了一双袜子，当作生日的礼物。妈妈一看，大吃一惊，她年纪这么大了，怎么好穿一双桃红色的袜子？道尔顿不相信，争辩道："明明是灰色的袜子嘛！"后来，别人都说这双袜子是桃红色的，道尔顿这才相信了。道尔顿感到很奇怪：为什么他看上去袜子是灰色的，别人看上去却是红色的？他又指着自己的上衣，问人家是什么颜色。别人告诉他是绿色的，而他自己却以为是暗红色的。道尔顿放下手头的化学实验，仔细钻研起这种奇特的生理现象来，结果发现了色盲现象。道尔顿的新发现引起大家的注意，普遍地查了一下，查出好多人是色盲。也就是说，色盲是一种很普遍的现象。

其实，在道尔顿之前，世界上已有过许多色盲的人。为什么这些人一生都不知道自己竟是色盲呢？这是因为道尔顿具有敏锐的观察力，是大自然中的有心人，所以能从日常生活细微的小事中，有所发现。

道尔顿1766年9月6日生于英国的坎伯兰。父亲是一个农民，后来当过纺织工人，家境清贫。道尔顿小时候没有受到过正规的教育，他的学问主要靠自学得来。他认识一位盲人，名叫约翰·顾，很有学问。道尔顿便拜他为师，学习数学、哲学以及拉丁文、希腊文。

道尔顿从15岁起当助理教师，后来当中学校长。在教学的余暇，进行科学研究。

道尔顿沉默寡言，好学不倦。他从不轻信书本上讲的知识，常抱有怀疑的态度审视，经过独立思考或做了实验之后，这才加以吸收。

道尔顿很穷，没钱买仪器，他常常自己动手，用便宜易得的材料，制造各种精巧的土仪器。

道尔顿生活很有规律，每天按严格的作息时间生活。他的邻居们甚至用道尔顿什么时候起床，作为校对时钟的标准！

道尔顿在科学上很有恒心，持之不懈。他对气象学也很有兴趣。从21岁起，道尔顿每天做气象观测记录，一直坚持到逝世，前后共57年！据人们统计，道尔顿记下的气象资料，达20多万条！1844年7月27日，他逝世于曼彻斯特市。那天早晨，他还在气象日志上写下"今日微雨"！

他的友人曾这样评论道尔顿：

"他有简单品性和专一心思。他一直向前进，不向左转也不向右转，除了真理之外他无所崇拜。"

道尔顿对科学的贡献是巨大的，多方面的。

在物理学上，他发现混合气体的总的压力等于各种气体分压之和。这被称为"气体分压定律"。

在化学上，道尔顿是世界上第一个测量原子量的人。

1803年，道尔顿发现了"倍比定律"：如果甲乙两种元素能够化合成几种化合物，那么，在这几种化合物里，跟一定量甲元素相化合的乙元素的几个量，一定互成简单的整数比。

1808年，道尔顿提出原子学说。他认为：构成一切元素的微粒，是原子。同一种元素，是由相同的原子组成的。两种元素化合时，就是两种原子以简单的整数比相结合。

道尔顿一生发表了116篇论文。在晚年，他声名显赫，十分荣耀。许多地方请他去演讲，他都辞谢了。尽管他有了很多钱，但一直过着简单朴素的生活。他长期睡在实验室里。由于实验的仪器里有许多水银（用来测量气压），水银有剧毒又很易挥发，因此得了慢性汞中毒病。到了晚年，道尔顿浑身无力，牙齿脱落，便是汞中毒的症状。

恩格斯曾高度评价道尔顿，指出："化学中的新时代是随着原子论开始的（所以，近代化学之父不是拉瓦锡，而是道尔顿）……"[1]

———

[1] 《自然辩证法》，人民出版社1971年版，第269页。

# 36. 敢于"改错"的人——王清任

**王清任（1768—1831）**

中国清朝医学家。字勋臣，河北玉田人。他认为"业医诊病，当先明脏腑"。敢于冲破封建礼教的束缚，曾去坟冢间观察小儿残尸，并去刑场检视尸体脏器结构。著有《医林改错》，纠正了古代医书记载脏器结构及功能上的一些错误。

我国清朝时出版了一本名叫《医林改错》的书。这本书改正了许多流传多年的医学上的错误。这本书的作者，是富有创见、敢于"改错"的医学家王清任。

王清任，字勋臣，河北玉田县人。他从 20 岁左右开始行医，花了 40 多年写成《医林改错》一书。这本书只有 2.5 万多字，但很有价值。书中附有 25 幅插图，其中 12 幅是根据古书上对人体的看法画成的，13 幅是根据他自己的实践调查画成的，互相对照，可以清楚地看出错在哪里。

照理，人要认识自身的构造，就应当解剖人体。然而，在中国封建社会，历来认为"身体发肤，受之父母"，谁如果解剖人体，就将被指斥为"大逆不道"。正因为这样，长久以来，人们只能根据自己的想象来描绘人体的构造，当然会出现许多错误。

王清任认为，"百闻不如一见"，要想弄清楚人体的秘密，唯一的办法就是去实地观察、解剖人的尸体。

有一次，他听说一个人被大车压死了，连忙赶去。但是，他只能在旁边看看，不能动手解剖。

机会终于来了。1797 年，河北麻疹流行，许多孩子被麻疹夺去了生命。王清任在去滦州稻地镇出诊时，一路上看到不少穷人的孩子死后被草席包裹，扔在野地里，有的被野狗咬破肚皮，内脏都露在外边。王清任跳下马来，不顾腥臭，冒着染上瘟疫的危险，仔细观察尸体的内脏，一边看，一边把它画下来。就这样，一连十来天，王清任埋头在坟场、野地里，查看了 100 多具尸体，从中找出 30 多副比较完整的内脏，绘制了许多人体的构造图。

这下子，王清任查出了古书上的错误之处。比如，古书上说，左肾是肾，右肾是"命门"。然而，王清任察看了尸体，发现左肾与右肾是一样的，右肾根本不是什么"命门"。

还有，古人认为气管是与心脏相连的，有 24 个气孔……这些错误，也被王清任一一改正过来。

王清任深有体会地说："著书不明脏腑，岂不是痴人说梦！"

　　王清任治学严谨。一个名叫汪子维的刻书商人得知王清任在写《医林改错》，催他早点交稿。可是，王清任却很慎重，因为还有一个问题没弄清楚——横膈膜究竟是在心肺之上，还是心肺之下？王清任说："这个问题没搞清楚，怎能贸然出书误人呢？"

　　王清任花了很多时间，探索横膈膜的秘密。他几次到刑场去看，也没弄清楚。原来，横膈膜很薄，破了以后就很难看清楚。

　　一直到 1829 年，他从一个病人那里，知道有一个武官，久经沙场，看见过许多兵士的尸体，可能知道横膈膜在哪里。王清任几次去拜访他，但由于衣着朴素，被看门人挡在门外。后来，他好不容易见到了这位武官，才从他那里知道，横膈膜是在心肺之下。

　　1830 年，王清任 63 岁了，终于写成了名著《医林改错》。第二年，他就离开了人世。

　　王清任的一生说明：古人为什么会错？因为他们的"理论"不是来自实践；王清任为什么能改错？因为他的理论来自实践。实践，是辨别理论是非真伪的试金石！

# 37. 怪物吓不了他——居维叶

居维叶（1769—1832）

　　法国动物学家、古生物学家，比较解剖学的创立者。他提出了器官相互关联和主次隶属的规律，并指出器官构造同生活条件的关系。主要著作有《地球表面的生物进化》《比较解剖学教程》《鱼类自然史》等。

房门轻轻地开了，一个怪物发出嘶叫声，钻了进来。

房里那位熟睡着的人被吵醒了。他睁开蒙眬的睡眼一看，见床前站着一只头上长角、脚上长蹄的怪物。他居然一点儿也不吃惊，毫不在乎地说："你只会吃草，我不怕你！"

说完，这人翻了个身，又安然睡着了。

这时，那怪物"咯咯"笑了起来——原来，这怪物是一个学生装扮的，想来吓唬一下那位熟睡的老师。

那位熟睡的老师叫居维叶，法国著名的动物学家、古生物学家。

居维叶为什么不怕那怪物呢？因为他一看那怪物头上长角，脚上长蹄，便断定它是一种食草动物，不会吃人，所以满不在乎。

居维叶为什么能从动物的蹄和角，判断出它吃什么呢？

其实，早在 2000 多年前，著名的古希腊哲学家亚里士多德就已经注意到这样的事情：

"没有一个动物同时具有长牙和角的。"

"反刍动物有一种多重胃，但是牙齿很不行。"

也就是说，亚里士多德已经发现，动物身上的不同器官之间，存在着某种联系。但是，亚里士多德没有深入研究这个问题。

居维叶在研究了许多古代动物的化石和解剖了许多现代动物之后，发现了动物器官之间的相互联系与主次隶属的规律——"器官相关定律"。

居维叶指出："每个有机体都是一个完整而严密的体系，它的各部分都是互相适应的。"

居维叶举例说明："如果一个动物的肠子是消化生肉的，那么，它的颌骨的构造一定适于吞食生肉；牙齿的结构一定适于嚼碎生肉；它的感觉器官一定善于发现远处的猎物；它的四肢一定适于追赶猎物……"

正因为器官是有着相互联系的，所以，居维叶认为，从古代动物化石的某一部分，常常可以推测出身体的其他部分："只要一个痕迹，就可以使观察者发现古代动物所遗留的牙齿形状、颌骨形状、脊椎形状，以及腿、肩和骨盆的全部骨骼的形状等。"

　　有一次，人们在巴黎附近发现了哺乳动物的化石。当时，这个动物化石的头部已经暴露出来了，身体还埋在土中。居维叶仔仔细细看了头部化石之后，说道："从这个动物化石已显露出来的牙齿来看，我认为它是哺乳动物中有袋类的负鼠。根据器官相关定律，有袋类的动物腹部必然有一块小的袋骨，以支持它的袋子。"

　　说完之后，居维叶把化石周围的砂岩扒开，果真，人们看到了化石腹部有一块袋骨！人们大为惊讶，把这个化石标本命名为"居维叶负鼠"。

　　又有一次，一位叫柯林伊的博物馆馆长给居维叶寄来了一张化石的素描图。图上的古代动物形状是未见过的。有人说是一种介于鸟与蝙蝠之间的动物；有人说是一种会游泳的鸟，而居维叶根据器官相关定律，从这种动物的头部和前肢的特点，推断出这是一具"飞龙化石"。

　　后来，人们又找到许多类似的化石，证明确实是一种会飞的龙——翼龙化石。

# 38. 墓碑上的正十七边形——高斯

高 斯（1777—1855）

德国数学家、物理学家和天文学家。对超几何级数、复变函数论、统计数学、椭圆函数论有重大贡献。他的曲面论是近代微分几何的开端。他对物理学、天文学、测地学也有很大贡献。曾与德国物理学家韦伯一同建立了电磁学中的高斯单位制。

也许你会感到奇怪：世界上有这么一个人，他希望在自己死后，墓碑上不写别的，只需要刻一个正十七边形！

这个人不是别人，他是德国著名数学家、物理学家和天文学家高斯。

高斯为什么对正十七边形那样感兴趣呢？

原来，早在公元前3世纪，古希腊著名数学家欧几里得就说过，用直尺和圆规可以作出正三角形、正四边形、正五边形、正六边形、正八边形、正十边形、正十五边形等。至于能不能用直尺和圆规作出正十七边形，2000年间，谁也不知道。

1796年3月30日，年仅19岁的高斯，居然用直尺和圆规作出了正十七边形，解决了这个长期以来悬而未决的难题！

1777年4月30日，高斯出生在德国一个农民的家中。他从小酷爱数学。据传说，有一次，他爸爸正在吃力地算账，他站在一旁，看出了爸爸哪儿算错了，并说出了正确的结果！那时，高斯还没上小学呢。

在读小学的时候，高斯和他的小伙伴们很淘气，惹恼了算术老师。老师决定出一道难题，要他们从1加起，加2，加3，加4……一直加到100，使他们安静下来。

同学们只得老老实实把数字逐一相加，而高斯却把头凝视着窗外。没过一会儿，他就把答案写出来了，交给老师。

老师一看，答案是"5050"，一点儿也不错。

老师大吃一惊，问高斯是怎么算的？

高斯笑着答道："我找到一个迅速求得答案的方法。您看——

"$1+100=101$，

"$2+99=101$，

"$3+98=101$，

"$4+97=101$，

"…………

"$50+51=101$。

"这么一来，就等于50个101相加，也就是$50×101$，等于5050。"

高斯小小年纪就这么聪明，老师既惊异，又佩服。

高斯从青年时期开始，就在学术上崭露头角。

17 岁时，他发现数论中的二次互反律。

22 岁时，证明代数基本定理（也被称作"高斯定理"）——每一个复数系数的一元 n（正整数）次方程至少有一个根（n≥1）。

23 岁时，发现椭圆函数。

…………

高斯可以说是一个"大器早成"的人。他之所以能够那么年轻就获得成功，一方面，是因为他很聪明，另一方面，也更重要的是因为他非常勤奋。小时候，高斯就在油灯下专心地钻研数学著作。15 岁时，他就读了牛顿、欧拉、拉格朗日的数学著作，懂得了微积分。他的成功，不是从天上掉下来的，而是刻苦学习得来的。

1855 年 2 月 23 日，高斯逝世，终年 78 岁。

# 39. 当上"科学明星"前后——戴维

戴　维（1778—1829）

英国化学家。曾发现氧化亚氮（笑气）的麻醉性。1801 年被聘为英国皇家化学学院的主讲，开始电化学的研究。先后制得钾、钠、钡、镁、钙、锶等碱土金属，并用强还原性的钾制取了硼。此外，他还发明了矿工用的安全灯。

"哈哈，哈哈……"在 100 多年前，人们常常可以听到从牙科医师的手术室里传出来的一阵阵狂笑声。

有趣的是，不但病人在笑，连医生自己，也在前仰后合地狂笑呢！

原来，人们发现了一种奇妙的气体——氧化亚氮。人吸进这种气体，便会情不自禁地狂笑起来。这种气体便被称为"笑气"。

笑气的麻醉性是英国著名化学家戴维在 1799 年发现的。当时，他才 21 岁。

戴维是一个好动的青年，喜欢做各种各样的化学实验。有一次，他加热干燥的硝酸铵时，竟然冒出一种古怪的气体，使他大笑起来，甚至在实验室里跳起舞来。

不久，戴维的一颗牙齿坏了，便请一位名叫德恩梯斯·舍派特的牙科医生来拔牙。牙拔掉之后，痛得非常厉害，戴维突然想到那古怪的笑气，便连忙去吸了几口，结果大笑起来。这时痛苦立即减轻，笑完之后，牙也不痛了。

原来，笑气不仅能使人狂笑，而且具有一定的麻醉作用。戴维的发现轰动了欧洲，许多外科医生都开始用笑气作麻醉剂。本来，外科手术室里总是充满"哇哇"的哭叫声，采用笑气后，变成了"哈哈"的笑声。

发现笑气后，戴维这个年轻人闻名于欧洲。

1778 年 12 月，戴维出生在一个木器雕刻匠的家中。小时候，戴维很聪明，但也很贪玩。他很喜欢写诗，也爱钓鱼。

从 17 岁开始，戴维变得很用功，自学了宗教学、语文、历史、地理等二十来门学科。他还去一个外科医生那里帮忙配药，爱上了化学。戴维常常在配药之余，进行各种化学实验。

戴维的口才很好。成名之后，到处有人请他演讲。每到一处，盛况空前。有人记述了当时的热烈情景："不论是文学家或科学家，实验家或理论家，有学问的女士或时髦的妇人，老人或者少年，都急切地挤于讲演室中。戴维以他的口才，他的化学知识，他的旁征博引和精巧实验，引起了普遍的注意和无限的赞赏。恭维他的，请他的，送礼物的，络绎不绝。所有的聚会都少不了他，大家似乎都以认识他为光荣。"

23岁时，戴维就被聘为皇家学院的会员。这么年轻就获得如此荣誉，这在当时是不多见的。要知道，英国皇家学院的院长不是别人，而是英国国王！

于是，戴维从一个穷苦的孩子，一跃而成为上流社会的科学明星。他34岁时，被封为爵士；后来，被封为男爵。

起初，戴维是相当努力的，接连在科学上作出了新贡献——29岁时，用电解法获得了碱金属钾、钠。接着，又制得了碱土金属钙、镁。42岁时发明了一种安全矿灯，人们把它誉为"戴维灯"。

戴维出身贫苦，本来愿以科学为自己的事业，并不追求个人的荣誉。戴维曾说过一些意义十分深刻的话：

"人当有荣耀之实，不当有荣誉之名。"

"值得荣誉而没有，比有了荣誉而不值得要好一些。"

"我愿每年使我成为一个更好的人，用处多些，自私少些，致力于人道主义和科学。"

"我没有金钱，没有权力，没有贵族的父兄。我相信我对人类的贡献，不会比那些一生下来就有金钱和权力的人少。"

然而，当戴维的名声越来越大、获得的荣誉越来越多时，他却在荣誉和地位中陶醉了。30岁以后，除发明安全灯外，便无多大建树了。

戴维开始忙于宴会，忙于跳舞，忙于到处发表演说，而在实验室中工作的时间越来越少。

戴维的头脑发热了，甚至轻率地宣布硫、磷、碳、氮这些元素是"化合物"，可以进行"分解"。

戴维再也不愿提到自己的父亲——一个木器雕刻匠，也不愿谈起自己曾是一个外科医生的配药学徒。他到处用"爵士""男爵"的头衔招摇过市。

戴维曾把印刷工法拉第培养成为一个科学家，受到人们的称赞。然而，后来由于法拉第在电磁学和化学上屡建奇功，被提名为英国皇家学会会员时，戴维身为会长，却亲自出马反对。他出于嫉妒而反对法拉第，生怕法拉第会超过他。

51 岁时，戴维病死于瑞士。

戴维是一个富有才华的人。如果他在后半生不陶醉于荣誉，一定可以为科学作出更大的贡献。

荣誉，有时会给人带来继续前进的力量，有时也会成为阻碍继续前进的绊脚石，关键在于人们应当正确对待荣誉！

# 40. 关于"女神"的信——贝采里乌斯

### 贝采里乌斯（1779—1848）

　　瑞典化学家。硒、钍、硅、铈、锆等元素的发现者。曾以氧为标准，测定了 40 多种元素的原子量，提出现代原子符号，并第一次排出当时已知元素的原子量表。开始引用"有机化学"概念，以区别于无机化学。曾坚持"生命力论"，后来被一系列有机合成（如维勒合成尿素）的事实证实为错误。著有《化学教程》《化学总论》《动物的化学》《矿物学新系统》等。

关于钒的发现，有过一段十分有趣的故事。

1830 年，德国青年化学家维勒在分析墨西哥出产的一种铅矿时，断定这种铅矿中有一种还没有发现的新元素。但是，他没有继续研究下去，就在第二年，瑞典化学家塞夫斯特姆发现了这一新元素——钒。

维勒由于失去了发现新元素的机会，感到很失望，把事情的经过告诉了他的老师——著名瑞典化学家贝采里乌斯。

不久，维勒收到老师的一封有趣而寓意深刻的回信：

"……在北方极远的地方，有一位叫作凡娜第丝——'钒'的女神。一天，来了一个人敲这女神的门。女神没有马上去开门，想让那个人再敲一下，结果那敲门的人就转身回去了。这个人对于是否被请进去，显得满不在乎。女神觉得奇怪，就奔到窗口去瞧瞧那位掉头而去的人。这时候，她自言自语道：原来是维勒这家伙！他空跑一趟是应该的，如果他不那么淡漠，他就会被请进来了。过后不久，又有一个人来敲门了。因为这次他很热心地、激烈地敲了好久，女神只好把门开了。这个人就是塞夫斯特姆。他终于发现了'钒'。"

这封信，借助于"女神"之口，告诉维勒：你既然没有一心一意地钻研下去，半途而废，怎么能发现钒呢？只有那些肯于钻研、专心致志的人，才能在科学上建立功勋。

贝采里乌斯是瑞典斯德哥尔摩医学院的教授，是当时欧洲化学界的权威。贝采里乌斯一向以实验数据精确而著称。人们总是这么说："这个数据是贝采里乌斯测定的，不会错！"

维勒本是学医的。1823 年，维勒慕名写信给贝采里乌斯："我尊敬的导师，东方的文明古国——中国有句名言，'渊远而流长'。在我们这个时代，得不到瑞典著名化学大师贝采里乌斯教授的指教，将是终身的遗憾。"贝采里乌斯同意收留这位才华出众的 23 岁的德国青年博士，于是，维勒来到斯德哥尔摩，改学化学。在那里，维勒还结识了贝采里乌斯的得意门生、后来成为钒的发现者的塞夫斯特姆。

维勒在回忆录中，曾这样谈到自己初见贝采里乌斯时的激动心情：

"我站在贝采里乌斯门前按铃，心不住地怦怦直跳。来开门的人衣服整洁，仪表堂堂，望之俨然，原来是贝采里乌斯本人。他用最友好的样子欢迎我，说已经盼望我许久了，又谈我路上的事情，自然都用德语。他熟悉德语与熟悉法语、英语一样。当他引我到他的实验室里时，我好像在梦中，甚至对我怎么能来到我所向往的如此著名的实验室里，不免疑惑起来……"

贝采里乌斯是一位严师。维勒做实验常常很快，但是比较粗心。贝采里乌斯见了，便一再对他说："博士，快是快，但是不好！"

还有一次，贝采里乌斯走进实验室，见维勒通宵未眠，在做实验，便问道："分析沸石①的工作进展如何？"

维勒轻松地答道："很顺利，按照您的指示，这些沉淀再洗两三次，就可以得到纯净的氧化物了。"

贝采里乌斯一听，直摇头："两三次？不，我从来没说过洗两三次。应当不断地洗，一直洗到没有酸为止！"

贝采里乌斯沉默了一会儿，告诫维勒道："你知道吗？我们瑞典有一个盛产珍珠的海湾。珍珠虽然漂亮，但它总是藏在贝壳里！"

维勒离开贝采里乌斯以后，仍把贝采里乌斯作为严师，经常与他通信，不断向他报告自己的实验情况，请教有关问题。在贝采里乌斯死后，维勒把贝采里乌斯写给他的信送交瑞典科学院，这些信竟有几百封之多！

其实，贝采里乌斯不光是给维勒写信。他为人热情，交友甚广。他每天收到许多青年的信，几乎每信必复。在回信中，有时介绍他自己最近的研究情况；有时指出别人实验中的错误，给予帮助；有时给青年人以鼓励，告诫他们科学上要持之以恒；有时安慰一些正处于生活困难之中的青年，给予经济上的支援……

贝采里乌斯出生在一个农民家庭，4岁时父亲去世，10岁时母亲去

---

① 沸石，又称泡沸石，是一种含水的钙、钠以及钡、钾的铝硅酸盐矿石。现在，已能人工合成沸石，用作"分子筛"，用于净化或过滤物质。

世。他从自己的成长过程中感到，青年人多么需要老师的指点和帮助。他在念大学时，迷恋于化学实验。那时，学校规定学生每星期只上三次实验课，可是，他常常一有空就往实验室里跑。教授见了，冷冷地对他说："你知道实验室和厨房的区别吗？"

从此，贝采里乌斯只得趁教授不在的时候，溜进实验室，悄悄地做化学实验。有一次，正当他做实验入迷的时候，教授突然出现在他的面前。他异常惊恐，谁知教授看了他的实验，十分赞赏，反而因此允许他到实验室里工作。

贝采里乌斯在28岁时成为教授。他很注重实验，发现了硒、钍、硅、铈、锆等新元素，还精确地测定了40多种化学元素的原子量。

一直到56岁，他才认为"稍微有点空"，举行了婚礼。结婚那天，瑞典国王查理十四特写信祝贺，并晋封他为男爵。

晚年，他病倒了，双腿瘫痪，终日背疼，不能再亲手做实验，但仍著述不止，并指导学生写作论文，直至离开人世。

不过，美玉也有瑕疵。当维勒用人工方法合成了尿素，高兴地写信向贝采里乌斯报告时，他却坚持"生命力论"，否定维勒的功绩，以致铸成大错[1]。

---

① 参看本书《两次化学论战》一文。

# 41. "大学生"念小学——斯蒂芬孙

斯蒂芬孙（1781—1848）

英国工程师，蒸汽机车发明家。1812 年，成为煤矿机械工程师。1814 年，制成能牵引 30 吨重的蒸汽机车。1825 年，设计制成世界上第一台客运蒸汽机车"旅行者"号。

"嘻嘻，傻瓜！"

"嘿嘿，笨蛋！"

从夜校的教室外边，常常传来这样的讥笑声。他们讥笑谁呢？讥笑"大学生"！

这位"大学生"并没有在念大学，却是在念小学！

你瞧，在一群七八岁的小学生中，坐着一个大个子的十七八岁的"大学生"。他像羊群里的骆驼、鸡群里的仙鹤那么突出。然而，他不怕羞，不怕被讪笑，甘愿坐在小学生之中，从头学起。

这位"大学生"，叫作斯蒂芬孙。1781 年，他出生在英国诺森伯兰郡一个煤矿工人的家庭。

斯蒂芬孙的童年是在泪水中度过的。斯蒂芬孙一家 8 口，仅靠父亲一人做工维持生活。斯蒂芬孙没有机会上小学。8 岁的时候，就去当放牛娃。14 岁时，他进煤矿当徒工。斯蒂芬孙为了给父母分忧，在下工之后，还常帮人修理钟表，刷补皮鞋，做点小工，以贴补家用。就这样，直到 17 岁的时候，斯蒂芬孙还是一个文盲！

在煤矿工地里，斯蒂芬孙常要擦洗机器，他从中懂得了一些机械原理，爱上了机器。由于他没有文化，有时弄不懂机械原理，就用泥土做成机器模型，仔细琢磨。

渐渐地，斯蒂芬孙的求知欲越来越强。他深深懂得，没有文化，就很难进行发明创造。于是，他在 17 岁时报名读夜校，从小学一年级开始读起。经过几年的顽强学习，斯蒂芬孙终于摘掉了文盲的帽子。

在斯蒂芬孙 28 岁那年，矿上的一辆运煤车坏了。几位机械师修了好几天，也没办法修好。斯蒂芬孙见了，要求让他来试试。人们都嘲笑他："机械师都修不好，你修得好？"斯蒂芬孙不顾别人的讪笑，熟练地拆下车上的零件，一个个进行检查，找到了原因。没一会儿，他把零件重新安装起来，运煤车就修好了！这下子，斯蒂芬孙引起了煤矿经理的注意，把他提升为工程师，并发给他奖金。

就在这时，斯蒂芬孙听说有人把蒸汽机用作陆路交通的动力，制造了

"能行走的蒸汽机",他对这一设想产生了莫大的兴趣。1801年,英国人特列维蒂克试制了一台蒸汽机车,没有获得成功。1804年,他又造了一台蒸汽机车,依旧没有获得成功。特列维蒂克灰心了,不干了。接着,1812年,英国人莫莱和布莱索金普又试制了蒸汽机车,同样失败了。

斯蒂芬孙分析了别人失败的原因,经过好几年的努力,终于在1814年制成了一台名叫"半筒靴"号的蒸汽机车。这台蒸汽机车在前进时不断地从烟囱里冒出火来,人们称它为"火车"。它能拖动30多吨货物,是世界上第一台具有使用价值的蒸汽机车。

不过,新发明一开始总不是十全十美的。最初,这台蒸汽机车速度很慢,开起来震动很厉害。人们挖苦斯蒂芬孙:"你的火车怎么比马车还慢?"有一次试车时,车翻了,把前来参观的英国交通公司董事长以及一位英国国会议员摔伤了,这下子更招来了冷嘲热讽。

可是,斯蒂芬孙并不灰心。他不断加以改进,1825年,终于制成了世界上第一台客货运蒸汽机车——"旅行者"号。

这年9月27日,"旅行者"号举行试车典礼。那天,人们远道赶来,参加这一盛典。"旅行者"号拖着30多节车厢,载了400多名乘客,斯蒂芬孙亲自驾驶火车,以每小时20多千米的速度前进。

当时,人们这样描述这一激动人心的场面:

"……有人喜形于色,另外一些人惊讶不已,使得这个场面丰富多彩。列车在预定的时刻开动了。'旅行者'号由它的制造者斯蒂芬孙驾驶,火车头后面是6节装煤和面粉的车……后面又是20节改供客用的煤车,都挤满了乘客,最后是6节装满煤的车厢……铁路两旁人山人海,许多人跟着火车跑;另外一些人骑在马上沿路旁跟随着火车……车上共有400多名乘客,列车载重共90吨。"

尽管试车获得了成功,但是仍然受到守旧势力的激烈反对。当时,有关当局决定在英国的曼彻斯特与利物浦之间建造铁路,由斯蒂芬孙担任总工程师。许多人在报纸上发表文章,反对这一计划。

现在读来,这些文章颇为有趣:

我已数次撰文，绝对反对建造铁道的计划。要知道，火车的声音很响，第一个结果是使牛受惊，不敢吃草，从而牛奶就没有了；鸡鸭受惊，从而蛋就没有了；而且烟囱里毒气上升，将杀绝飞鸟；火星四散，将造成火灾。倘若锅炉爆炸，则乘客将遭断手折骨之惨！

更有甚者，一位著名的医生发表文章指出：

乘火车通过隧道，最有害于健康，对体质较强的人，起码也会引起感冒和神经衰弱等病症。如果身体衰弱的人，则更危险……

这些文章，今天读了简直叫人笑掉大牙！可是，这是历史事实，可见，新生事物与习惯势力的斗争，是何等尖锐。

1829 年，斯蒂芬孙建造了更加完善的火车头——"火箭"号。人们惊叹："这真如飞一样，给人呈现出机械创造力和人类挑战自然的一幅最壮丽的景象，使人看了心惊目眩……这不是在地上奔走，简直是御风飞驰一样。"

火车，终于得到全世界的承认。就连那些曾经激烈反对过火车的人，后来外出旅行时，也不再坐马车，而是坐火车了！

1848 年 8 月，斯蒂芬孙逝世，终年 67 岁。

# 42. 从徒工到科学家——法拉第

法拉第（1791—1867）

英国物理学家和化学家。1831 年发现电磁感应现象，从而确定了电磁感应的基本定律。这是现代电工学的基础。1833 年发现电解定律（后被命名为"法拉第电解定律"）。他还发现了磁致旋光效应（被命名为"法拉第效应"）。他还研究了氯、氯化碳以及合金钢、光学玻璃等。

戴维是英国著名的化学家。曾有一位记者问戴维，你一生中最大的发现是什么？记者列举了三项发现——"电解法分离碱金属和碱土金属""发现氯是元素""发明安全灯"，戴维都摇头。直到最后，戴维才意味深长地说："我一生中最大的发现，是法拉第！"

法拉第是英国著名的物理学家兼化学家。由于他对电化学的巨大贡献，人们用他的姓——"法拉第"，作为电量的单位；用他的姓的缩写——"法拉"，作为电容的单位。

可是，法拉第连小学都没念完！法拉第出生在伦敦市郊一个贫苦铁匠的家里。他父亲收入低，常生病，子女又多，所以法拉第小时候连饭都吃不饱。有时他一个星期只能吃到一个面包，当然更谈不上好好上学了。

法拉第12岁的时候，就去卖报。一边卖报，一边从报上识字。到了13岁的时候，法拉第进了一家印刷厂当图书装订学徒，他一边装订书，一边学习。每当工余时间，他就翻阅装订的书籍。有时，甚至在送货的路上，他也在边走边看。经过几年的努力，法拉第终于摘掉了文盲的帽子。

渐渐地，法拉第能够看懂的书越来越多。他常常读到深夜。他特别喜欢电学和力学方面的书。法拉第没钱买书、买簿子，就利用印刷厂的废纸订成笔记本，摘录各种资料，有时还自己配上插图。

一个偶然的机会，英国皇家学会会员丹斯来到印刷厂校对他的著作，无意中发现法拉第的"手抄本"。当他知道这是一位图书装订学徒记的笔记时，大吃一惊。丹斯送给法拉第4张皇家学院的听讲券。

法拉第以极为兴奋的心情，来到皇家学院旁听。做报告的是谁呢？正是当时赫赫有名的戴维。法拉第瞪大眼睛，竖起耳朵，非常用心地听戴维讲课。回家后，他把听讲笔记整理成册，作为自学用的《化学课本》。

后来"科学引我入胜"，法拉第就把自己精心装订的《化学课本》，寄给了戴维教授，并附了一封信，表示："极愿逃出商界而入于科学界，因为据我的想象，科学能使人高尚而可亲。"

戴维深为感动，马上接见了这位学徒。一交谈，戴维非常欣赏法拉第的才干，决定把他招为助手。法拉第非常勤恳，把戴维的实验室打扫得干干净净。他很快就掌握了实验技术，成为戴维的有力助手。

半年以后，戴维要到欧洲大陆做一次科学研究旅行，访问欧洲各国的著名科学家，参观各国的化学实验室。戴维决定带法拉第出国。法拉第高兴极了，深知这是一次极好的学习机会。

然而，戴维的夫人却是一个小气、刻薄的人，她把法拉第当作仆人使唤。特别是在客人面前，她为了显示自己的尊贵，总是叫法拉第干这干那。法拉第忍气吞声，表示"除去无知，没有不满"。

就这样，法拉第跟着戴维在欧洲旅行了一年半，会见了安培等著名科学家，长了不少见识，还学会了法语。

回国以后，法拉第开始独立进行科学研究。不久，他发现了电磁感应现象。1834年，他发现了电解定律，震动了科学界。这一定律，被命名为"法拉第电解定律"。

法拉第依靠刻苦自学，从一个连小学都没念完的图书装订学徒，跨入了世界一流科学家的行列。恩格斯曾称赞他是"到现在为止的最大电学家"①。法拉第的事例说明，科学宝座人人可坐，关键在于坚持不懈的努力。

法拉第成名之后，仍非常平易近人，生活简朴。有一次，他遇到一个卖报的小孩，就把他紧紧搂在怀里，说道："我永远有一颗热爱报童的心，因为我小时候也当过报童。"他热爱少年儿童，关心他们的成长。1860年底，他已是近70岁的老人，还专门为少年儿童举办了一次化学讲座。②

法拉第成名之后，世界各国赠给他的各种学位头衔达94个，许多国家还颁发奖金给他。有一次，一位朋友问他喜不喜欢这些荣誉，法拉第答道："我不能说我不珍视这些荣誉，而且我承认这些荣誉很有价值，不过我从来没有为追求这些荣誉而工作。"

1867年8月25日，法拉第76岁，坐在他的书房里看书时逝世。死后，大家遵照他的遗嘱，出殡时毫不声张，他的墓碑也是最平常的。

---

① 《自然辩证法》，人民出版社1971年版，第96页。

② 这次讲座的讲稿，经过整理后出版，中译本书名《蜡烛的故事》，少年儿童出版社1962年出版。

# 43. 画家发明电报——莫尔斯

莫尔斯（1791—1872）

美国画家，电报发明者。原攻美术，1832 年起从事电报机的创造。他所编的莫尔斯电码在电报中也获得普遍应用。

　　《三国演义》第七十五回《吕子明白衣渡江》，讲到东吴大将吕蒙（即吕子明）偷袭关云长据守的荆州时，第一步棋便是偷袭江边的烽火台。这是因为关云长在江边"或二十里，或三十里，高阜处各有烽火台"，一旦发现敌军来临，立即点燃烽火，报告敌情。在古代，人们就是用烽火台来传送军事情报的。破坏了烽火台，就可以使敌军失去"耳""目"。

　　美国人曾用炮声传递信息。据说，美国建成了一条大运河——伊利运河，在举行放水典礼时，为了把消息以最快的速度传到纽约市，人们每隔8千米放置一门大炮。放水时，运河边上的大炮响了，于是其他大炮也一门接一门响了。等信息传到纽约市，整整花费了一个半小时！

　　后来，人们用电报传递信息，"嘀嘀嗒，嘀嘀嗒"，在瞬息之间，便可以把消息传到千里之外，比用火光、炮声传递信息，要快得多，也方便得多了。

　　说起有线电报的发明者，也许会使你感到吃惊——他，本来不是一个科学家，而是一位地地道道的画家！

　　他叫莫尔斯，1791年诞生于美国马萨诸塞州的查尔斯顿镇，从小喜爱画画。后来，毕业于耶鲁大学艺术系，成了一个画家。

　　莫尔斯在41岁之前，一直是一个画家，擅长画风景，有时也画人物肖像。

　　一件偶然的事，改变了他的后半生。

　　那是1832年秋，莫尔斯搭乘"萨里"号邮轮，从法国回美国。

　　轮船在茫茫大海中航行，海连着天，天连着海，那么单调，那么缺少变化。时间长了，旅客们都感到有点儿厌倦。

　　这时，一位名叫查尔斯·杰克逊的青年医生当众表演"魔术"，引起了旅客们莫大的兴趣。他在桌子上放了一块绕有绝缘铜丝的马蹄形铁块。他把铜丝一通电，那马蹄形铁块仿佛有了一股无形的力量，把铁钉、铁片吸了过去。他把电源一切断，那铁钉、铁片立即掉了下来，那股无形的吸引力马上消失了。

　　杰克逊笑着说："一般魔术是假的，这魔术却是真的！"杰克逊让旅客们自己动手试试。莫尔斯立即跑了过去，一连试了好几次。

这位画家感到莫大的兴趣。经杰克逊解释，他才第一次听说了许多新名词：原来，当电流通过线圈时，由于电磁感应，产生了磁性，所以能够吸引铁片。

这一件偶然遇到的事情，犹如"一石击破水中天"，使莫尔斯的心情久久不能平静。他听杰克逊说，电流的速度是很快的。他想，能不能用电流传递信息呢？他想深入研究这个问题。

有人讥笑莫尔斯，你已经是 41 岁的人了，还改行？你对电磁学一窍不通，能行吗？你还是画你的画吧，何必"半路出家"？

莫尔斯是一个异常坚毅的人。他认准方向，就坚决走下去。任人笑骂，决不回头！

他丢开画笔，从头学起。他整天跟电池、电线、磁铁打交道。

袜子破了，让它去！

衣服脏了，让它去！

头发长了，让它去！

经过整整 3 年研究，还是没有头绪。这时，他所有的积蓄都花光了。没有饭吃，可不能让它去！

莫尔斯没办法，只得重操旧业，到纽约大学担任艺术教授。可是，他所有的业余时间，全用在电报机的研究工作上。

如果说，科学是一位姑娘的话，她不爱懒汉，只爱勤奋的人。莫尔斯经过多年努力，终于摸到了门路。他在笔记本上写下了自己的设想：

"如何利用神速的电流？只要让它不停地跑 16 千米，我就能让它跑遍全世界。电流只需要切断片刻，就能够产生电火花。电火花就是一种符号；没有电火花则是另一种符号；没有火花的时间长是一种符号。这样，只用 3 种符号就可以组合起来，代表数字或字母。它们的适当组合，就可以代表全部字母。这样，文字就能够通过导线传送了。其结果，我们就一定能够创造出可以在相隔遥远的两地迅速地互通信息的、可以记录的新机器！"

本来，有人建议，用 26 根导线代表 26 个英文字母，这样一来设备将会非常复杂。莫尔斯自从有了新的设想，就解决了如何用电信号表示字母的数字问题。他编制了用电流接通与切断这种信号，代表不同字母和数字的电码，即后来人们所称的"莫尔斯电码"。

经过5年的努力，一个完全外行的画家，成了一位电报专家。莫尔斯终于发明了电报机！这时，他已经46岁了。

电报机要投入实际应用，必须架设长距离的电线和一系列设备，需要一笔巨款，这是莫尔斯个人无力办到的事。莫尔斯向美国国会提出了申请，要求拨款3万美元，以便建造一条华盛顿与巴尔的摩之间的电报线路。莫尔斯的计划受到很多国会议员的嘲笑。有人说，不如给钱让莫尔斯建造一条通往月亮的线路！

经过莫尔斯的一再申请，并亲自带了发报机、收报机到国会展演。眼见为实，事实使一些国会议员相信了这一计划的可行性。

1843年3月3日晚上，美国国会讨论莫尔斯的方案。莫尔斯在会议厅外一直等到10点多钟，仍无音信。他灰心丧气地走了。

谁知第二天清早，他的一个朋友的女儿欣喜地跑来告诉他：国会决定拨款了！

原来，国会那天一直讨论到深夜12点，才终于决定同意莫尔斯的方案。

莫尔斯以最大的热情投入了建设电报线路的工作。

经过一年多的努力，电报线路建成了。

1844年5月24日，莫尔斯坐在华盛顿国会大厦联邦最高法院会议厅里，由于心情非常激动，他的手有点发抖。他极力克制自己，亲手向60多千米以外的巴尔的摩发出了历史上第一份长途电报。

电报终于诞生了！此时，莫尔斯已经53岁。由于13年来含辛茹苦，日夜煎熬，他的两鬓已经花白了。然而，他为人类作出了贡献，人们深深地感谢他。

莫尔斯的道路再一次说明了这样一句格言："有志者，事竟成。"

# 44. "橡皮人"的悲剧——固特异

固特异（1800—1860）

美国工人。1838年发明橡胶硫化法。

1493 年，哥伦布第二次航行到美洲，在海地岛①登陆，看到当地印第安人按照歌曲的拍子，快活地把一种黑色的球扔来扔去。这种球落到地上以后，竟然能高高地跳起来，这使来自欧洲的哥伦布及船员们感到异常惊讶。

他们向印第安人细细打听，这才第一次认识了一种新的物质——橡胶！

在那里，他们看到印第安人制造一种奇妙的"鞋"：印第安人从橡胶树上割取乳白色的橡胶汁放在桶里，然后把脚浸在桶里，再放到火上烤。这样浸、烤了几次，脚上就"长"出了一双鞋，这鞋居然可以当雨鞋穿——它不会透水！

哥伦布他们对这种奇妙的物质非常感兴趣，从美洲回来时，顺便把印第安人玩的那种奇怪的橡胶球带回欧洲。可是，当时的欧洲谁也不知道这种球能派上什么用场，便把它送进博物馆里保存起来。就这样，橡胶在博物馆里默默无闻地度过了 200 多年。

第一个对橡胶真正产生兴趣的人，是英国的化学家普利斯特列。1770年，普利斯特列开始研究橡胶，并第一次使用橡胶来擦去铅笔写的字迹——你现在用来擦字的橡皮，原来最早还是普利斯特列发明的哩！

1823 年，苏格兰化学家马金托什发明把橡胶涂在布上，制成雨衣。至今，英文中的雨衣的别名还叫"马金托什"，便是为了纪念这位发明家。

橡胶柔软而又有弹性，能不能用它来制造鞋子呢？最早试制的是印第安人。1824 年，欧洲也有人试验用橡胶制造长筒靴。可是，这种长筒靴虽然能够制造出来，但一点儿也不耐穿：夏天穿了，太阳一晒，会像邮票贴在信封上一样，"贴"到马路上去；冬天穿了，寒风一吹，它会脆得像玻璃一样，稍一用力，便碎成一大堆碎片。

这是为什么呢？因为从天然橡胶汁里凝结出来的是生橡胶。生橡胶遇热会变软发黏，遇冷会变硬发脆。

1830 年，美国人固特异开始研究改进橡胶的性能。

固特异出生在一个贫穷的工人家庭，小学还没毕业就到化工厂里当学

---

① 当时他们称它为"西班牙人岛"。

徒工。很快，他在工作中熟悉了化学药品的性质和实验方法，爱上了化学。业余时间，他就在家里做各种化学实验。固特异花了好多年研究橡胶，一直没有找到改进橡胶性能的方法。有一次，他不小心把一个盛着硫黄的瓶子打翻在热橡胶的锅里。起初，固特异并不在意。可是，当他用这些掺有硫黄的橡胶制作东西的时候，却发现这些橡胶具有很好的弹性，受热不黏，受冷不脆。

在科学的征途中，一些偶然发生的事，常常给科学家以某种启示。但是，科学上的成功，并不取决于偶然发生的事，而取决于受到这种启示后的坚持不懈的努力。受到偶然事件的启示，固特异马上牢牢抓住了它，仔细地钻研下去。经过一次又一次的试验，终于在1838年发明了著名的"橡胶硫化法"。

原来，生橡胶中的分子乱七八糟，像一堆乱木条似的。一受热，就各自散开，使橡胶失去了弹性；一受冷，又挤在一起，使橡胶变脆。加入硫黄之后，硫黄与橡胶分子化合，成为连接各个橡胶分子的桥梁。这下，乱木条之间犹如被一枚枚钉子钉住了一样，不像以前那样容易移动。受热时不能随便散开，受冷时没有随便挤拢。于是，橡胶变得热时不黏，冷时不脆。

如今，几乎所有的橡胶在生产过程中，都要加入硫黄。人们管加硫的过程，叫作硫化。经过硫化处理的橡胶，叫熟橡胶。现在你穿的套鞋、汽车的轮胎、擦字的橡皮、都是用熟橡胶做的。

固特异成天研究橡胶，常常穿着橡皮衣服、橡皮裤子、橡皮手套、橡皮靴子，被人们笑称为"橡皮人"。

"橡皮人"在科学上做出了重大发明，可他的发明成果竟被人窃取了。固特异借钱与这个人打官司，结果官司打输了，钱也用光了，病死于美国的贫民窟！

但是，在固特异去世之后，他的科学贡献终于得到人们的公认。

# 45. 两次化学论战——维勒

维　勒（1800—1882）

　　德国化学家。1820 年入大学学医，次年转学化学。1824 年在柏林工艺学校任教，教授化学。他在 1828 年首先用人工方法合成尿素。在 1827 年和 1828 年先后发现了铝和铍两种元素。对电石、四氯化硅、金属的高氧化物等做过深入研究。主要著作有《无机化学基础》《有机化学基础》《化学分析实验》等。

在化学史上，有两次激烈的争论，曾被传为佳话。这两次争论，都是由德国化学家维勒引起的。

先说第一次争论，它发生在朋友之间。

那是在1822年，22岁的维勒发表论文，公布了他所测定的氰酸的化学成分。

到了第二年，20多岁的德国化学家李比希发表论文，公布了他所测定的雷酸的化学成分。

氰酸与雷酸性质迥异，一个很安定，一个很易爆炸。可是，人们把两篇论文一对照，发觉氰酸和雷酸的化学成分竟然一模一样！在当时，这简直是让人不可理解的事。那时的化学家认为，没有两种物质具有共同的成分。著名的瑞典化学家、当时世界化学权威贝采里乌斯对这件事发表了自己的意见："在维勒和李比希两人之中，总有一个人测定错了！"

于是，李比希拿来氰酸银进行分析，发现其中含有氧化银71%，并不像维勒所说的为77.23%。李比希发表论文，认为维勒搞错了。维勒又重做实验，发现李比希搞错了，李比希所用的氰酸银不纯，所含氧化银应为77.5%。李比希看了维勒的论文后，也重做实验，证明维勒的分析是正确的，即氰酸银与雷酸银的化学成分完全一样。

后来，经过维勒、李比希、贝采里乌斯的深入研究，这才发现，原来世界上存在着化学成分一样而性质不同的化合物，这种现象叫作"同分异构"。而且这种现象并不是孤立存在的，而是普遍的。

俗话说："不打不成相识。"维勒与李比希在这次争论中认识了，而且建立了深厚的友谊。李比希爽快，激烈；维勒温柔，平和。一个好动，一个爱静，却结成了莫逆之交。维勒与李比希合作，两人共同进行化学研究，写出了几十篇化学论文，都以两人名义发表。李比希在给维勒的一封信中，曾这么说道："我们两人同在一个领域中工作，竞争而不嫉妒，保持最亲密的友谊——这是科学史上不甚常遇的例子。我们死后，尸体化为灰烬，而我们的友谊将永存。"维勒结婚后两年，妻子病故，李比希便把维勒接到自己家中，安慰他。维勒感动地说了这样的话："你以亲爱之意接待我，留我如此之久，我不知应当如何谢你。当我们在一处面对面工作时，我是何等快乐。"

再说第二次争论，它发生在师生之间。

那是在维勒28岁的时候，他用两种无机物——氨水与气体氰作用，制得了有机化合物尿素。

尿素，是动物和人的排泄物中的成分之一。人的尿里，便含有许多尿素。维勒制得的尿素，与尿中的尿素一模一样。在当时，人们一向认为，有机物是不可能用人工方法制造的。维勒的老师、著名的瑞典化学家贝采里乌斯说过："有机物是生命过程的产物，所以有机物只能在细胞中受一种奇妙的'生命力'的作用才能产生。"这就是"生命力论"。

维勒在制成了尿素之后，立即给贝采里乌斯写信："我要告诉您，我可以不借助于人或狗的肾脏而制造尿素！"

然而，贝采里乌斯却固执地坚持"生命力论"，根本不相信维勒的发现。他挖苦维勒，能不能在实验室里制造出一个小孩来！还有人牵强附会地说，尿素本来就是动物和人的排泄物，是没有用的废物，不能算是"真正的有机物"，充其量只能算是"介于有机物与无机物之间的东西"。

然而，事实胜于雄辩。不久，人们用化学方法合成了一系列有机物，如乙醇、甲酸、乙酸、苹果酸、葡萄酸、柠檬酸、酒石酸、琥珀酸等。于是，贝采里乌斯的"生命力论"终于成为胀破了的肥皂泡——破灭了！

维勒在1800年7月31日生于德国。他的父亲是一个富豪。维勒小时候喜欢美术，学习成绩并不太出众。后来，受一位医生影响，爱上自然科学。

维勒逝世于1882年9月23日，活了82岁。他的一生中，有60年是当教师，曾培养了几万名学生。

维勒逝世时，人们统计了一下，他发表过化学论文270多篇，获得世界各国给予的荣誉纪念317种。在法国化学家德维尔制得了金属铝之后，人们曾用这种当时稀罕的"贵金属"铸成奖章，奖章的一面铸着拿破仑三世的肖像，另一面则铸着维勒的姓名。

人们用这样简洁的话，概括了维勒的一生："他的一生无日不在化学之中度过——不是学化学，就是教化学，或者研究化学！"

# 46. 迟到的聘书——阿贝尔

**阿贝尔（1802—1829）**

挪威数学家。证明五次代数方程一般不能用根式求解，由此引起可交换群（即"阿贝尔群"）的概念。他还研究二级数的性质、阿贝尔积分和阿贝尔函数，并与德国数学家雅可比共同奠定了椭圆函数论的基础。

1829 年 4 月 9 日，一位死者的家属收到一个漂亮的信封。打开一看，里面是一份聘书，写道：

尊敬的阿贝尔先生：

　本校聘请您为数学教授，望万勿推辞为幸。

柏林大学

然而，这是一份迟到的聘书——被聘的阿贝尔，已在 3 天前不幸与世长辞。阿贝尔死于肺结核病，死的时候才 27 岁！

阿贝尔是挪威著名的青年数学家。不过，阿贝尔是在他死后才闻名于世，他生前贫穷潦倒，受尽凌辱、压制。

阿贝尔早在念中学的时候，就对数学产生了浓厚兴趣，摸索着解决当时数学上的难题——"五次方程的代数解法"，向数学高峰攀登。

阿贝尔在 22 岁的时候，就写出了关于《五次方程代数解法不可能存在》的重要论文。可是，他无处发表，只得自己出钱来印刷论文。尽管他当时只是个大学生，经济十分困难，但是他节衣缩食，省出一点钱来印刷这篇科学论文。由于他的钱很有限，论文不得不大大压缩，写得十分简短。

阿贝尔把这样一篇用心血写成的论文，寄给当时欧洲的数学权威高斯。高斯没有给予应有的支持和推荐，反而把这位青年人的文章打入冷宫。

阿贝尔并不气馁，继续研究数学问题。他在 24 岁的时候，又写成了一篇关于高等函数的长篇论文。阿贝尔来到巴黎，把论文送给法国数学权威勒让德和柯西。这两位权威人士一看论文的作者是一位年轻的"乡下佬"，不置可否，把这篇富有科学价值的论文丢在一旁了。

第二年，阿贝尔在贫病交加之中死去了。

在阿贝尔死后 10 年，他的长篇论文才得以发表。这篇论文震动了数学界，人们认为这是一篇富有创见的学术作品。后来，人们把其中关于椭圆函数论的论述，命名为"阿贝尔定律"。

# 47. 从失误中吸取教训——李比希

**李比希（1803—1873）**

德国化学家。先后长期担任吉森、慕尼黑大学教授，最先建立高等学校化学实验室。对无机化学、有机化学、生物化学等方面都作出过贡献。他还把化学应用到农业生产上，提出植物的矿质营养学说，为农业化学的奠基人之一。主要著作有《化学在农业生理学上的应用》《食物化学》等。

1826年，法国的青年化学家巴拉尔很起劲地研究着海藻。当时，人们已经知道海藻中含有很多碘，巴拉尔便是在研究怎样从海藻中提取碘。

巴拉尔把海藻烧成灰，用热水浸取，再往里通往氯气，得到紫黑色的固体——碘的晶体。然而奇怪的是，在提取后的剩余残渣底部，总是沉着一层深褐色的液体。这液体具有刺鼻的臭味。

这件事引起了巴拉尔的注意，他立即着手进行深入的研究，最后终于证明，这深褐色的液体，是一种人们还未发现的新元素。巴拉尔把它命名为"muride"，按照希腊文的原意，就是"盐水"的意思。

巴拉尔把自己的发现通知了巴黎科学院。科学院把这个新元素改称为"溴"，按照希腊文的原意，就是"臭"的意思。

巴拉尔关于发现溴的论文——《海藻中的新元素》发表之后，德国的一位青年化学家李比希屏着呼吸，细细地读了这篇论文。读完之后，这位化学家深为后悔，因为他在几年以前，也做过和巴拉尔相似的实验，看到过这一奇怪的现象。

所不同的是，李比希没有深入地钻研下去。当时，他凭空断定，这深褐色的液体只不过是通氯气时氯和碘形成的化合物——氯化碘。因此，他只是往瓶子上贴了一张"氯化碘"的标签就完了，结果是和新元素失之交臂。

那时候，李比希还很年轻，才20来岁。他把那张"氯化碘"的标签小心地从瓶子上取下来，挂在床头，作为警示，并常把它拿给朋友们看，希望朋友们也能从中吸取教训。

后来，李比希在自传中谈到这件事时，曾这样写道："从那以后，除非有非常可靠的实验作根据，我再也不凭空地自造理论了。"

李比希开始认真、细致地观察化学现象。有一次，他到英国的一家工厂考察。这家工厂正在生产蓝色绘画颜料"柏林蓝"。他看到工人们把溶液倒入大锅之后，一边加热，一边用铁棒吃力地搅拌着溶液，发出很大的响声，一位工长告诉李比希："搅拌的响声越大，柏林蓝的质量就越好。"

李比希很注意地听着。回去以后，他一直在思考："为什么搅拌的声音越响，柏林蓝的质量就越好呢?"

后来，他终于查出了原因，写信告诉那家工厂："用铁棒搅拌使铁作响，无非是使铁棒和锅摩擦，磨下一些铁屑来，使它与溶液化合。如能在生产时加入一些含铁的化合物，不必用力磨蹭铁锅，柏林蓝的质量同样会提高。"

那家工厂照李比希的话去做，果然如此。从那之后，工人们的劳动强度就大为减轻了。

李比希从小喜爱化学。他的父亲常在家里制造各种颜料、油漆、化学药品，使李比希从小就受到化学的熏陶。有一次，校长在会上问每个学生的志愿时，李比希第一个站起来，大声地回答说："我将来要做一个化学家!"

李比希在 21 岁时成为大学教授。他一生写了大量科学论文，在分析化学、有机化学、农业化学和生物化学方面，都作出了许多贡献。他被誉为"德国化学之父"。

李比希经常从黎明工作到黄昏，又从黄昏工作到黎明。他的仆人常常这样抱怨说："您整天都在实验室里工作，使得我简直没有机会等您不在时打扫它。"

# 48. 盲人的创造——布莱叶

布莱叶（1809—1852）

　　法国人，盲字（也叫"点字"）创始者。1819 年进盲人学院学习。1826 年在盲人学院任教。1829 年创立盲字，即"布莱叶盲字"。

1852 年，在巴黎的一次音乐会上，人们陶醉在迷人的琴声之中。全场静悄悄的，唯有激越的琴声在空中回荡……

人们不仅钦佩演奏者那娴熟的琴艺，更钦佩演奏者本人——她，是一个 20 岁的盲人！

演奏结束后，记者们把这位双目失明的新星团团围住，追问她："您是怎样学习琴艺并取得如此卓越的成绩呢？"

这位姑娘大声地回答道："我是巴黎盲人学院的学生。我的成绩，不是属于我的，是属于我的老师布莱叶先生的！"第二天，巴黎各报都刊登了这条消息。于是，一个普通的盲人教师闻名于法国。

然而，当那位姑娘拿着报纸，激动地跑到布莱叶家里的时候，布莱叶却躺在床上气息奄奄了。

布莱叶也是一个盲人。他无法用双眼看到那登有他名字和事迹的报纸，但是听到这个消息，他的嘴角浮现出了笑容。

过了几天，布莱叶就离开了人世，年仅 43 岁！

布莱叶于 1809 年 1 月 4 日出生在巴黎附近的库普雷城。他的父亲以给人做马鞍为生计。布莱叶 3 岁的时候，拿着父亲做马鞍的刀玩耍，一不小心，刺入眼睛，从此双目失明。

布莱叶的童年本来就处在穷苦之中，如今成了盲人，更加痛苦万分。他看不见阳光，看不见鲜花，眼前一片漆黑，走路时常常摔得鼻青脸肿。

别的孩子都去上学了，布莱叶却孤孤单单地坐在家门口。他多么想同别的孩子一样，去上学念书啊！可是他双目失明，什么都看不见。用手摸书，书平展展的，什么也摸不到。

父亲看到布莱叶那么渴求知识，便送他到盲人学院里去。

盲人学院里读的书，像缝纫机台板那么大，上面粘贴着一个个算盘珠那么大的、用厚纸片剪成的字母。读书时，用手指一个一个摸过去，摸了好久好久，才能"看"懂一句话。这种书又厚又大，拿来拿去很不方便。

布莱叶很用功。由于学习成绩优良，毕业后，他被留在盲人学院当老师。

有一次，他偶然听到别人说，军队里有一种"夜文"，是供战士在黑夜中"阅读"用的。这种"夜文"，是由一个个凸起的小圆点组成的。战士用手指摸小圆点来"读"。小圆点组成不同的形状，表示不同的意思。不过，这种"夜文"很简单，只能表示几种常用的军事命令。它主要在战时使用。因为在"阅读"时不必点灯，不易暴露目标。

这件事给了布莱叶很大启发，他想，"夜文"不也就是一种盲文吗？能不能用凸起的小圆点，表示所有的字母、所有的文字呢？

布莱叶经过长期的摸索，终于创造了盲字——用凸起的小圆点，按不同形状排列，表示所有的法文字母。

另外，布莱叶用凸起的小圆点表示不同的音乐符号，使盲人也能学会乐谱。

布莱叶是盲人，深知盲人的痛苦。他创造盲字，是为盲人谋幸福。然而，在那样的社会里，又有谁看得起盲人的创造发明呢？因此，布莱叶创造了盲字之后，整整20多年，得不到有关当局的支持。

直到他临死的前几天，他的事迹才被人们知道。而这还是在人们钦佩那个盲人姑娘的琴艺之后，才开始注意到盲字的作用的。

布莱叶在苦闷、孤独、艰难中度过了他的一生。

布莱叶死后2年，他创造的盲字，被确认为法国合法的盲字。1887年，即布莱叶逝世后35年，他创造的盲字得到国际公认。现在，国际上通用的盲字，就是布莱叶创立的，并被命名为"布莱叶盲字"。

**布莱叶盲字表**

| a | b | c | d | e | f | g | h | i | j | k | l | m |
|---|---|---|---|---|---|---|---|---|---|---|---|---|
| n | o | p | q | r | s | t | u | v | w | x | y | z |

# 49. 把虫子放进嘴巴的人——达尔文

达尔文（1809—1882）

英国博物学家，进化论的奠基人。曾乘海军勘探船"贝格尔"号做历时5年的环球旅行，对动植物及地质等进行了大量的观察和标本采集。1859年出版了震动当时学术界的名著《物种起源》。后来，又发表了《动物和植物在家养下的变异》《人类起源及性的选择》等著作。

一看到这个标题，你可能会感到奇怪：谁会把虫子放进嘴巴里呢？

确实有过这样的人：他在一棵大树的树皮上发现两只罕见的昆虫，连忙用两只手各抓了一只。正在这时，又飞来一只更加稀奇的虫子，这个人急中生智，连忙把右手中的虫子放进嘴巴，腾出手来抓住那只飞虫。尽管虫子在嘴巴里乱蹦乱跳，甚至分泌出又辣又苦的液体，他却紧抿着嘴唇……

这个把虫子放进嘴巴的人是谁呢？他就是英国著名的博物学家达尔文。其实，达尔文是他的姓，他的全名叫查理·罗伯特·达尔文。

达尔文把大自然当作课堂，从小就喜欢观察蝴蝶、蜜蜂、蚂蚁等昆虫，他也爱旅行、打猎、钓鱼、捉老鼠。他常爬到树上摸鸟蛋，但每次都只摸一个——以便观察其他的蛋是怎样孵成鸟的。在 18 岁的时候，达尔文写成了两篇生物学论文：一篇是讲述他发现一种被人们认为是"卵"的东西，实际上是一种幼虫；另一篇则相反，他发现一种被人们认为是幼虫的东西，实际上是卵囊。

达尔文在 22 岁时，毅然离家，登上"贝格尔"号，进行环球旅行。在船上，达尔文住的舱位不到 2 平方米，他白天只能在一个桌角上写字，晚上挂起吊床睡觉。在整整 5 年的航行中，达尔文没有一天中断过写日记。他的日记非常详细地记述了每天所见到的一切，是非常忠实、准确的科学观察记录。他还大量地收集了各种动植物的标本。有时他忙得没空写家信，就把日记寄回家。

达尔文环球旅行归来后，就详细地整理他所收集到的种种科学资料。达尔文久久地思索着这样的一个问题：大自然中形形色色的生物，是怎样诞生，怎样发展而来的？他探索着物种起源之谜。他曾在自传中这样写道："为了搞清楚物种起源，我曾经过长期的思考，不断地研究了 20 年。"1859 年达尔文的巨著《物种起源》出版了，这本书的第一版在出版当天就销售一空。

恩格斯称颂达尔文的这一著作是"划时代的著作"①；达尔文在这一著作中所阐述的进化论，被恩格斯赞誉为 19 世纪自然科学的三大发现之一②。

达尔文从 33 岁起患神经性肠胃病，经常呕吐，疾病整整折磨了他 40 年。为了和疾病做斗争，达尔文每天的作息像钟一样准确、规律。他每天坚持工作，直到逝世前两天，尽管他已疲乏不堪，仍把试验和观察结果记录下来。达尔文逝世后，被安葬在英国著名物理学家牛顿墓旁，两位科学巨人安息在一起。

达尔文终生为科学而奋斗，他曾这样说过："我一生的主要乐趣和唯一的职务就是科学工作。"

---

① 《自然辩证法》，人民出版社 1971 年版，第 198 页及 314 页。
② 同上，第 175—176 页。三大发现指：能量守恒和转换定律、细胞学说、进化论。

# 50. "小人物"创立新理论——伽罗华

伽罗华（1811—1832）

法国数学家。发现每个代数方程必有反映其特性的置换群存在，从而解决了用根式解代数方程的可能性的判断问题，创立了"伽罗华理论"，并为群论的建立、发展和应用奠定了基础。

1829 年，法兰西科学院举行例会，审查一篇数学论文。

这篇论文的作者叫伽罗华，是一位 18 岁的中学生。

主持这次审查的，是当时法国数学泰斗柯西。

然而，这次审查例会只有几分钟就结束了：因为柯西打开自己的公文皮包，竟然找不到那位中学生写的数学论文。没办法，他只好用手抓抓头皮，说"论文遗憾地丢失了"，于是会议就结束了。

过了一年多，法兰西科学院又要审查一篇数学论文。

这篇论文的作者依旧是那位叫伽罗华的青年。

主持审查论文的是当时的数学界权威人士、科学院院士——傅立叶。

然而，很不凑巧，傅立叶在举行例会的前几天病逝了。他们在他的遗物中也找不到那位青年的数学论文。

就这样，伽罗华的论文两次都被弄丢了。

伽罗华并不灰心，又继续写数学论文，并把写成的论文再次送到法兰西科学院。

1831 年，法兰西科学院第三次审查伽罗华的论文。

主持这次审查的是科学院院士泊松。

总算幸运，这一次论文没有丢失。然而，泊松从皮包中拿出伽罗华的论文宣读以后，皱着眉头说："完全不能理解！"

结果，伽罗华的数学论文被否定了。

翌年，伽罗华不幸死去，当时他才 21 岁！

直到伽罗华去世几十年后，人们研究了留存下来的伽罗华数学论文，才认识到，它是当代重要的数学著作。特别是其中的《论方程可以用开方法求解的条件》一文，打破了传统的观念，创立了崭新的数学理论——"伽罗华理论"。

人们痛惜这位几乎被埋没了的青年数学家，敬佩他的聪明才智和坚韧不拔的精神！

# 51. 海王星的发现——勒威耶、亚当斯

勒威耶（1811—1877）

　　法国天文学家。曾任巴黎天文台台长。和亚当斯同时独立用数学方法推算出那时尚未发现的海王星的位置。其主要著作有《行星运动论》《太阳表》和《水星表》。

亚当斯（1819—1892）

　　英国天文学家。精通天体力学。和勒威耶同时独立地用数学方法推算出当时尚未发现的海王星的位置。其还研究了月球运动的长期加速度和狮子座流星群的轨道等问题。

1846年9月23日晚，对于德国柏林天文台来说，它是一个永远值得纪念的时刻。

这天，柏林天文台的加勒收到来自法国巴黎的一封快信。这封信是一位法国人寄来的，他叫勒威耶。信中，勒威耶预告了一颗未发现的新星：在摩羯座δ星东约5°的地方，有一颗8等小星，每天退行69角秒。

加勒收到信后，立即把天文台里最好的望远镜准备好，等待着夜幕降临。

夜里，加勒把巨大的天文望远镜对准摩羯座，果真在那里发现了一颗新的8等星！

助手们非常高兴，要求立即对外公布这一惊人的消息。加勒思索了一下，说："明天再观察一下。"

第二天夜里，他们又找到了这颗8等星，它的位置比前一天后退了70角秒！这与勒威耶预告的"每天退行69角秒"，相差甚微。

这个消息公布之后，全世界都震惊了！

人们建议把这颗新行星命名为"勒威耶星"。然而，勒威耶却谦逊地直摇头说，还是按照天文学上过去的习惯，用神话里的名字来命名它，称为"海王星"。

当英国皇家天文台获知这一消息时，台长艾里深为懊悔！这是因为在1845年10月，曾有一位叫亚当斯的青年路过伦敦，来到天文台求见。当时，他没见亚当斯。亚当斯只得留下一封信给他。信中说，经过计算，在摩羯座可发现一颗9等暗星。艾里没有重视这位青年的报告，把信随手丢在抽屉里。艾里找出这封信，发现这位青年所报告的正是这颗新发现的海王星。

艾里又查阅了天文台的观测记录，查出这颗海王星曾两次被他们记录下来。只不过当时他们以为是一颗恒星，就把它轻轻放过了！

勒威耶和亚当斯差不多同时预言了海王星的位置，这件事被传为天文史上的一段佳话。

1811年3月10日，勒威耶生于法国西北部的圣诺镇。他的父亲是一个小职员。勒威耶从小就酷爱数学，常用树枝作笔，泥沙当纸，在那里演算数学题。后来，他父亲卖掉了家里的一间小屋，用这点钱送他到巴黎工艺学校上学。毕业后，他在国家工程部的一个化学实验室里工作，可是，他的兴趣却在数学和天文学方面。巴黎天文台台长亚拉谷发现勒威耶很有天文才干，就把一个重大的难题交给了他。

这难题是什么呢？当时，人们发现天王星的实际位置与理论计算位置不符，估计在天王星的轨道附近还存在着一颗行星。然而，要找出这颗未知行星是很不容易的，要解出由 33 个方程组成的方程组，计算非常复杂。从 30 岁起，勒威耶便把全部精力投入到紧张的计算之中，整整花了 5 年时间，才得到结果。1846 年 6 月 1 日和 8 月 31 日，他发表了两篇研究报告，并于 9 月 18 日写信给柏林天文台的加勒。

1819 年 6 月 5 日，亚当斯出生在一个英国佃农家里。他跟勒威耶一样，也从小喜爱数学。20 岁时，亚当斯考入剑桥大学。22 岁时，他得知天王星"行动失常"的消息，便在这年 7 月 3 日的日记中写道："天王星为何行动失常？是否由于外面还有一颗未知行星？我将努力去研究它！"

亚当斯夜以继日地进行计算，花了几年时间，终于算出了结果。1845 年 10 月，他回故乡探亲，路过伦敦，便去求见英国皇家天文台台长艾里，竟吃了闭门羹，从而使海王星的发现被推迟了 1 年！

1848 年，勒威耶与亚当斯在伦敦第一次会面，便成了好朋友。后来，勒威耶在 1854 年担任了巴黎天文台台长，亚当斯于 1861 年起担任剑桥大学天文台台长。

1877 年 9 月 23 日，勒威耶逝世。这一天，正巧是发现海王星的 31 周年纪念日。

1892 年 1 月 21 日，亚当斯逝世。

恩格斯曾对发现海王星这件事作过高度的评价[1]：

"哥白尼的太阳系学说有 300 年之久，一直是一种假说，这个假说尽

---

[1] 《马克思恩格斯选集》第四卷，人民出版社 1972 年版，第 222 页。

管有百分之九十九、百分之九十九点九、百分之九十九点九九的可靠性，但毕竟是一种假说；而当勒威耶从这个太阳系学说所提供的数据，不仅推算出一定还存在一个尚未知道的行星，而且还推算出这个行星在太空中的位置的时候，当后来加勒确实发现了这个行星的时候，哥白尼的学说就被证实了。"

# 52. 后花园里的科学实验——孟德尔

## 孟德尔（1822—1884）

奥地利遗传学家。遗传学的奠基人。他根据豌豆杂交试验的结果，在1865年发表了《植物杂交试验》论文，提出遗传单位（现在叫作"基因"）的概念，并阐明其遗传规律，后来被称为"孟德尔定律"。

古希腊著名科学家亚里士多德早在 2000 多年前，就提出了这样的问题：

"有一个白种人的女子嫁给一个黑种人，他们的子女是白色的皮肤，但到了孙儿那一代之中，又有黑色皮肤的。那么，他们白色皮肤的子女中，如何藏着黑色皮肤的血统呢？"

在 2000 多年间，谁都没能答复这个问题。

世界上第一个正确解答这个问题的人，是奥地利的神父孟德尔。

孟德尔的家庭十分穷困。21 岁时，他就被送到奥地利布龙城（即现在捷克的布尔诺）的修道院里当修道士。25 岁时，孟德尔当上了牧师。由于孟德尔勤奋好学，29 岁时被送到维也纳大学读书。31 岁时毕业，又回到布龙城莫勒温镇修道院当牧师，后来升为这个修道院的院长。

孟德尔是一个酷爱科学的牧师。修道院的工作是清闲的，而他却是一个闲不住的人。

修道院有个后花园，孟德尔一有空，就沉醉在那里。

孟德尔很喜欢植物，在后花园栽种了豌豆、菜豆、玉米、野豌豆、耧斗菜、龙头花、山柳菊、洋莓、毛蕊花、紫茉莉等，这让后花园简直成了植物园。他还喜欢蜜蜂，并饲养小白鼠。

从 1857 年起，孟德尔花了 8 年时间，在后花园悄悄地进行豌豆杂交试验。这里之所以要用"悄悄地"三个字，那是因为当时修道院对"杂交"之类是严加禁止的。

豌豆一般是自花受精的。然而，孟德尔却对豌豆进行杂交——人工地把一种高个儿的豌豆，与一种矮个儿的豌豆杂交。把得到的杂交豌豆种下去，第二年长出高个儿豌豆。孟德尔让这种高个儿豌豆自花授粉，结出种子。第三年，这些种子成长之后，出现了有趣的现象：有的长成高个儿，也有的长成矮个儿。高与矮之比，为三比一。这些豌豆经自花授粉，得到了种子。

接着，孟德尔在第四年，又把所得的种子进行播种。这一年，出现了更奇特的现象：那矮个儿的种子，长出来的都是矮个儿。那些高个儿的种子，除了有三分之一长成高个儿外，剩下来的仍以三比一的比例产生高植株和矮植株的豌豆。

这种现象，与亚里士多德观察到的现象很类似。孟德尔深入进行研究，提出了关于遗传的理论：

"每一植株都具有两个决定高度性状的因子①，每一亲体赋予一个因子。高的因子是显性，而矮的因子是隐性，因此杂交后第一代的植株全是高的。当这一代自花受精后，这些因子在第二代中的排列可以是两个高因子在一起，或者两个矮因子在一起，或者一高一矮，一矮一高。前两种组合将会繁育出同样的后代，各自生出全是高的或者全是矮的植物，而后面的两种组合则将以三比一的比例生出高的或矮的植物来。"

孟德尔把自己的这些发现和解释，很详细地写成论文，抄寄给瑞士的植物学家内格里。然而，这位权威人士看不起一位不知名的牧师在后花园所做的科学实验。他认为孟德尔只是"依靠经验而不是依靠理智"。

内格里那淡漠的态度，对孟德尔的打击很大。修道院那些同事们更加起劲地对他冷嘲热讽。从此，在后花园见不到孟德尔了。他专心于做他的修道院院长，人也发胖了，胖到弯不下身子来，无法再俯下身子去观看各种植物，更谈不上去弯腰播种了。

1865 年，奥地利的一家地方杂志，总算同意发表孟德尔的论文。然而，这篇开创性的论文没能引起人们的注意，在图书馆里沉睡着。

直到 1900 年，荷兰植物学家德弗里斯、德国植物学家科伦斯、奥地利植物学家切尔马克各自在不同的国家，进行着类似孟德尔的实验，并在这一年都写成了论文。在发表论文之前，他们都去查阅了一下论文索引，看看别人过去有没有研究过这种现象。结果三个人不约而同地查到了孟德尔那篇被人遗忘多年的论文。他们都非常震惊——孟德尔远在他们之前，竟然已经如此深入研究了遗传现象。

1900 年，这三位科学家的论文都发表了。他们在论文中都提到了孟

---

① 1909 年，丹麦生物学家约翰逊把它称为"基因"。

德尔的那篇论文，并且都十分谦逊地自称是"证实了孟德尔学说"，而把孟德尔誉为"遗传学的奠基人"。

这时，孟德尔已经离开人世 16 年了！

人们惋惜地说：如果不是内格里的压制，现代遗传学可以提前 30 多年受到人们的重视，而孟德尔本人也可以在这方面作出更大的贡献。

也有人感叹说：孟德尔还算是幸运的，因为他的论文总算得以发表并受到后人的推崇。在历史上，有多少个像孟德尔那样的科学人才受到压制或没有被人所重视，默默死去，那更是值得惋惜！

# 53."必须努力工作"——巴斯德

巴斯德（1822—1895）

　　法国微生物学家、化学家。近代微生物学的奠基人。曾任里尔大学和巴黎师范大学教授、巴斯德研究所所长。他在微生物发酵和病原微生物方面的研究，奠定了工业微生物学和医学微生物学的基础，并开创了微生物生理学。其主要著作有《乳酸发酵》《酒精发酵》《蚕病学》等。

阿尔卑斯山巍然耸立在欧洲中南部。它的主峰勃朗峰海拔 4800 多米，山顶终年积雪，仿佛戴着一顶白色的尖帽。

1860 年 9 月 20 日，人迹稀少的阿尔卑斯山上出现了一个 30 多岁的男人。他留着络腮胡子，跟在骡子后面，慢慢地向 4000 多米高的冰河地带攀登。奇怪的是，骡子驮着的行李不是别的，而是许许多多玻璃瓶。这些瓶子经过严格消毒，内装无菌培养液，抽成真空密封。那人每走一程，就拿出 20 个瓶子，一个个高高地举过头，然后小心地打开瓶塞，装了一点高山上的空气，马上又把瓶子密闭起来。

这个人就是著名的法国微生物学家巴斯德。他到阿尔卑斯山上来干什么呢？

原来，巴斯德与法国鲁昂博物馆馆长普沙，发生了一场激烈的论战。

夏天，肉会臭，饭会馊，这是什么原因呢？巴斯德在人类历史上第一个回答了这个问题：他用显微镜仔细观察，发现那是因为空气中飘荡着许多微生物，这些微生物一旦落在肉、饭上，就会安营扎寨，大量繁殖起来。

然而，普沙却认为：即使在隔绝空气的条件下，肉、饭也会自然而然发臭、变馊，也就是说，微生物可以"自然发生"。

为了用事实验斥普沙的论点，巴斯德决定亲自进行实验：在一大批玻璃瓶中都放入培养液，经过严格的杀菌处理后，密封起来。巴斯德向阿尔卑斯山进发。每到一定高度，便打开 20 个瓶子。为了避免他自己呼出的空气进入瓶子之中，所以他把瓶子举得高高的。结果怎么样呢？在山脚打开的 20 个瓶子中，有 8 个瓶子中出现了微生物；在山腰打开的 20 个瓶子中，有 5 个瓶子中出现了微生物；在山顶打开的 20 个瓶子中，只有 1 瓶出现了微生物。

巴斯德认为，大山下，空气中飘荡的微生物多，而山顶空气洁净，所以微生物很少。他的实验，有力地证明了他的观点。

巴斯德和普沙经过前后 6 年的争论，最后普沙在事实面前认输了。实践证明，微生物也像植物一样，没有"种子"是不会自然产生的。

巴斯德 1822 年 12 月 27 日出生于法国多尔。他的父亲是一位制革匠，十分贫穷。巴斯德小时候很用功，回家后常常当"小老师"，把自己学到的知识教给没有上过学的父亲。

巴斯德从小就有远大的抱负，决心向科学高峰挺进。他在 18 岁时给妹妹写过这样的信：

> 立志是一件很重要的事情。工作随着志向走，成功随着工作来，这是一定的规律。立志、工作、成功，是人类活动的三大要素。立志是事业的大门，工作是登堂入室的旅程。这旅程的尽头就有个成功在等待着，来庆祝你的努力结果……

在大学里，巴斯德很认真地做各种科学实验。有一次，老师教学生们做关于磷的化学实验，很多同学做了一遍，就算完事了。巴斯德在做完之后，还自己去买了许多猪、牛的骨头，把它们烧成灰，从中提取出了 60 克纯净的磷。他把整个实验过程都详细地记录下来，从中弄懂了许多化学道理。老师知道后非常赞赏他。由于巴斯德很擅长动手做实验，善于通过实验发现新事物，并提出自己的见解，所以被同学们誉为"实验室台柱"。

通过动手做实验，巴斯德发现了酒变酸是由于一种酵母菌在"捣蛋"。找到了这一原因之后，帮助酿酒业解决了一个老大难问题。

通过动手做实验，巴斯德揭开了酒石酸的旋光之谜——原来，酒石酸有左旋的，有右旋的。把这两种晶体等量混合在一起，旋光性就消失了。

通过动手做实验，巴斯德找到了蚕患"胡椒病"的病因，找到了对付羊瘟病、鸡霍乱和疯狗病的方法……

巴斯德是个"动手派"。他做了大量的科学实验，在科学上建立了一系列奇勋。

1895 年 9 月 28 日，巴斯德去世，终年 73 岁。

"必须努力工作！"巴斯德经常用这句话来鞭策自己、勉励学生。

# 54. 珍贵的友谊——华莱士

华莱士（1823—1913）

　　英国博物学家。自然选择学说的创立者之一。曾旅行各地，进行生物区系的比较研究，指出巴厘岛与龙目岛之间的地方是澳洲区与东洋区的分界线，这条线后来即被称为"华莱士线"。1858年独立提出生物进化的自然选择学说，与达尔文的进化学说论文同时宣读于伦敦林耐学会。

1858 年 7 月 1 日，英国林耐学会举行会议，会上同时宣读了两篇论文。

一篇论文的作者是达尔文，另一篇论文的作者是华莱士。两篇讲的是一个内容——生物进化论。这两篇论文是达尔文和华莱士分别独立完成的。

为什么那样凑巧，居然在同一次会议上，同时宣读两篇内容相同的论文呢？

说来话长，这里面有一段发人深思的故事……

达尔文自从花了 5 年时间，随"贝格尔"号做了一次环球旅行之后，便开始进行物种起源方面的研究。

达尔文是一个极为慎重的科学家，未经深思熟虑，不轻易发表论文。

1842 年，达尔文写了一篇 35 页的论文初稿，阐述了物种起源——生物进化论的基本观点。但是，达尔文觉得还不成熟，写完后就放在抽屉里。

1844 年，达尔文把那篇初稿拿出来重新修改，写成了 230 页的第二稿。写好以后，达尔文依旧觉得不成熟，不愿意公开发表，只是拿去请他的好朋友赖尔看了一下，征求他的意见。

从 1854 年 9 月起，达尔文觉得经过十多年来的思考、研究，关于物种起源的理论逐渐成熟了，他决心把它详细地写出来。然而，由于他多病，加上他心爱的小儿子也病了，他的心情很不好，因此研究工作进展得很不顺利。

1856 年，赖尔深知达尔文这一理论的重要性，劝他无论如何要把第三稿写出来。达尔文时断时续地写作《物种起源》第三稿。

没想到，1858 年的一天，他的妻子给他念了一封从马来亚寄来的信，达尔文深为震惊。

这信是他的朋友华莱士寄来的。信中附了一篇短文，《论变种无限离开原始型的倾向》。华莱士托达尔文把短文转交赖尔，以便在杂志上发表。

华莱士也是一位博物学家。他曾花了 3 年时间在巴西进行考察。现在，他又到马来亚进行考察。在短文中，华莱士讲述了自己在考察中总结出来的理论——生物进化论！

读了信之后，达尔文心潮起伏，久久不能平静。他当时的感情是很复杂的：华莱士着手研究物种起源，比达尔文晚得多，如今先把论文写出来了。如果华莱士的论文一发表，那么，他再发表《物种起源》意义就不大了，科学上的"头功"就不属于他了。然而，达尔文是一位品德高尚、胸怀宽广的科学家。他决定放弃发表自己的理论，而把华莱士的论文发表出来，并表示可以把自己的研究结果提供给华莱士，以丰富华莱士的理论。

赖尔是深知达尔文的。他是见证人——早就看过达尔文的论文初稿、二稿以及三稿的一部分，知道达尔文着手研究物种起源比华莱士早得多！

这时，植物学家虎克知道这件事后，也认为达尔文是首创者。华莱士固然是独立完成了他的论文，但他的研究工作确实比达尔文晚，而且没有达尔文那么深刻。

赖尔和虎克，既尊重达尔文，也尊重华莱士。他们决定，在林耐学会上，同时宣读达尔文论文的初稿和华莱士的论文。就这样，在 1858 年 7 月 1 日那天，会上同时宣读了这两篇同一内容的论文。

从 1858 年 9 月开始，在赖尔和虎克的热情鼓励下，达尔文花了 13 个月零 10 天的时间，写出了《物种起源》第四稿。直到这时，达尔文才觉得他的这本著作可以拿去出版了。1859 年 11 月 24 日，达尔文的巨著《物种起源》问世了。这本书印了 1000 多册，当天就一售而空！

华莱士读了达尔文的《物种起源》，深为达尔文那深刻的见解和慎重、谦逊的精神所感动。华莱士也是一个很谦虚的人，他认为达尔文确实比自己高明得多。他提议，把生物进化论定名为"达尔文主义"，而他则以自己是一个"达尔文主义者"而感到自豪！

达尔文、华莱士、赖尔、虎克，他们在科学上的友谊是多么诚挚、感人。这是因为他们不是把个人名利放在第一位，而是把科学放在第一位！

# 55. 昆虫迷——法布尔

法布尔（1823—1915）

　　法国昆虫学家。1842 年，当小学教师，自学化学，钻研昆虫学。1854 年，获数学硕士学位。1858 年，获理学博士学位。其主要著作为《昆虫记》，共 10 卷，世界著名。

天哪，这是怎么回事：一大群人围在田头，围观一位"怪人"。这位"怪人"正趴在地上，专心致志地用放大镜观看蚂蚁是怎样搬走死苍蝇的。他如痴如醉，连周围挤满了人，竟然也没有察觉！

这位"怪人"是谁呢？

他就是著名的法国昆虫学家法布尔。

法布尔从小就是一个昆虫迷。有一次，他仰着头观看屋檐下的蜘蛛怎样捕食蚊子，一看就是三四个小时！

有一天夜里，法布尔提着灯笼，蹲在田野里，观看蜈蚣怎样产卵。看着，看着，他忽然觉得周围越来越亮，一抬头，才知道太阳已经从东方升起！

还有一次，法布尔爬到一棵树上，屏住呼吸观看螳螂的活动。他正沉醉于他的"昆虫王国"之中，忽然，他听见树下有人大喊"抓住他""抓住这个小偷"，这才大吃一惊——原来人家把他当成了小偷！

法布尔成年累月地观察昆虫，研究昆虫。他在昆虫学上的一些新发现，都是通过长期观察得来的。据统计，他研究土蜂用了 2 年；研究一种蓝黑色的甲虫——地胆，花了 25 年；研究隧蜂，前后经过了 30 年；研究螳螂用了 40 年！

法布尔出生在一个贫苦农民的家庭。他的故乡是法国南部山区中一个偏僻的小村。小时候，他没上过像样的小学。法布尔的学问，是靠刻苦自学得来的。

法布尔曾说过这样的话：

　　学习这件事不在乎有没有人教你，最重要的是你自己有没有觉悟。

　　有教师的言行指导的人是何等幸福！摆在他面前的是一条平直的坦途。另一种人则要走一条山崖嵯峨的小径，由于两眼一抹黑，经常摔跌；他慢慢摸索着进入一个未知的世界而不知所往。帮他一把的唯有毅力——根底浅薄者的唯一伴侣。我的命运便是如此。

靠着刻苦自学，法布尔学懂了数学、物理、化学、生物学和文学。他擅长写作，用清丽的文笔，为少年儿童写作了大量生动活泼的科普读物。

靠着刻苦自学，法布尔虽然平生只上过一节化学课，后来他却给学生教化学，并发明了一种化学染料。

靠着刻苦自学，法布尔未念过大学，却成为一名大学教授。

法布尔56岁时，攒了一点钱，买了一块荒地。他搬到那里去住，成天跟昆虫打交道。他说："我的收获不是谷物，而是大自然的秘密。"

法布尔花了毕生精力写作巨著《昆虫记》，这部书共10卷，第一卷在1879年问世，此后大约每3年发行一卷。

法布尔对大自然的观察非常精细。这里试摘一段，便可看出他敏锐、深刻的观察力：

在朝着阳光的堤岸上，青草丛中，隐着一个倾斜的隧道，这里就是有骤雨，即刻也就会干的。这隧道最多是9寸深，不过一指宽，依着土地的天然情况或弯曲或成直线。差不多像定例一样，总有一丛草将这所住屋半掩着，其作用如一间门洞，将进去的孔道隐于黑阴之下。

蟋蟀出来吃周围的嫩草时，决不碰及这一丛草。那微斜的门口，仔细耙扫，收拾得很广阔；这就是它的平台，当四周的事物都很平静，蟋蟀就坐在这里弹它的四弦琴。

法布尔非常勤奋。他在87岁时，眼睛已老花，看不清东西，仍然坚持要写《昆虫记》第11卷。

法布尔92岁时逝世。他在即将离开人间的时候，说出了这样感人肺腑的话："我要做的事还有很多很多！"

# 56. "一个好汉三个帮"——赫胥黎

## 赫胥黎（1825—1895）

　　英国博物学家。曾以海军军医身份航行澳大利亚，研究海洋动物，指出腔肠动物的内、外两层体壁相等于高等动物的内、外两层胚层。在达尔文出版《物种起源》一书后，他竭力支持和宣传进化学说，与当时的宗教作激烈的斗争。他是第一个提出人类起源问题的学者。其主要著作有：《人类在自然界中的地位》《动物分类学导论》《进化论与伦理学》等。

俗话说："一道篱笆三个桩，一个好汉三个帮。"科学家能在科学上作出贡献，也常常少不了朋友们的热情帮助和支持。

就拿达尔文来说，帮助他这个"好汉"的人，远不止三个哩：达尔文的后半生，有40年的光阴是在病中度过的，全靠他的妻子爱玛日夜照料他。爱玛每天给他读书、读信，帮他抄笔记，整理《物种起源》。可以毫不夸张地说，没有爱玛的帮助，就不会有达尔文的《物种起源》！在达尔文创立进化论时，又曾得到赖尔、华莱士、虎克的热情鼓励和帮助。在达尔文发表《物种起源》之后，一员虎将——赫胥黎为捍卫这一学说，作出了不可磨灭的贡献。

"人是上帝创造的"，这是天主教的"神创论"最基本的观点。然而，达尔文在《物种起源》一书中，却说人不是上帝创造的，是从猿进化而来的。这两种观点真如"针尖对麦芒"——针锋相对。

"什么？人是猴子变的？这简直是亵渎神圣！"教会的神父们一看达尔文的著作（其实，大部分人是连看都没看，听别人说的）就勃然大怒，便提出了"打倒达尔文"的口号。

达尔文面临反动势力的严重挑战和重重围攻，然而，达尔文此时体弱多病，不能亲自出马与围攻者周旋，况且他还想把主要精力用在科学研究上，无心理会那些空洞无理的谩骂。

在这关键的时刻，伦敦矿物学院的地质学教授赫胥黎挺身而出，自称"我是达尔文的斗犬"，勇猛地与反动势力格斗起来！

赫胥黎是达尔文的好友。达尔文在《物种起源》出版之后，立即送了一本给他，说道："极想知道这本书产生的影响。"

赫胥黎读了《物种起源》之后，非常佩服，并对达尔文的学说深信不疑。

当达尔文的学说受到无理攻击的时候，赫胥黎向达尔文表白了发自肺腑和感人至深的话：

"我正在磨利我的牙爪，以备来保卫这一高贵的著作。"

"我准备接受火刑——如果必须的话——也要支持。"

赫胥黎在给赖尔的信中写道:

"这种多方面的攻击……说明了这一理论是值得我们为它而战的,我保证一定尽我最大的力量。"

赫胥黎在给虎克的信中写道:

"他们可以都来尽情地攻击我,我的心肠变硬了……我决心穿好我的铠甲!""我要在这个问题上打许多而且是持续的仗。"

1860年6月30日,英国科学促进协会在牛津大学召开会议,斗争的双方在会上展开了空前激烈的辩论。

赫胥黎作为达尔文的"总代表",在会上捍卫达尔文学说;牛津大主教塞缪士·威尔伯福斯作为教会的代表,极力诋毁达尔文学说。达尔文因病,未能亲自参加会议。

在会上,威尔伯福斯首先发言。他"辱骂与恐吓"兼施,指责达尔文学说违背"圣经与神意"。他讲不出任何科学根据,最后竟然像泼妇骂街似的,指着赫胥黎说道:"坐在我对面的赫胥黎先生,你是相信猴子为人的祖先的……那么请问,究竟是你的祖父由猴子变来的,还是你的祖母由猴子变来的?"

赫胥黎不动声色地坐在那里。等威尔伯福斯歇斯底里般讲完之后,赫胥黎走上了讲坛。

赫胥黎用大量的事实论证了达尔文的进化论,使许多本来未亲自读过《物种起源》而听信了谣言的人心服口服。最后,赫胥黎坚定地答复了威尔伯福斯的挑战:

"人类没有理由因为他的祖先是猴子而感到羞耻。我感到羞耻的倒是这样一种人,他惯于信口开河,他不满足于自己活动范围内的还令人怀疑的成功,而且要多管闲事去过问他一无所知的科学问题……这无非是想以花言巧语来掩盖真理,然而这是永远办不到的!"

紧接着,虎克上台发言。他痛快淋漓地剖析了威尔伯福斯刚才的发言,指出他连《物种起源》这本书都没有很好地看过,连一些起码的知识都不懂!

威尔伯福斯哑口无言，灰溜溜地走了。会场上顿时响起了暴风雨般热烈的掌声，欢呼达尔文学说赢得了胜利！

赫胥黎于 1825 年出生于伦敦郊区，只上过 2 年小学。他的学问是靠自学得来的。17 岁时，他考入伦敦查灵十字医学院。

赫胥黎著有《人类在自然界的位置》《进化论与伦理学》等书。其中《进化论与伦理学》的一部分，在 1898 年经严复翻译，介绍到中国来，中译本名叫《天演论》①。鲁迅读了之后，盛赞道："原来世界上竟还有一个赫胥黎坐在书房里那么想，而且想得那么新鲜。"②

① 《天演论》为《进化论》的旧称。
② 《朝花夕拾·琐记》。

# 57. 马车上的梦——凯库勒

凯库勒（1829—1896）

德国有机化学家。他从事有机化合物结构理论的研究，主要贡献是在1858年有机化合物中碳原子为4价的理论和碳链学说，并于1865年提出苯分子为环状结构的理论。这些成就对有机化学的发展起到了重大的作用。

在 19 世纪中叶，随着石油工业、炼焦工业的迅速发展，有机化学也就很快发展起来。

当时，有机化学家遇到了一道难题：他们从煤焦油中提取出一种芳香的液体，叫作苯。在苯的分子中，含有 6 个碳原子和 6 个氢原子。碳的化合价是 4 价，一个碳原子就要和 4 个氢原子化合，而苯怎么会是 6 个碳原子和 6 个氢原子的化合物呢？

人们百思而不得其解。

这时，德国有机化学家凯库勒也着手探索这一难题。

凯库勒小时候很喜欢画画，后来考入大学读建筑学。由于受德国化学家李比希的影响，对化学产生了极大的兴趣。于是，凯库勒放弃了建筑学，猛攻化学。他经常每天只睡三四个小时，一干起来就不肯歇手。

1865 年，凯库勒没日没夜地研究着苯的分子结构之谜。

他在黑板上、地板上、笔记本上、墙壁上，画着各种各样的结构式，可画来画去，始终没有揭开谜底。

最后，凯库勒终于一举攻下了有机化学上的这一难题，画出了苯的分子结构式。

他的论文发表后，马上在各国引起一片赞叹声："凯库勒真是个天才，他怎么会想到苯的分子结构式是一个环！"

凯库勒的这一发现，成为他一生中科学成就的高峰。

1890 年，在一次大会上，人们纷纷要求凯库勒谈谈自己是怎样找到打开苯环之锁的钥匙的。

凯库勒在热烈的掌声中，讲述了自己的发现经过：

那时候，我正住在伦敦，日夜思索着苯的分子结构该是什么样子的。我徒劳地工作了几个月，毫无所获。一天，我坐马车回家。由于过度劳累，在摇摇晃晃的马车上很快就睡着了。我做了一个梦，梦见我几个月来没想过的种种苯的分子结构式，在我的眼前跳舞。忽然，其中一个分子结构式变成了一条蛇，这条蛇首尾相接，变成了一个环。正在这时，我听见马车夫大声地喊道："先生，克来宾路到了！"
我这才从梦中惊醒。当天晚上，我在这个梦的启发下，终于画出了首
尾相接的环式分子结构，解决了有机化学上的这一难题。

凯库勒讲完之后，当天就有好几个化学学会的会员们特地雇了马车，
在大街上慢慢地行驶着，想要"梦"到科学发现。可是，这几位会员有
的没睡着；有的睡着了没有做梦；有一个睡着了，而且也做起梦来，可惜
只是梦见打牌打输了，并没有从梦中得到任何科学上的灵感。

其实，这几位可笑的会员们忘了：凯库勒在做梦之前，曾花了几个月
的时间探索苯的结构之谜。"日有所思，夜有所梦"。凯库勒虽然是从梦
中得到启示，而实际上，他是在做梦时还不忘进行科学研究！

那几位可笑的会员错了：他们把凯库勒的成就归功于梦，这正如把阿
基米德发现浮力定律归功于洗澡一样本末倒置。

俄罗斯音乐家柴可夫斯基曾说过这样的话：

灵感全然不是优雅地挥着手，而是如犍牛般竭尽全力工作时的心
理状态。

柴可夫斯基的话，是对凯库勒的梦最确切的注解。

# 58. "炸不死的人"——诺贝尔

### 诺贝尔（1833—1896）

瑞典化学家。1867 年研制成功硅藻土甘油炸药。1880 年制成无烟炸药。他还曾对生物学、电化学、医学、机械、铸铁等方面做过研究，一生中拥有几百项专利权。死后，根据其遗嘱，将其遗产的一部分作为基金，创立"诺贝尔奖"。

炸药，怎么会炸不死人？

瑞典化学家诺贝尔却被人们称赞为"炸不死的人"，也有人称誉他是"不怕被炸死的人"。

研究炸药，真可说是在"太岁头上动土"。这是因为炸药的脾气非常暴躁，稍不顺心就会大发脾气——爆炸。

诺贝尔却专爱在"太岁头上动土"！

诺贝尔为什么不怕被炸死，要冒着生命危险研究炸药呢？这是因为他曾到过矿山，到过修筑道路、水坝的地方，看到工人们用铁镐吃力地一下一下挖着，坚硬的岩石一点也不肯示弱，累得工人们满头大汗……于是，诺贝尔决心从事炸药研究工作，用炸药来炸毁岩石，移山填海。

1846 年，意大利教授舒波拉用硝酸与甘油，制成了一种液体化合物——硝化甘油。舒波拉最初制得的硝化甘油是很稀的溶液，用它来作为药物，治疗心脏病。

后来，人们想制得浓硝化甘油，结果在浓缩过程中发生了猛烈的爆炸。人们这才从爆炸声中认识了硝化甘油的真面目——原来，它是一种烈性炸药。

好哟，烈性炸药，人们正需要它！

可是，这烈性炸药是一匹难驯服的烈马。多少人想制服它，都没有成功。有的人在爆炸声中丧生，有的人听见爆炸声之后便望而却步……

诺贝尔却勇敢地知难而进。

诺贝尔跟烈性炸药打交道，不是一次，而是几十次差一点落进死神的魔掌。

1864 年，在一次猛烈的爆炸中，死了 5 个人，其中有一个就是诺贝尔的弟弟，连诺贝尔的父亲也受了重伤。可是，诺贝尔毫不畏惧，继续进行这项危险的研究工作。

由于实验室连连爆炸，吓得周围的邻居都害怕了，不准他再在那里做试验。诺贝尔就搬到梅拉伦湖，在湖中心的一艘渡船上继续研究硝化甘油。他在 3 年多的时间里，进行了 400 多次试验，一直未能驯服硝化甘油。

说来也巧,有一次,一大坛硝化甘油在搬运时破裂了,这只坛子是放在木箱里的,木箱与坛子间塞满泥土,以防止坛子滑动。坛子一破裂,硝化甘油就渗到泥土中去了。

诺贝尔拿了一把吸饱硝化甘油的泥土进行试验,结果发现,这种泥土在引爆后能够猛烈爆炸;可是,不引爆,它却很安全,不像纯硝化甘油那样稍受震动就会爆炸。

诺贝尔感到非常高兴,就进行了大规模的试验,堆积了大量渗有硝化甘油的泥土,用导火索引爆。没有料到,这一次的爆炸空前的猛烈,浓烈的烟雾直冲半空,人们都失声喊道:"诺贝尔完了!"

谁知正在这时,从浓烟中冲出一个满脸鲜血的人,发疯似的跳跃着,高喊着:"我成功了!我成功了!"

诺贝尔就是以这样不怕死的精神驯服了"烈马"——硝化甘油,使这种炸药做到保存、运输安全,在起爆时猛烈爆炸。后来,诺贝尔又制成了各种烈性炸药,被人们誉为"炸药工业之父"。他能用五国文字写作。他仅在英国获得的专利便达120多项。

诺贝尔在1893年接受乌普萨拉大学的哲学博士荣誉学位时,曾写过这样一份简略的自传:

> 本文作者生于1833年10月21日。他的学问从自学得来,从没进过高等学校。他特别致力于应用化学研究,生平所发现的炸药有猛炸药、无烟炸药等。1884年加入瑞典皇家科学会、伦敦的皇家学会和巴黎的土木工程师学会。1880年获得瑞典"八星大勋章",又获得法国的大勋章。唯一的出版物,是一篇英文作品,获得银牌一枚。

诺贝尔自办及与别人合办了15家炸药大工厂,成了巨富。他死于1896年12月10日,留下遗嘱,把他的一部分财产作为基金,拿出利息每年分配一次,奖给过去一年中对科学有重大贡献的科学家。诺贝尔说,这样可以使那些"感到无从着手的困难的科学幻想家，可以借我的资助而贡献于人类"。

这，就是著名的"诺贝尔奖"的由来。

诺贝尔生前，不惜以自己的生命献给科学；诺贝尔死后，不惜以自己的许多财产献给科学。

这正是诺贝尔值得我们学习的地方。

# 59. 终身努力的人——门捷列夫

**门捷列夫（1834—1907）**

俄国化学家。自然科学基本定律——化学元素周期律的发现者之一，并据以预见了一些尚未发现的元素。他运用元素性质周期性的观点，于1869—1871年写成《化学原理》一书。另外，他还在溶液水化理论、气体和液体的体积同温度和压力的关系、气体的临界温度、煤的地下气化等方面作出了贡献。

1907年2月9日，俄罗斯彼得堡寒风凛冽，温度表里的水银柱缩到了-20℃。太阳黯淡无光。街道上，到处点着蒙上黑纱的灯笼。

长长的送殡队伍，达几万人之多。在队伍的最前头，既不是花圈，也不是遗像，却是由10多位青年学生抬着的大木牌，上面画着好多方格，方格里写着各种化学元素符号——"C""O""Fe""Cu""Zn"……

原来，死者是著名的俄罗斯化学家门捷列夫。木牌上画着的，是化学元素周期表——他一生的主要功绩。

门捷列夫生前身材魁伟，留着长发、长胡，有着碧蓝的眼珠、长而直的鼻子、宽而广的前额。平时，他穿着他自己设计的似乎有点古怪的衣服。上衣的口袋特别大，据说那是便于放下厚厚的笔记本——他一想起什么，总是习惯性地立即从衣袋里掏出笔记本，随手记下。

人们在追悼会上，反复引述了门捷列夫的格言：<u>"什么是天才？终身努力，便成天才！"</u>

门捷列夫的一生，确实是终身努力的一生。

门捷列夫生于一个多子女的家庭，他是第14个孩子。父亲是一个中学校长。门捷列夫出生不久，他的父亲突然双目失明，不得不停止工作。门捷列夫在艰难的环境中成长。后来，父母先后去世。门捷列夫是在一个边远城市上的中学，那里的教育水平很差。在大学一年级时，全班28名学生，期终考试时门捷列夫第25名。门捷列夫奋起直追，在大学毕业时，跃居第1名，荣获学校的金质奖章。23岁时，门捷列夫成为副教授，没过几年又成为教授。

人们回忆，门捷列夫在写作《有机化学》一书时，几乎整整两个月没有离开过书桌。他常常几个昼夜连续工作，只休息不到几个小时。

接着，门捷列夫又连续作战，花了很多精力，寻找化学元素间的规律，终于在1869年发现了化学元素周期律。一位彼得堡小报的记者向门捷列夫打听成功的奥秘："您是怎样想到您的周期律的？"门捷列夫听后，哈哈大笑，答道："这个问题我大约考虑了20年，而您却认为，坐着不动，5个戈比一行、5个戈比一行地写着，突然就成了。事情并不是这样！"

门捷列夫由于发现化学元素周期律，闻名于全世界。几乎所有的外国科学院，如伦敦科学院、巴黎科学院、柏林科学院、罗马科学院、波士顿科学院等，都聘请门捷列夫为名誉院士。门捷列夫还光荣地担任了世界上100多个科学团体的名誉会员。然而，在国内，他却遭到沙皇政府的冷遇，连科学院院士都选不上！这是因为门捷列夫"耿直大胆，而这永远不会来拥护沙皇政府"，不"具有忠臣良民的典型思想"。

后来，门捷列夫支持彼得堡大学的学生运动，为学生们向沙皇政府递交请愿书，结果受沙皇迫害，不得不离开工作了33年的圣彼得堡大学。

沙皇政府竭力把门捷列夫"闲置"起来，让他当"度量衡总局局长"。门捷列夫却仍努力不息，埋头于度量衡试验，积极统一俄国的度量衡。

门捷列夫的兴趣非常广泛。他对物理学、化学、气象学、流体力学都有许多贡献，他也很喜欢诗、惊险小说，特别是喜爱绘画。门捷列夫生活上总是很简朴。即使是沙皇要接见他，他也事先声明——平时穿什么，接见时就穿什么。他的衣服式样，常落后于别人10年至20年。他毫不在乎，说："我的心思在周期表上，不在衣服上。"他的发型也很随便。那时，男士们流行戴假发，门捷列夫摇头说："我喜欢我的真头发！"

最感动人的是，门捷列夫晚年，为了研究日食和气象，自费建造了气球。那时他出版的著作上，都印着这样的说明："此书售后所得款项，作者规定用于制造一个大型气球并全面研究大气上层的气象学现象。"气球制造好了以后，原设计坐两人，由于充气不够，只能坐一个人。门捷列夫不顾朋友们的劝阻，毅然跨进气球的吊篮。他年老多病，不畏高空危险，不怕那里风大、气温低，成功地观察了日食。这种献身精神，深深地感动了他的朋友们。

门捷列夫年过七旬之后，由于积劳成疾，双目半盲。然而，他仍然每天从清晨就开始工作，一口气写作到下午五点半，然后吃"中饭"。饭后，又接着写作。

1907年2月2日清晨5时，门捷列夫因心肌梗死与世长辞。他是坐在椅子上去世的，面前的写字桌上是一本未写完的关于科学和教育的著作。他死去时，手里还握着笔。

# 60. 第三位小数的胜利——瑞利

瑞 利 (1842—1919)

英国物理学家。在声学、振动、光学理论及热辐射等方面都有贡献。瑞利-金斯辐射公式、瑞利散射公式的建立和氩气的发现，都是他的重要成就。因发现氩气而获得 1904 年诺贝尔物理学奖。

在 19 世纪末，人们都以为对空气的了解已经够详尽了。当时，许多著名的化学家对空气做过上千次分析，都一致表明：空气是氮气、氧气和少量的二氧化碳、灰尘、水蒸气组成的混合物。除此之外，空气中不再含有别的成分。

然而，1892 年，英国物理学家瑞利却发现了一件怪事。

那时，瑞利正在测定各种气体的密度（单位体积的质量）。瑞利测定了氢气、氧气的密度，然后开始测定氮气的密度：他让磷在空气中燃烧，除掉氧气，然后把所剩的气体通过氢氧化钠溶液和浓硫酸，分别除掉二氧化碳和水蒸气，得到了纯净的氮气。经过测定，得到这样的结果——每升氮气 1.2572 克。

为了证实这个实验结果的可靠性，瑞利打算用另一种方法获得纯氮，进行测定，看看结果是不是相符合。瑞利的朋友、英国化学家拉姆赛给他出了一个主意：把氨（$NH_3$）加热分解，从中可以获得纯氮。

瑞利按照拉姆赛所述的方法制得了纯氮。可是测定密度的结果却是每升 1.2508 克，比从空气中得到的氮气轻了 0.0064 克，即 6.4 毫克！

0.0064 克，看来只不过是个微不足道的小数罢了，而严谨、精细的瑞利却没有轻易地放过它。瑞利决心重新再做一次这个实验。他更加谨慎、小心，不放走任何一个小气泡，但结果仍然相差 0.0064 克。瑞利还是不放心，又做了第三次，结果从氨里得到的氮气还是比空气中得到的氮气轻。

瑞利又试着从笑气、尿素等含氮化合物中制得氮气，结果表明：从这些含氮化合物里所得到的氮气的密度，和从氨里得到的一样，总是比他从空气中得到的氮气要轻。

瑞利接着用电火花通过两种密度不同的氮气，又把它们分别封闭起来，静置了 8 个月。结果都没能够改变它们之间的密度差异。

这究竟是怎么回事呢？

瑞利是一个物理学家，对于化学不很在行，他决定给当时的英国自然科学杂志《自然》写一封公开信，向化学家们求援。这封信发表以后，瑞利很快便收到许多化学家的来信。他们提出了两种看法：一种是认为氮气本身便存在着两种同素异性体——重氮和轻氮。从空气中得到的氮气是重氮，而从氮的化合物中得到的氮气是轻氮；另一种看法是拉姆赛提出的，他认为空气中含有一种未知的较重的气体，这种气体夹杂在氮气中，使它的密度变大了。

这两种不同的意见，使瑞利十分为难：相信第一种意见吧，这种意见没有确实的根据，况且氮的化合物都是利用空气中的氮做原料制成的，怎能有重氮和轻氮的区别呢？如果相信拉姆赛的意见，那就等于是说，许多化学家对空气所做的上千次的分析都是不够全面的，在空气中除了氮气、氧气、二氧化碳、水蒸气、灰尘之外，还有其他未知的气体！

正当瑞利犹豫不决的时候，在一次科学报告会上，英国物理学家迪瓦提醒了瑞利：“你去看看 100 多年前化学家开文迪许的几篇关于空气的论文吧，他好像也认为空气中还有其他的成分。”

瑞利迫不及待地去翻阅了英国皇家学会 1785 年的年报，一口气看完了上面登载的英国著名化学家、氢的发现者开文迪许的一篇论文。

1785 年，开文迪许做过这样一个实验：他在一个玻璃管中插上两根电极，一通电，电极间便产生电火花，这时，玻璃管里的氧气和氮气，就化合变成红棕色的气体——二氧化氮。开文迪许把玻璃管浸没在氢氧化钾溶液里，于是，生成的二氧化氮立即被氢氧化钾溶液所吸收。

不过，空气中氮气比氧气多得多，因此氧气很快被消耗完了，即使再通电，剩下的氮气，也不能再变成二氧化氮了。这时，开文迪许逐渐再向玻璃管里补进一些纯氧，通过放电，又与原先剩下的氮生成二氧化氮，这样又把剩余的氮气逐渐消耗完。但是，奇怪的是，到最后，总是有一个小气泡，仍然留在玻璃管里，不被氢氧化钾所吸收。尽管再通氧气，再通电，这个气泡还是没有消失。

于是，开文迪许在自己的论文中写道：“根据这个试验，我得出了一个结论：空气里的氮不是纯的，其中约有 1/120 跟主要部分的性质绝不相同，可见氮并不是单一的物质，而是两种物质的混合物。”但是，开文迪许的实验，当时并没有引起科学界的重视，甚至连开文迪许自己也没有继续钻研下去，把它轻轻放过了。

瑞利读了开文迪许在100多年前写的论文顿时茅塞顿开，他重新做了开文迪许的实验，在1894年夏末，终于从空气中收集到0.5毫升比氮气重的未知气体。

和瑞利同时，拉姆赛在自己的实验室里，也积极地进行从空气中提取未知气体的研究。不过，他并不是用开文迪许的方法，而是用燃烧镁的方法。

有一次，他在讲演时，表演了在空气中燃烧金属镁的实验，得到一些淡黄色的粉末。回到实验室里，他用水来洗杯子，当水和这些淡黄色的残渣接触时，马上就发出一股气味——氨的臭味。他又仔细进行研究，发现当镁在空气中燃烧时，不仅能和氧气化合生成白色的氧化镁，而且还能和氮化合，生成黄色的氮化镁。氮化镁一遇水，即水解而放出氨气。这个发现给了拉姆赛很大的启发，他把用氢氧化钠和浓硫酸除去二氧化碳和水蒸气后的空气，通过装有炽热金属镁粉末的管子，除去了氧气和氮气，结果也得到了比氮气重的未知气体。

由于拉姆赛的方法比开文迪许的方法好，因此，1894年拉姆赛用此方法得到了100毫升的未知气体。

瑞利和拉姆赛都对自己所得的未知气体进行了光谱分析，结果在光谱中出现了已知空气成分中的元素所没有的新谱线。这就是说，这种气体是一种还没有被发现的新气体。

1894年8月13日，当英国自然科学团体在牛津开会时，瑞利和拉姆赛向大会宣布：我们发现了一种新的元素，它四面八方围绕着我们，我们平时呼吸的空气中就有它，它同氧、氮都是大气的组成部分。这种新气体的脾气非常古怪——"懒惰"而孤独，几乎不和任何元素相化合。瑞利和拉姆赛对它曾经做过种种试验，比如把它和白磷放在一起，白磷是非常活泼的东西，常温下它在空气中能自燃，与氧化合生成五氧化二磷。然而，在新发现的这种气体中，白磷却安安静静，不跟新气体化合。氯气也是一种很活泼的气体，它能使铝、镁很快地锈蚀掉，但和这种新气体在一起，也是老老实实，不起反应。瑞利和拉姆赛还在新气体中放电火花，加热，倒进强酸，结果新气体依然如故。

这样，瑞利和拉姆赛把这种新气体命名为氩，意为"不活泼"。氩在空气中的含量并不算太少，按体积计算占0.93%——将近百分之一。

"哟！在空气中原来还有未发现过的新气体！"瑞利和拉姆赛的发现，震惊了当时的科学界。

人们把氩的发现，称为"第三位小数的胜利"，它深刻地说明：做任何事情都必须认真、细致，粗枝大叶不行。粗枝大叶，往往容易犯错。从此，人类对空气的认识，又向前迈进了一大步。人们索源探微，继续深入研究，又在空气中发现了另外4种惰性气体——氦，氖，氪，氙，只是它们在空气中的含量极少。可见瑞利当时命名为"氩"的气体，还不是纯粹的。

后来，人们在研究某些放射性元素的蜕变时，还发现了一种具有放射性的惰性气体"氡"。

# 61. X——伦琴

伦 琴（1845—1923）

　　德国物理学家。1895 年发现 X 射线（人称"伦琴射线"，俗称"X
光"），并进行了深入的研究。1901 年获诺贝尔物理学奖。

1896 年 1 月 2 日夜，维也纳的《新自由报》即将付印的时候，收到了一份急件。编辑拆开一看，里面竟是一张奇特的照片—— 一只手的骨骼照片。在手骨的无名指上，戴着一枚订婚戒指。

谁都知道，一般的照片只能拍出手的外形。这张照片怎能拍出手的骨骼呢？

编辑给照片加上《维尔茨堡物理学教授威廉·康拉德·伦琴的新发现》这样的醒目标题，发表了。

第二天，全城轰动了！几天之内，欧洲轰动了！全世界轰动了！

报上所登的照片，是伦琴夫人贝塔·伦琴的手部骨骼的照片。为什么一张手的骨骼照片，会引起如此轰动呢？

原来，伦琴发现了一种奇妙的射线！

那时候，伦琴正在十分起劲地研究阴极射线：他在一个玻璃管里，装了两个金属电极，加上电压，然后把管内的气体慢慢抽出。当管内的气体十分稀薄时，从阴极射出来的电子受到阳极的吸引，撞到玻璃壁上，便产生了一种射线，叫作"阴极射线"。

1895 年冬天，有一次，伦琴正在观察阴极射线，忽然看到暗处有一个东西在发光。他仔细一看，原来那是一张涂了氰亚铂酸钡的纸屏，本来是用来做别的试验的。伦琴把纸屏挪远，它依旧发出荧光。他弄不明白是怎么回事，拿了一张普通的纸放在那里，纸上没有发光，然而，纸屏却依旧在发光。

这件事引起了伦琴的注意：他把一本书遮在纸屏前，纸屏同样射出荧光。更有趣的是，当他把手放在纸屏前，纸屏上竟然出现了手骨的阴影！

伦琴断定，从阴极射线管里射出了一种新的未知的光线。这种光线是看不见的，却能透过书本、衣服、人体等。

按照科学史上的惯例，科学上的新发现常常是用发现者的名字命名的。谦逊的伦琴不愿意以自己的名字命名这种射线。他认为自己还不明白这种射线的本质，便用数学上的未知数—— "X" 命名它，叫作 X 射线。

登在报纸上的那张手骨照片，便是伦琴用 X 射线照射他的妻子的手拍摄而成的。

"什么？一种看不见的光线能够透过人体等？"科学界的许多知名人士看了报道，将信将疑，有人甚至矢口否认。因为在此之前，从来也没听说过有这样奇特的光线呀！

伦琴废寝忘食地在实验室里探索着这个奇妙的"X"。1896年和1897年，他发表了两篇论文，对X射线的本质进行了探讨①。

1901年，瑞典皇家科学院首次颁发诺贝尔物理学奖时，决定将此奖授予伦琴。伦琴，成了世界上第一个获得诺贝尔物理学奖的人。尽管伦琴谦逊地把新射线称为X射线，但是人们还是把它命名为"伦琴射线"。

伦琴是一个"大器晚成"的人。他发现X射线时，已经50岁了。

伦琴走过了曲折的道路，在成长的过程中曾蒙受许多打击。1845年，伦琴出生在德国一个裁缝的家中。在上中学的时候，一个顽皮的同学在黑板上画了一幅老师的漫画，老师以为是伦琴画的。尽管伦琴一再申辩，学校还是把他开除了。伦琴在家坚持自学，并参加学校的毕业考试。虽然他成绩优秀，完全达到了毕业生的水平，但是学校不肯给他发毕业证书。那时候，没有中学文凭，是很难升大学的。从此，伦琴失去了求学的机会，只得到一个毛纺厂当管理员。后来，伦琴经人介绍，才好不容易考入瑞士苏黎世工学院机械制造系，毕业时获得哲学博士学位。毕业后，伦琴被一位大学物理教授看中，要选拔他当助手。可是，经学历审查，查出伦琴在中学时未正式毕业，这所大学拒收伦琴。那位教授一气之下，带着伦琴离开了大学，在外工作了将近20年……

伦琴的道路说明，一帆风顺，年轻时便在科学上作出贡献，这当然很好。但是，环境不顺利，直到四五十岁还没干出什么成绩，也别灰心丧气。科学不负有心人。只要努力，不论早晚，总会结出成功之果！

---

① 现在已经查明，X射线像光一样，是一种电磁波，它的波长非常短，在0.01~50埃之间（1埃＝$10^{-8}$厘米）。

# 62. 没有电话的一天——贝尔

**贝　尔**（1847—1922）

　　电话发明者。生于英国爱丁堡，后移居加拿大，再移居美国。对语音学有研究。在 1873—1877 年担任波士顿大学生理学教授期间，进行了利用电流传送声音的试验，于 1876 年发明电话。

1922年8月7日，美国所有的电话都变成了"哑巴"。人们在这一天深有体会——没有电话，多么不方便啊！

为什么电话全都哑然失声呢？

原来，电话的发明者贝尔在前几天——8月2日不幸去世，于8月7日举行葬礼。人们为了纪念贝尔，在这一天特地停止使用电话，象征着"失去了贝尔，就犹如失去了电话"。

1847年，贝尔出生在苏格兰。小贝尔很爱动，常把小麻雀放在书包中。他的祖父知识渊博，常给小贝尔讲各种各样有趣的知识。渐渐地，小贝尔喜欢读书了。

贝尔11岁时考入爱丁堡皇家高等学校。21岁进入伦敦大学学习。后来，在波士顿给聋人上课。

贝尔想，聋人的耳朵虽然聋了，但眼睛是好的，能不能把声音转变为聋人能够看见的讯号呢？

贝尔做了许多实验，但都失败了。有一次，他在接通、断开电源时，发现螺旋线圈里发出轻微的"沙沙"声。这件事给了贝尔一种启示：能不能用电流来传递声音呢？

于是，贝尔向一位老教授约瑟夫·亨利请教，得到了他的支持。亨利说："你的伟大发明的理想很好，努力干吧！"

就这样，贝尔着手研究电话。

他对电磁学不太熟悉，就刻苦自学这方面的基本知识。另外，他请了一位18岁的电学技师华特生一起合作。

他们在两个房间里装了电话，中间安装了电线。经过一次又一次试验，都没有听见对方的声音。

1876年3月10日，贝尔往电池中加入硫酸，不小心，硫酸溅到他的腿上，顿时像被火烫了似的，疼痛异常。贝尔连忙大声呼喊："华特生，你快来呀！"

谁知华特生竟在电话机里听见了贝尔的呼救声，连忙奔了过来。但他倒不是来救贝尔，而是紧紧地拥抱着贝尔，祝贺试验终于成功了！

就这样，两位青年人发明了电话。

由于电话给人们的工作和生活带来许多便利，所以在它诞生之后，很快就得到推广。

1878 年，人们在纽约与波士顿之间，架起了世界上第一根长途电话线。

如今，随着电话尤其是手机的普及，电话成了最便捷、最普遍的通信工具。有人开玩笑地说："如果贝尔在现在举行葬礼，电话停止使用一天，那一天真不堪设想哪！"

# 63. "发明大王"的秘诀——爱迪生

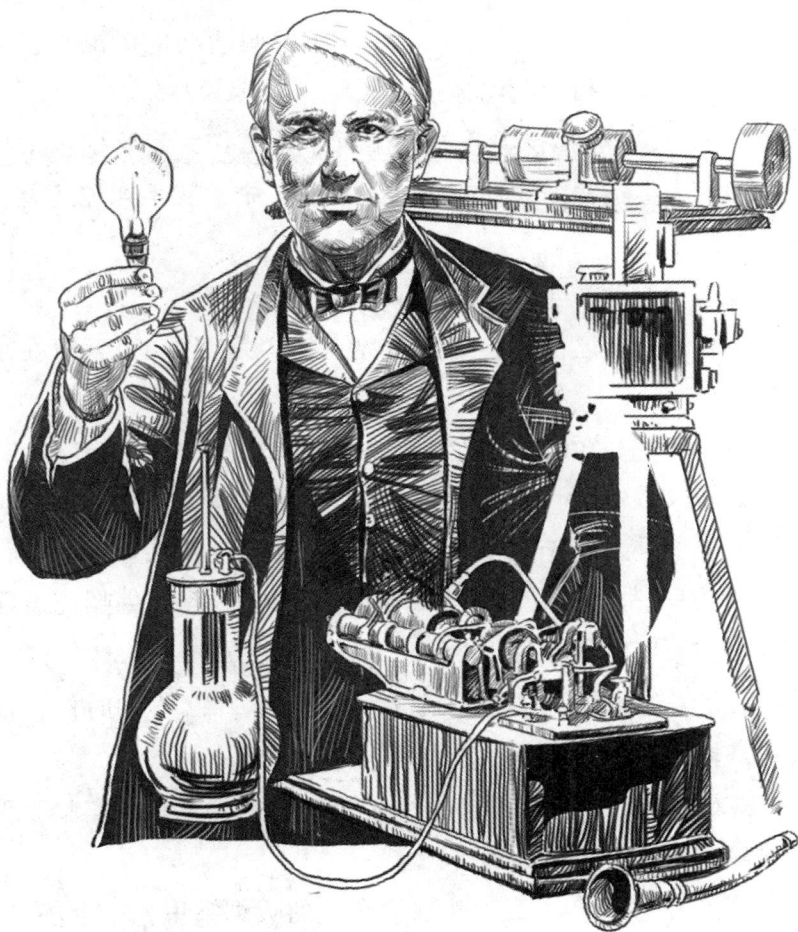

## 爱迪生（1847—1931）

美国发明家、企业家。1877—1879年发明留声机，实验并改进了白炽灯和电话。后来又提出并采用直流三线系统，制成当时容量最大的发电机。1883年发现热电子发射现象，被命名为"爱迪生效应"。他在电影技术、矿业、铁道电气化、建筑、化工等方面也有不少著名的发明。

美国科学家爱迪生被人们誉为"发明大王"，这是恰如其分的。

爱迪生的一生，是在不断创造发明中度过的。他的一生，竟有几千项发明（其中有一部分是与别人合作的）。例如，1877年发明留声机，1879年发明碳丝灯泡，1880年发明电车，1889年发明活动电影摄影机，还有电话机、发电机、电动机、蓄电池……

爱迪生曾说过这样的话："我的人生哲学是工作，我要揭示大自然的奥秘，并以此为人类造福。我们在世的短暂一生中，我不知道还有什么比这种服务更好的了。"

的确，爱迪生为此奋斗了一生。

然而，让人惊讶不已的是，这位世界上的"发明大王"，只在小学里念过3个月书!

1847年2月11日，爱迪生出生于美国俄亥俄州的米兰镇。他的父亲是农民，也给别人做木工。母亲曾做过教师。

爱迪生在小学里读了3个月就失学了。从此，他跟在母亲身旁，顽强地自学着。11岁时，爱迪生就在学《科学百科全书》和牛顿的著作；后来又读了《法拉第电学研究》。

迫于生活，爱迪生从11岁起，就给人赶马车。12岁的时候，他在火车上当报童，每天工作十几个小时。

爱迪生喜欢读书，也喜欢做各种小实验。就是为了做小实验，爱迪生一连三次被解雇。

第一次是在15岁那年，爱迪生在火车上的吸烟室里弄了个小实验室，一有空就躲在里面做化学实验。谁知有一次火车震动得厉害，把一个装有黄磷的玻璃瓶从架子上震下来摔破了。黄磷是一种见了空气就会自动燃烧的物质，平时总是泡在水中，装在瓶子里。瓶子一破，水流光了，黄磷就猛烈燃烧起来，并放射出炫目的光芒，冒出滚滚浓烟，一下子把车厢烧着了。车长一看，气坏了，狠狠地打了爱迪生一个耳光，从此爱迪生右耳聋了，并被解雇回家。

就在这一年8月，爱迪生看到一个2岁的孩子差一点要被火车碾死，就奋不顾身救下了孩子。正好这个孩子的父亲是一个车站的站长，他很感谢爱迪生，便让他到铁路上当报务员。爱迪生在短短的三四个月内，便学会了报务技术，成为一名熟练的报务员。

此时，爱迪生一边当报务员，一边仍热衷于做各种科学实验。他差不多每天工作20个小时。有一次，由于白天做了一整天实验，他在上夜班时打起了瞌睡，被铁路当局发现，便把他开除了。这是他第二次被开除。

爱迪生又失业了。后来，他被介绍到西方联合电报公司当报务员。在那里，他又做起了化学实验。有一次，因为他不小心，硫酸从容器中漏出，流到隔壁的经理室，把地毯烧坏了。经理大怒，把爱迪生赶走了。

尽管爱迪生因做科学实验三次被解雇，但是他一点也不灰心，依旧迷恋着科学，迷恋着实验。人们形容他当时的形象是："他无异于普通青年，油垢满身，好像工匠一样，蓬首粗服，仿佛是个流浪汉。"

32岁时，爱迪生发明"世界之光"——碳丝灯泡，名声大震，崭露头角。

爱迪生每发明一件东西，都经历了艰苦的过程。就拿发明碳丝灯泡来说，他差不多花费了2年时间，每天工作20个小时，有时甚至连续36个小时工作，累了只在实验室里躺一会儿。制造电灯泡的关键，是要找到一种合适的灯丝材料。爱迪生先后试了1600多种材料，最后才选定用竹子烧成碳丝作灯丝。

1879年10月21日，爱迪生制造的第一只电灯泡射出明亮的光线。那天，爱迪生沉醉在欢乐之中："我们坐在那里出神地看着那盏灯持续亮着，它亮的时间越长，我们越觉得神驰魂迷。我们中间没有一个人能走去睡觉——共有40个小时的工夫，我们中间的每个人都没有睡觉。我们坐着，洋洋自得地注视着那盏灯。它一直亮了约45个小时。"

爱迪生把毕生的精力，都贡献给了科学。

有人问这位"发明大王"成功的秘诀。他答道：

天才是百分之一的灵感，加百分之九十九的汗水！

在这位"发明大王"77岁时，有人问他什么时候退休。他答道："在出殡以前的那天！"

有人问这位"发明大王"，为什么会有那么多的发明。他没有正面回答，只是随手从衣袋里掏出一本笔记本，上面画着许多奇妙的设计图或匆匆记上的断断续续的字句。原来，爱迪生一想到什么新主意，立即写在笔记本上。有时，在一天之内，甚至想到20个新主意。这种笔记本，他每隔一星期要换一本！他那么多项发明，就是这么来的。

1931年10月18日，爱迪生离开人世，终年84岁。他给人们留下这样的话：

科学是永无一日休息的。在已经过去的亿万年间，它每分钟都在工作，并且要这样一直继续下去。

# 64. 科学的苦工——巴甫洛夫

**巴甫洛夫（1849—1936）**

    苏联生理学家。他在研究消化生理的过程中，形成了条件反射的概念，从而开辟了高级神经活动生理学的研究。1904 年获诺贝尔生理学或医学奖。其主要著作有《消化腺机能讲义》《动物高级神经活动（行为）客观研究 20 年经验》《大脑两半球机能讲义》等。

苏联生理学家巴甫洛夫有句著名的格言：“要做科学的苦工！”

巴甫洛夫的一生，就是做科学苦工的一生。

小时候，巴甫洛夫和他的弟弟德米特里一起挖坑，准备栽种苹果树苗。当他们辛辛苦苦把几个坑挖好了的时候，父亲来了。他看了一下，说道：“你们挖错地方了。这儿连阳光都晒不到，不能种。”

这时候，德米特里气馁了，放下铁锹不干了。

可是，巴甫洛夫却拉着弟弟，来到父亲指定的地方，又重新挖起来。手上磨出了水泡，他不管，一直到挖好坑、种好苹果树苗、浇好水，这才歇手。

后来，巴甫洛夫成了著名的生理学家。他成天在实验室里，研究狗的条件反射现象。

巴甫洛夫在解剖狗的时候，一干就是四五个小时。他非常细心地数着从玻璃管中流出来的狗的唾滴，把数字详细地记录在笔记本上。

一位新来的助手数了一会儿，就感到单调、厌倦，而巴甫洛夫却郑重地对他说：“如果必要，就数它 10 年，20 年！”

巴甫洛夫成年累月像“苦工”似的在实验室里工作着。他年过七旬，脸色仍比他的助手还红润。当人们问他为什么这样健康时，他说道：“不要饮酒，不要用烟草来伤害你的心脏！”

巴甫洛夫思想深刻。他在讲课或发言时，没有半句废话，没有半句离题。他要求别人也这样。因为他认为，浪费别人的时间，就是浪费别人的生命。

巴甫洛夫常常很早就起床，可是，他起床时从不发出声响。他轻手轻脚地穿衣、走路，他不愿惊醒别人。

巴甫洛夫从小就洗冷水澡，一直坚持到 80 多岁。他病重时，没办法再洗冷水澡了，仍要求医院允许他用冷水洗手。

巴甫洛夫在 87 岁高龄时得了严重的肝脏结石症，后又患肺炎，但他仍在做“科学的苦工”，勤奋地写作。

在巴甫洛夫离开人世之前，他始终没有忘记教育青年。他写了这样的遗言，留给青年们：

对于献身于科学的青年们，我希望些什么呢？

第一要循序渐进。循序渐进，循序渐进，再循序渐进。你们从一开始工作起，就要在积累知识方面养成严格循序渐进的习惯。

你们在想要攀登到科学顶峰之前，应先通晓科学的初步知识。如未掌握前面的东西，就永远不要着手做后面的事情。永远不要企图掩饰自己知识上的缺陷，即便用最大胆的推测和假设去掩饰，这也是要不得的。不论这种肥皂泡的色彩多么使你炫目，但肥皂泡必然是要破裂的，于是你们除了惭愧以外，是会毫无所得的。

你们要养成严谨和忍耐的习惯。要学会干科学中的粗活。要研究事实，对比事实，积累事实。

无论鸟翼是多么完美，但如果不凭借着空气，它是永远不会飞翔于高空的。事实就是科学家的空气。你们如果不凭借着空气，就永远也不能飞腾起来。如果没有事实，你们的"理论"就会成了虚妄的挣扎……

第二是谦虚。无论在什么时候，永远不要以为自己知道了一切。不管人们把你们评价得多么高，但你们永远要有勇气对自己说：我是个毫无所知的人。

切勿让骄傲支配了你们。由于骄傲，你们会在应该同意的场合固执起来；由于骄傲，你们会拒绝有益的劝告和友好的帮助；而且由于骄傲，你们会失掉了客观的标准……

第三是热情。牢记，科学是需要人的毕生精力的。假定你们能有两次生命，这对你们来说还是不够的，科学是需要人们高度紧张和很大的热情的。希望大家在工作和探讨中都能热情澎湃……

# 65. 在机遇面前——贝克勒尔

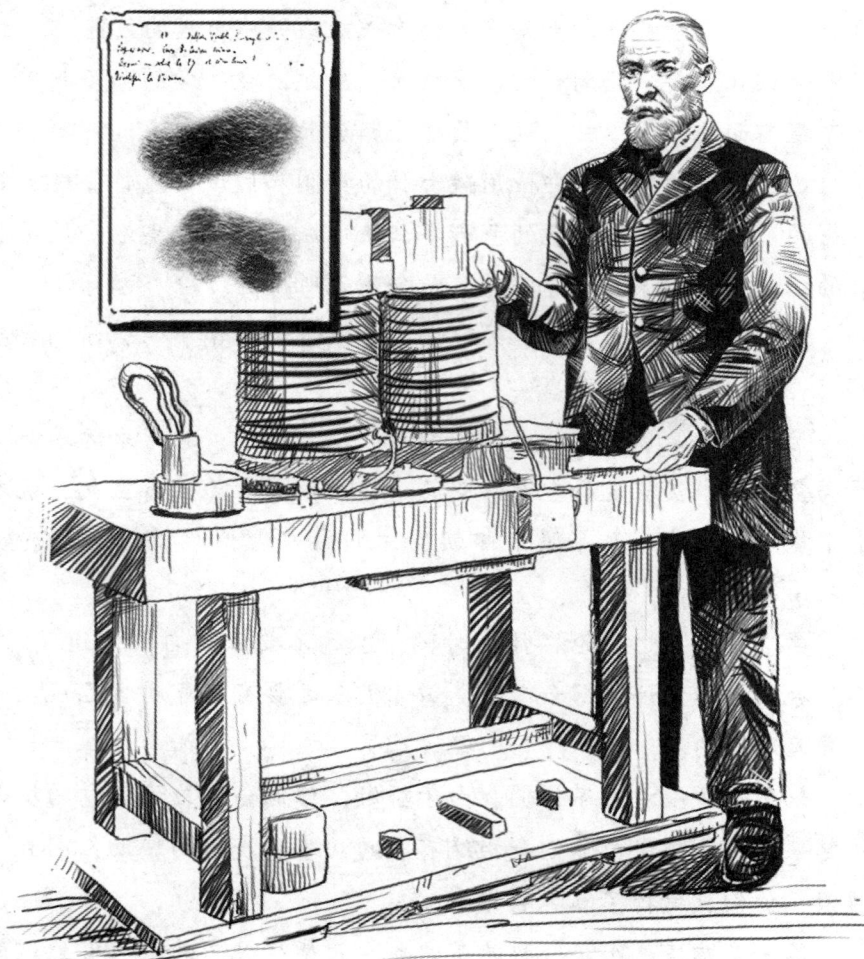

## 贝克勒尔（1852—1908）

    法国物理学家。1895 年起一直研究磷光现象。1896 年发现铀的放射性，是科学实验中认识放射性的开端。因发现自发放射现象，于 1903 年与居里夫妇共获诺贝尔物理学奖。

1895年，德国物理学家伦琴发现了X射线，科学界先是怀疑，继而震惊，然后蜂拥而上，纷纷研究这种新奇的射线——看不见而又能穿过许多物体的光线。

在这许许多多新的研究者之中，有一位叫安东尼·亨利·贝克勒尔的法国物理学家。在这里，之所以要写出他的全名，是因为他的父亲——亚历山大·贝克勒尔，也是物理学家。

老贝克勒尔一直在研究磷光（又称荧光）现象。他发现，不少物质在太阳光照射下，会发出磷光。

有人认为，磷光中可能也含有X射线。

这件事引起了小贝克勒尔的兴趣，便着手进行实验。

小贝克勒尔从父亲那里找来一瓶荧光物质——黄绿色的硫酸双氧铀钾。它在阳光下会射出磷光。

当时人们已经知道，X射线能够透过黑纸，使底片感光。于是，小贝克勒尔进行了这样的实验：在阳光下，把包了黑纸的底片放在硫酸双氧铀钾附近。硫酸双氧铀钾在阳光照射下，发出磷光。经冲洗，发觉底片感光了。这说明磷光中是含有X射线的。

不过，小贝克勒尔是一个办事仔细的人。他想再做几次实验看看。

不巧，遇上了几天连续阴雨，实验没办法进行。等天气再度转晴时，小贝克勒尔又着手进行实验。

他确实是个细心的人，在实验之前，抽出两张底片检查了一下，看看有没有漏光。

抽查的结果使小贝克勒尔大为震惊：两张底片都已曝光。其中一张底片上还有钥匙的影子！

这是怎么回事呢？底片，是用黑纸包好后，放在抽屉里的。钥匙，那天顺手往抽屉里一撂，落在一卷底片上。在桌子上，只有一瓶硫酸双氧铀钾。它没有受到阳光照射，不会射出磷光。为什么底片会感光呢？

小贝克勒尔猜想，可能硫酸双氧铀钾本身，会射出一种看不见的射线（由于铀是放射性元素的缘故）。这种射线，也能透过黑纸，使底片感光。

　　小贝克勒尔经过深入研究，证明他的猜想是正确的。就这样，小贝克勒尔成为世界上第一个发现自发放射现象的人。

　　其实，在日光下，硫酸双氧铀钾射出的磷光，并不含有 X 射线。小贝克勒尔最初在阳光下做的实验，实际上也是放射性射线使底片感光，只是他误以为是 X 射线罢了。

　　后来，有人认为，小贝克勒尔发现放射现象，纯属偶然。

　　当然，那几天正好遇上阴雨，这是偶然因素。但是小贝克勒尔做实验总要反复几次，做实验前还抽查底片，这不能不归功于他的细心。如果他只做了一次，或者不抽查底片，也是不可能成功的。

　　与小贝克勒尔几乎同时，另一位科学家也发现底片跟硫酸双氧铀钾放在一起会感光。只不过他以为这没有什么可研究的，把它轻轻放过了。

　　有人说过这样的话："留心意外之事，是科学研究者的座右铭。"

　　巴斯德也说过："在观察的领域中，机遇只偏爱那种有准备的头脑。"

　　这些话，在小贝克勒尔发现放射现象这件事中，得到了印证。

# 66. 一本书的作用——拉姆赛

拉姆赛（1852—1916）

英国化学家。曾任布里斯托尔大学及伦敦大学教授。最初研究有机化学，后致力于物理化学。1893年得出关于表面张力的公式。1894—1898年间和瑞利等合作，先后发现氩、氖、氦、氪、氙等元素。1910年与格莱测定出具有放射性的氡的原子量。其主要著作有《近代理论与系统化学》《大气中的气体》《传记与化学论文集》等。

1894 年，英国化学家拉姆赛和物理学家瑞利由于发现了氩——"第三位小数的胜利"，名震世界化学界。

说来很有意思，小时候，拉姆赛压根儿就没想过，他会成为一名化学教授。

1852 年 10 月 2 日，拉姆赛出生于英国的格拉斯哥。他的父母在 40 岁才结婚，只有他这个独生子，所以对他特别宠爱。

拉姆赛小时候的兴趣非常广泛。他擅长外语，喜欢拉小提琴，喜欢游泳、划船。他最喜爱的，要算是踢足球了。拉姆赛一直梦想长大后成为一名足球运动员。

不幸的是，拉姆赛在一次足球比赛中，踢伤了腿。从此，当足球健将的美梦破灭了。

然而，就在养伤的时候，他读了英国化学教授托马斯·格雷姆的一本化学常识书。格雷姆也是格拉斯哥人，与他同乡。拉姆赛读这本书，本想学习焰火的制造方法，谁知读过之后，却对化学产生了浓厚的兴趣。人们常把书籍称为"不说话的老师"。这话一点也不错，拉姆赛就是被一本化学常识书引入科学的大门，决定了毕生的志向。

他的一位中学同学曾回忆道："当我初次遇见他时，我发现他对于化学上应用的药品和器具已经很熟悉。一天下午，他到我家里来做化学实验，制取氢气、氧气，从糖中提取草酸等。我们所用的器具，除了烧瓶、曲颈甑和玻璃杯之外，几乎都是他自己制造的。"

17 岁时，拉姆赛开始专门学习化学。20 岁时，获博士学位。拉姆赛不再是一个爱玩的孩子，而成了一个勤奋的青年。他在给父亲的信中写道："我今天早上 5 点半起床，从 6 点到 7 点我自修并吃早饭，7 点到 8 点有一节功课，8 点到 9 点又有一节，从 9 点到下午 3 点我在化学实验室里做实验（我只稍微吃点中饭，好省出一些工作时间，不到 6 点钟不吃晚饭）。从下午 3 点到 5 点我自修，从 5 点到 6 点上课，然后吃晚饭。现在 8 点，我又必须开始自修了。"

拉姆赛后来成了伦敦大学的化学教授。他只有一间又小又旧的实验室，还在楼上。当他要用天平称化学药品时，还得跑下楼。可是拉姆赛就在那样简陋的实验室里，进行了有关有机化学、无机化学、放射性、原子量、气体密度等许多实验，写出了许多著名的论文。也正因为这样，他从空气中获得了氩。

1904 年，拉姆赛荣获诺贝尔化学奖。

拉姆赛为人热情，乐观，说话幽默。他曾担任英国化学学会会长。

拉姆赛一直很喜欢外语。1909 年，当世界应用化学会议在伦敦召开时，他被推选为会长。拉姆赛在致开幕词时，用英语、法语、德语、意大利语各讲了一遍，与会的人都感到非常惊讶和佩服。

1916 年 7 月 23 日，拉姆赛病逝，终年 64 岁。

# 67. 给自己写信的人——欧立希

**欧立希（1854—1915）**

又译埃尔利希。德国细菌学家、免疫学家、近代化学疗法奠基人之一。他和日本学者秦佐八郎一起发明了治疗梅毒的药物"六〇六"。在免疫学上，他创立了"侧链学说"，为传染病的诊断、治疗和预防提供了一些实用方法。他在组织学、生物化学、病理学、免疫学、肿瘤学、化学疗法等方面发表论文多篇。1908年与俄国生物学家、免疫学创始人之一梅契尼科夫共同获得诺贝尔生理学或医学奖。

看到这个标题，你可能会感到奇怪，信是写给别人的，怎么会有给自己写信的人呢？世界上确实有给自己写信的人！这个人就是德国著名的医生欧立希。在1907年，欧立希便曾给自己写过好几封信。比如，有一封信是这样写的：

亲爱的欧立希：

　　7月8日是父亲的生日，可别忘了给他送去一个大蛋糕，庆祝寿辰！

日夜工作着的欧立希<br>7月4日

欧立希为什么要给自己写信呢？原来，他当时正在和日本科学家秦佐八郎一起进行一项非常重要的科学工作——制造一种新型的药物，用来治疗当时在非洲流行的、会使人昏睡不醒的"昏睡病"。

他俩废寝忘食地工作，日夜在实验室里进行试验。倦了，用冷水冲一下脑袋，清醒清醒。实在倦了，就在实验室的长椅上躺一会儿，用厚厚的书本当作枕头。

也正因为这样，欧立希常常把亲人们的生日忘了，而德国人对生日是很重视的，谁不来庆祝是一件很不礼貌的事情。欧立希给自己写信，为的是在繁忙的研究工作中，不至于忘了礼貌——给父亲庆贺生日。

欧立希写好信，在信封上注明寄信的日期，交给他的一位亲戚，请亲戚到了寄信的日期把信投入邮筒。欧立希收到自己写的信，记起了父亲的生日，于是赶紧去买大蛋糕，到父亲那里去了，但连椅垫子都没有坐热，连酒都没有来得及喝一口，就匆匆忙忙赶回实验室了。

# 68. 对"想当然"的惩罚——艾克曼

### 艾克曼（1858—1930）

　　荷兰医生、哲学博士。首先查明脚气病的病因，对维生素的发现作出了贡献。1929 年，与英国生物化学家霍普金斯共同因维生素研究成果而获得诺贝尔生理学或医学奖。

　　1929 年，荷兰医生艾克曼荣获诺贝尔生理学或医学奖，因为他发现了维生素。

　　艾克曼是怎么发现维生素的呢？这件事说来十分有趣，也很能给人以启示。

　　1886 年，年轻的艾克曼医生被派往当时"荷属东印度"（即现在的印度尼西亚）的爪哇岛。岛上流行着严重的脚气病。

　　艾克曼到了那里不久，也患了脚气病。

　　艾克曼想，脚气病会传染，很可能是由某种细菌引起的。于是，他就用显微镜反复进行观察。几年过去了，艾克曼依旧没有找到那种"脚气病病菌"。

　　后来，艾克曼开始用鸡做实验。因为他发觉，当地的许多鸡也患脚气病。他经常从鸡爪上刮下点什么，放在显微镜下面观察，但还是一无所获。

　　有一段时间，他用来做实验的鸡，几乎全部传染上了脚气病，成批成批死去。然而，也有几只鸡虽然得了脚气病，却勉强活了下来。

　　奇怪的是，大约过了四个多月，这些幸存下来的鸡，竟然全部恢复了健康！

　　这是怎么回事呢？

　　艾克曼百思不解。由于他用显微镜寻找"脚气病病菌"找了几年都没找到，他渐渐不往病菌这方面想了。他猜测，可能是由于别的原因致病的。

　　艾克曼到厨房里去，一位新来的厨师热情地跟他打招呼。这个厨师刚来了两个多月，很巧，那些鸡也是最近两个月才好起来的。

　　艾克曼仔细调查一番，才弄明白：原来，过去的那个厨师爱贪小便宜，他总是用食堂里吃剩的白米饭喂鸡，而把那些鸡饲料克扣下来，装入私囊；而这位新来的厨师很忠厚，按照规定用领到的鸡饲料喂鸡。

　　于是，艾克曼连忙做了这样的试验：他买了一批健康的鸡，一半用白米饭喂养，一半用鸡饲料喂养。结果发现，用白米饭喂养的鸡，很快就患上了脚气病；而用鸡饲料喂养的鸡，却一直很健康。

接着，艾克曼给自己吃杂粮（鸡饲料主要也是杂粮），他的脚气病也好了。许多人听了艾克曼的劝告，吃了一些杂粮、粗粮，脚气病都痊愈了。

这下子，艾克曼明白了：问题出在白米饭上！

在爪哇岛，人们都习惯吃精白米。艾克曼认为，很可能是在米糠中有一种重要的物质。人体内一旦缺乏这种物质，就会生脚气病。

艾克曼把米糠当作"药"，给许多人吃，给他们医好了脚气病。

艾克曼又进一步把米糠浸在水里，再用一种薄膜过滤，滤液也能治病。于是，他断定，这种奇特的物质是能溶于水的，而且是小分子的（大分子不能透过薄膜）。

1912年，日本生物化学家铃木、岛村和大岳，波兰化学家方克，分别用不同的方法提取出了这种奇特的物质———一种白色的结晶体。由于它是"维持生命必不可少的要素"，人们称它为"维生素"。

后来，人们还发现，维生素有好多种，那种大米糠中提取的、能防治脚气病的维生素，被定名为维生素B1。

艾克曼发现维生素的经过充分说明，对于复杂的事物一定要善于分析，善于思索。只有这样，才能从很细小的事情中发现真相的蛛丝马迹。

当人们再向艾克曼提起"脚气病病菌"时，他哈哈大笑起来，说那是"想当然"；为了寻找它而白费几年时间是"活该"，是对"想当然"的惩罚！

# 69. 青龙桥车站旁的铜像——詹天佑

## 詹天佑（1861—1919）

　　中国铁路工程专家。安徽婺源（今属江西）人。1905—1909 年主持修建中国自建的第一条铁路——京张铁路（今京包线北京至张家口段）。在修建中因地制宜运用"人"字形线路，减少工程量；并利用"竖井施工法"开挖隧道，缩短了工期。通过京张铁路的修建，培养了中国第一批铁路工程师。

　　当你坐火车从北京到张家口，途经八达岭附近的青龙桥车站时，可以看到月台旁矗立着一座青铜像——他目光炯炯，正视前方，一手插在裤袋里，神情刚毅。他就是当年历尽艰辛负责建造京张铁路的总工程师詹天佑。

　　詹天佑 1861 年 4 月 26 日出生于广东南海县，1919 年 4 月 24 日病逝于汉口。

　　詹天佑小时候对机器很感兴趣，口袋里常常装着齿轮或发条。有时，还用泥土做机器模型。12 岁时，他到香港报考"幼童出洋预备班"；考上后，当年就被送到美国学习。詹天佑 20 岁时，以优异的成绩毕业于美国耶鲁大学，获学士学位。

　　詹天佑学的是土木工程和林道工程专业，可是在学成回国之后，由于他不会巴结权贵，竟然被分配去驾驶轮船！他在这样学非所用的境遇中度过了 7 年，后因老同学的极力推荐，这才到中国铁路公司担任工程师。从此，詹天佑把毕生的精力贡献于祖国的铁路事业。

　　詹天佑上任不久，便遇到了一次严峻的考验。当时，从天津到山海关的津榆铁路修到滦河，要造一座铁桥。这座桥起初由英国工程师设计，失败了；后来请日本工程师包工，没成功；最后让德国工程师出马，也不顶用。这时，工程负责人在无计可施的情况下，同意让詹天佑试一试。詹天佑是一个认真踏实的人，他分析了三个外国工程师失败的原因，又到现场仔细调查，听取工人们的意见，设计出一个具有中国风格的新方案。果然，詹天佑成功了，滦河大桥建成了。这件事使许多人感到震惊：一个中国工程师居然解决了三个外国工程师望而却步的难题！

　　詹天佑初战告捷之后，遇上了更严峻的考验。当时，清政府决定兴建京张铁路。英帝国主义想独霸京张铁路的修筑权，沙皇俄国也想包揽建造这条铁路，他们激烈争夺，相持不下。

　　后来，这两国达成协议："如果京张铁路由中国工程师自己建造，那么与英、俄两国无关。"他们原以为这么一来，中国根本就没办法建造这条铁路。

　　就在这个关键时刻，詹天佑挺身站了出来，全权负责建造京张铁路。消息传到伦敦，英国报刊讥笑道："中国能够修筑这条铁路的工程师还没有出世呢！"詹天佑顶着压力，坚持不任用一个外国工程师，全部工程都由中国技术人员负责。

紧张的勘探、选线工作开始了，詹天佑带着他的几个得力的学生，亲赴现场踏勘。詹天佑对工作一丝不苟，常对学生们说："技术的第一要求是精密，不能有一点模糊和轻率。'大概''差不多'这类说法，不应该出于工程人员之口。"詹天佑白天翻山越岭，夜里在油灯下精心绘制线路图。别人勘查过的地方，他常常要重新勘查一遍。有人见了不大高兴，以为这是对他们不放心。詹天佑却坦率地说："这是因为我的责任实在太重大了。多一个人复查一遍，可以避免出差错。"这责任确实重大啊，因为这是由中国人自己设计、建造的第一条铁路！

1905年9月，京张铁路正式开工，12月开始铺轨，詹天佑亲手打下了第一颗铁钉。不久，工程就进入最困难的阶段：在居庸关、八达岭、青龙桥一带，山高石坚，要开凿4条隧道，其中最长的达1000多米。詹天佑经过精确的测量和计算，决定从山的南北两面同时对凿，到山中心会合。凿洞时，遇上坚硬的花岗岩，在用炸药炸开后，全靠人工一锹一锹地挖走碎石。挖了一段之后，又遇上泉水漏进洞里，又要靠人工一担一担把水排走。詹天佑身为总工程师，与工人们同凿石，同挑水。詹天佑常说："要为中华民族争光！"他的话给了大家很大的鼓舞。

詹天佑对整个工程，提出了"花钱少，质量好，完工快"三大要求。他说到做到，京张铁路经过工人们的几年奋战，终于在1909年9月全线通车。原计划6年完成，结果只用4年就提前完成了。工程费用只及外国人估价的五分之一。

在举行通车典礼时，许多外国铁路工程师和外交使节坐上专车，参观了全线。他们纷纷赞誉詹天佑，而詹天佑却很谦虚地说："这是京张铁路1万多员工的力量，不是我个人的功劳，光荣应该是属于大家的。"

就这样，在詹天佑的领导下，中国建成了第一条由中国人自己修建的铁路。后来，他又担任了川汉铁路、粤汉铁路的总工程师。全国人民崇敬这位为中国铁路事业作出杰出贡献的工程师；在青龙桥车站兴建他的铜像，正是为了永久地纪念他。

# 70. 电影和缝纫机——卢米埃尔兄弟

奥古斯特·卢米埃尔（1862—1954）  路易·卢米埃尔（1864—1948）

卢米埃尔兄弟是电影发明家。弟弟路易·卢米埃尔，是法国企业主和化学家，早期电影制作者。原随父经营照相材料工业。后与其兄奥古斯特·卢米埃尔合作，吸收并发展了当时社会的研究发明成果，创制出"活动电影机"，拍摄短片多种，于 1895 年 12 月 28 日在巴黎"大咖啡馆"首次公开售票放映，获得了成功。电影史家认为这就是世界上正式放映电影的开端，甚至有人称之为电影的诞生日。

好奇怪的标题呀：电影和缝纫机！

电影和缝纫机，风马牛不相及，怎么把它们扯在一起？

说来有趣，电影的发明，竟然跟缝纫机大有关系哩！

电影不是一个人发明的，它是名副其实的"集体创作"。据统计，大约有一百来个人曾对电影的发明起了很大作用，其中有二十来个人对电影的发明作出过重大贡献。这是因为电影技术是综合性技术，没有各方面的专家通力合作，是不可能发明的。

到了1894年夏天，经过许许多多人的努力，电影已是成熟的胎儿，即将诞生。然而，这时有一个关键问题，还没有得到解决。

原来，放映电影时，影片并不能像传送带那样不停地经过放映机的片门，而应是一动、一停，一动、一停地经过片门。这是因为，如果让影片不停地经过片门，那么在银幕上就什么都看不清楚；只有让影片做一动、一停地间歇运动，即在影片运动的时候用遮片遮住片门，当影片不动的时候打开片门，影像才能清晰地射到银幕上去。

电影的放映速度是每秒钟24张画面（指有声电影）。也就是说，必须在每秒钟内使影片在经过片门时动24次，停24次。

这是一个相当复杂的问题。许多人感到束手无策，就连美国的大发明家爱迪生也没有办法解决这一难题。

这道难题是谁解决的呢？是法国科学家卢米埃尔兄弟——哥哥奥古斯特·卢米埃尔、弟弟路易·卢米埃尔。更确切地说，其中的关键问题主要是路易解决的。

路易是个爱动脑筋的年轻人，当时只有30岁。正当他哥哥奥古斯特搞了一个又一个设计方案都失败了时，路易也在夜以继日地工作。不过，路易的思路很广，常常能触类旁通，做出许多发明。

一天深夜，路易放下手头的设计图，摆弄起缝纫机来。这是因为他联想到，用缝纫机缝衣服时，衣料不正是在做一动、一停的间歇运动吗！当缝纫机针插进布里时，衣料不动；当缝纫针缝好一针，向上收起时，衣料就向前挪了一下。然后又是停——动——停——动……

奥古斯特曾在一篇回忆录中，记述了当时的情景：

"在1894年末的时候，有一天早晨我到我弟弟的房间里去，当时他正有点不舒服，躺在床上休息。

"他告诉我说他因为睡不着，在夜深人静时想出了为达到放映的目的应具备的条件，并已设计了一种能满足这些条件的机械。

"他给我解释说，问题在于把一个作用类似缝纫机上的压脚那样的机械所产生的运动，来拉动片带；当这个牵引机件再次上升的时候，尖爪便在下端退出洞孔，而使片带静止不动。

"这对我说来，实在是一个莫大的启示。我立即就了解到，我只能放弃我所设计的靠不住的方法。我的弟弟在一个夜晚就发明了活动电影机。"

就这样，普普通通的缝纫机，帮助科学家解决了电影机械中的难题，使电影终于在1895年正式诞生。

别瞧不起你周围许许多多像缝纫机那样普普通通的东西。留心周围的一切，它们会给你有益的启示！

# 71. 飞机兄弟——莱特兄弟

威伯·莱特（1867—1912） 奥维尔·莱特（1871—1948）

　　莱特兄弟，美国飞机发明家。19 世纪末开始研究飞行器，通过一个简单的小型风洞进行试验，并和其他人进行了近千次的滑翔飞行。1903 年，设计、制造成用内燃机作动力的有人驾驶飞机。同年 12 月 17 日，试飞成功，飞行时间达 59 秒，飞行距离达 260 米。

1896 年 8 月 9 日，德国滑翔机专家奥托·利伦撒尔像往日一样，驾驶着滑翔机在空中飞行。这时候，忽然刮起一阵狂风，滑翔机猛地从将近 20 米高的地方摔了下来。利伦撒尔摔伤了。

想不到，在第二天，利伦撒尔便去世了。

利伦撒尔从 1891 年起，就非常投入地研究滑翔机。在 6 年时间里，利伦撒尔进行了 2000 多次飞行。他曾把自己的研究结果，写成了一本有名的专著《鸟类飞行——航空的基础》。

当时，许多人在试制飞机。他们都跃跃欲试，向往征服天空。听到富有滑翔经验的利伦撒尔死于非命的消息，人们非常震惊，有些人退缩了，"飞行热"顿时冷下来了。

可是，美国俄亥俄州代顿城的两个修理自行车的青年工人从报上获知这一消息以后，却决心继承利伦撒尔的遗业，献身于航空学。

这两位自行车修理工是亲兄弟，相差 4 岁。哥哥叫威伯·莱特，弟弟叫奥维尔·莱特。

早在童年时代，他们就向往蓝天。

1878 年，威伯·莱特 11 岁，奥维尔·莱特 7 岁。他们的父亲给他们买了一架玩具直升机。这架直升机顶上有一副螺旋桨，转紧橡皮筋，螺旋桨就会转动起来，飞机模型就会飞起来。这件玩具使莱特兄弟入了迷。他们真想长大以后做架大飞机，飞上天空。可是，那时的人们认为，人是没有办法飞上天空的。

莱特兄弟常常躺在地上，观看着天上翱翔的老鹰。他们真羡慕老鹰，它们多么自由、惬意呀。如果他们也能长上翅膀，在蓝天中飞翔，那会多幸福！

自从利伦撒尔失事之后，他们想方设法借到了利伦撒尔的著作。他们看不懂德文，就自学德文。他们那修理自行车的车行，变成了试制飞机的实验工厂。

莱特兄弟学习了利伦撒尔写的著作，利伦撒尔的一句名言深深印在他们的心坎："谁要飞行，谁就得模仿鸟。"

莱特兄弟模仿鸟，制成了一架滑翔机。1900 年，威伯·莱特坐上滑翔机，在空中飞了一会儿。

然而，滑翔机只能像风筝一样，依靠风力飞行，不能长时间在空中翱翔。

于是，莱特兄弟开始着手制造动力飞机。他们用一台 12 马力的汽油内燃机做动力，装上螺旋桨。他们改进了翅膀，装上襟翼，制成双翼飞机，用襟翼控制升降、转弯。莱特兄弟把这架飞机叫作"飞行号"，然而，不少人见了直摇头，把它称为"破鸡笼"。

1903 年 12 月 17 日上午 10 时 35 分，奥维尔·莱特驾驶着"飞行号"离开地面做第一次飞行，在空中飞行了 12 秒，飞行距离为 36.5 米。这是人类历史上动力飞机的第一次飞行。尽管"飞行号"在空中摇摇晃晃，像刚刚学步的婴儿步履不稳，但威伯·莱特高兴地说："人类飞行的时代终于来临了！"

在这一天，莱特兄弟轮流驾驶"飞行号"，飞行了 4 次。第 4 次飞行时，"飞行号"在空中飞行了 59 秒，飞行距离为 260 米。

此后，莱特兄弟不断改进飞机，进行了 160 次飞行，最长的一次在空中飞行了 38 分钟！

这两位自行车修理工，终于成了飞机的发明者。人们称他们为"飞机兄弟"。

兄弟俩在工作中非常齐心，朝着共同的目标使劲。威伯·莱特曾说过："奥维尔和我一起生活，共同工作，我们有着共同的思想，就好像是一个人一样。"

莱特兄弟在荣誉面前非常谦逊。当人们要求他们发表演说的时候，威伯·莱特只说了一句寓意深刻的话：

"我知道只有一种鸟——鹦鹉，能说会道，但是它却不能高飞！"

# 72. 镭的母亲——居里和居里夫人

居 里 (1859—1906)

　　法国物理学家。早期的主要贡献为确定磁性物质的转变温度（居里点），创建居里定律和发现晶体的压电现象。后来与居里夫人共同研究放射性现象，发现钋和镭两种天然放射性元素。1903 年，与贝克勒尔、居里夫人共同获得诺贝尔物理学奖。

居里夫人 (1867—1934)

　　法国物理学家、化学家。原籍波兰，姓斯可罗多夫斯卡。1891 年去巴黎大学学习。1895 年与居里结婚。他们共同就贝克勒尔在当时首先发现的放射性现象进行研究，先后发现钋和镭两种天然放射性元素。1906 年居里逝世后，她继续研究放射性，获得成就。1911 年，又获诺贝尔化学奖。著有《放射性通论》《放射性物质的研究》等。

世界上许多著名的科学家，以自己一生中能获得一次诺贝尔奖而感到莫大的荣幸。然而，居里夫人却两次获得了诺贝尔奖。在女科学家中，居里夫人更是独一无二的两次诺贝尔奖获得者。

居里夫人本名叫玛丽·斯可罗多夫斯卡，1867年11月7日出生于波兰华沙。当时，波兰在沙皇俄国统治之下，妇女是很难有机会受到高等教育的。玛丽生长在一个中学物理教师的家庭，从小热爱科学，但是没有机会得到深造。

由于生活困难，玛丽从17岁起便给别人当家庭教师。她把得来的工资寄给姐姐，帮助姐姐到巴黎医学院读书；而等姐姐毕业之后，再回过头来帮助玛丽，使她也能到巴黎深造。玛丽在给姐姐的信中，这样写道："我们的生活都不容易，但是那有什么关系？我们必须有恒心，尤其要有自信心！我们必须相信我们的天赋是要用来做某种事情的，无论代价多么大，这种事情必须做到。"

6年之后，玛丽用自己教书所得的一点积蓄，加上姐姐的帮助，终于来到巴黎求学。

这时，她的生活极为清苦。她租了六楼的一间小阁楼，夏天又闷又热，严冬时冷得连脸盆里的水都冻成了冰。为了节省灯油，玛丽在晚上到附近的一个图书馆看书，一直到图书馆关门了才回到小房间里，点起油灯，一直攻读到凌晨两三点钟。冬天，她把所有的衣服都盖在身上，仍不足以御寒。

由于生活异常艰苦，加上睡眠很少，玛丽的身体变得越来越差。有一次，她晕倒了。同学们了解后才知道玛丽那天只吃了一小把萝卜和半磅樱桃，夜里只睡了4个小时！

玛丽的学业优秀，特别是在物理和化学方面，并打下了非常扎实的基础。1893年，她毕业于巴黎大学物理系，成绩名列全班第一，获得了物理学硕士学位。第二年，她又在数学系毕业，名列全班第二，获得了数学硕士学位。

毕业之后，玛丽本想回到波兰工作，然而由于她结识了法国青年物理学家皮埃尔·居里，两人结婚后便留在法国了。

当时，贝克勒尔第一次发现了具有放射性的元素——铀。这件事引起居里夫妇很大的兴趣。他们决定沿着贝克勒尔的足迹，继续探幽索微。

这两位科学家不久就发现一种奇怪的现象：某种沥青矿具有比铀矿更强的放射性。他们推测，在这种沥青矿中一定藏有一种比铀的放射性更强的新元素，并向法国科学院报告了自己的新发现。

然而，法国科学院的许多科学家却对他们的看法表示怀疑，说道："你们先把这种元素拿给我们看，我们才能相信。"

于是，这对夫妇开始了提取新元素的艰巨工作。他们一再向校长请求，希望能分到一间实验室。

校长一拖再拖，最后只分给一间原来做贮藏室的房子，阴暗潮湿，没有地板，下雨时还漏雨。夏天，热得像蒸笼；冬天，冷得冻僵手脚。他们就在这样简陋的实验室里，工作了4年多。居里夫人啃着干面包坚持工作。她生了女儿伊伦，但她几乎没有时间照料女儿，以至于不得不带着伊伦在实验室里喂奶。居里夫人兼做着科学家、工人和母亲的工作。

新元素在沥青矿中的含量极少。居里夫妇用了800吨水、200吨化学药品，从400吨沥青矿物中，才提炼到1克新元素的化合物！他们发现了两种新元素——"镭"和"钋"。他们把新元素命名为镭，原意是"射线"；而"钋"的原意即波兰，是用来纪念居里夫人的祖国。

居里夫妇发现两种新元素后，震惊了世界科学界。1903年，居里夫人获得了博士学位。也就在这一年，居里夫妇荣获了诺贝尔物理学奖。

不幸的是，居里在1906年被一辆马车撞死了。这一沉重的打击，使居里夫人陷入深深的哀痛、孤寂之中。然而，居里夫人并没有被痛苦所打倒，而是以惊人的毅力一个人做着两个人的工作，继续向科学顶峰挺进，终于在1910年提炼出世界上第一块纯净的金属镭，写出了共有1000多页的科学名著《放射性通论》。

1911年，居里夫人再度荣获诺贝尔奖。她，被人们誉为"镭的母亲"。

居里夫人除了 2 次获得诺贝尔奖以外，还 8 次获得其他科学奖，获得各国科学奖章 16 枚，获得了 25 个国家的荣誉头衔 100 多个。她是法国科学院第一位女院士。

居里夫人在科学上的贡献值得敬佩。更可贵的是，她具有高尚的人格。

居里夫人一生获得那么多科学奖金，对于金钱，她说过这样的话："贫穷固然不大好受，但是富裕却也没有必要，甚至是很讨厌的。"

居里夫人发现镭之后，并没有去申请专利权，而是毫无保留地把提炼方法公之于众。她说："镭是一种元素，它属于人民所有，任何人不能拿它来发财致富。"

居里夫人出名之后，记者们蜂拥而来。她却没有为名誉所陶醉，而是异常冷静地劝告记者："在科学上，我们应该注意事，不应该注意人。"

正因为这样，爱因斯坦说："在所有的著名人物中，居里夫人是唯一不为荣誉所累的人。"

居里夫人终生劳累，日夜苦干，但稍有空余时间，也会注意休息。据人们统计，她在一年里，大约有七八个晚上是在音乐会或者剧场中度过的。她爱骑自行车，喜欢游泳。晚年，她仍去深水中游泳。居里夫人与爱因斯坦有着深厚的友谊。有一次，居里夫人病愈，带着两个女儿，同爱因斯坦和他的儿子，一起到瑞士东部的昂加地纳爬山旅行。

居里夫人由于长期与放射性元素接触，被放射性射线损害了健康。晚年，她患恶性贫血。她身为"镭的母亲"，而她的生命却被镭所夺去！

1934 年 7 月 4 日，居里夫人逝世，终年 67 岁。在临死前，她还在做实验，人们劝她休息，她却说："我的生活是不能离开实验室的。"

# 73. 桃李满天下——卢瑟福

### 卢瑟福（1871—1937）

英国物理学家，出生于新西兰，长期在英国工作。研究原子结构和放射性现象有重要成就。1899 年发现放射性辐射中的两种成分，并由他命名为"α 射线"和"β 射线"；接着又发现新的放射性元素钍。1902 年与英国化学家索迪一起提出原子自然蜕变理论。由于上述贡献，于 1908 年获诺贝尔化学奖。1911 年发现原子核的存在，并提出原子结构行星模型。1919 年用 α 粒子轰击氮原子核，获得氧的同位素，第一次实现了元素的人工嬗变。

英国著名物理学家卢瑟福，是 1908 年度诺贝尔化学奖的获得者。他在核物理学和化学方面，作出了巨大的贡献。

然而，卢瑟福的功绩还远不止于此。当人们评论卢瑟福的成就时，总是要提到他"桃李满天下"。在卢瑟福的悉心培养下，他的学生和助手中，有多人获得诺贝尔奖：

1921 年，卢瑟福的助手索迪获诺贝尔化学奖；

1922 年，卢瑟福的学生阿斯顿获诺贝尔化学奖；

1922 年，卢瑟福的学生玻尔获诺贝尔物理学奖；

1927 年，卢瑟福的助手威尔逊获诺贝尔物理学奖；

1935 年，卢瑟福的学生查德威克获诺贝尔物理学奖；

1948 年，卢瑟福的助手布莱克特获诺贝尔物理学奖；

1951 年，卢瑟福的学生科克拉夫特和瓦耳顿，共同获得诺贝尔物理学奖；

1978 年，卢瑟福的学生卡皮茨获诺贝尔物理学奖。

有人说，如果世界上设立了培养人才的诺贝尔奖的话，那么卢瑟福是第一号候选人！

1871 年，卢瑟福出生在新西兰一个小村庄——泉林村，他的父亲是一位加工亚麻的工人。

小时候，卢瑟福很喜欢做各种科学小实验。就连家里的钟坏了，他也要自己动手修理。长大以后，他几乎整天在实验室中度过。他曾这样说过："整天坐在书斋里，只凭书本上的现成公式来研究科学问题（除非这些公式与实验室里的实验完全相符）是一种非常危险的消遣，它必然要导致错误和疏忽，而这种错误和疏忽往往会使正在建立的理论变成荒谬可笑的无稽之谈。"

卢瑟福在中学毕业后，考入新西兰的坎特伯雷学院。大学毕业后，来到英国剑桥大学开文迪许实验室工作。

在贝克勒尔发现铀的放射现象之后，卢瑟福立即着手深入研究。他与居里夫妇正好是"兵分两路"：卢瑟福着重研究射线的性质，居里夫妇探索具有放射性的新元素。他们都作出了贡献。

卢瑟福把放射性射线放在一个很强的磁场中，他发现射线分解了，按照三种不同的方向前进：一种是偏转了，叫作 α 射线，它是带正电的高速粒子（即氦核）流；另一种朝相反方向偏转，叫作 β 射线，它是高速的电子流，带负电；第三种是笔直前进，不偏转，叫作 γ 射线，是一种光子流。

卢瑟福的这一重大发现，引起了世界科学界的注意。

接着，卢瑟福不迷信权威，否定了著名英国核物理学家汤姆逊关于原子的假说，提出了新的原子模型理论，为原子核物理的发展奠定了基础。

正因为这样，卢瑟福获得了诺贝尔奖。

卢瑟福很注重培养人才，他"永不放一个人于不中用的研究项目上"，使学生们的专长得到充分发挥。他常与学生一起交谈，虚心听取学生的意见。比如，他的学生玻尔对他的原子模型理论提出了不同的看法，卢瑟福非常高兴，并帮助他进一步研究，还把他的论文推荐到《哲学杂志》发表。后来，玻尔深受卢瑟福的影响，也很注重培养人才。在玻尔的学生中，也有多人获得了诺贝尔奖。

1939 年 10 月 19 日，卢瑟福逝世于英国剑桥医院，终年 66 岁。

# 74. 戴草帽的博士——爱因斯坦

## 爱因斯坦（1879—1955）

物理学家。生于德国，1933 年因受纳粹政权迫害，移居美国。在物理学的许多领域中都有重要贡献。1905 年建立了狭义相对论；1916 年在此基础上推广为广义相对论。他还提出了光的量子概念，并用量子理论诠释了光电效应、辐射过程和固体比热，发展了量子统计。后致力于相对论"统一场论"的建立。因理论物理学方面的贡献，特别是发现光电效应定律，于 1921 年获诺贝尔物理学奖。

1909年7月7日，瑞士的日内瓦大学热闹非凡，因为这所大学建校350周年的日子来临了。人们都纷纷传说，瑞士联邦委员会主席德伊歇尔要到这里来，亲自给上百个科学家授予博士帽。

不巧，那天哗哗下起了大雨。在大雨之中，那些显要人物坐着马车，穿着笔挺的燕尾服或者绣金长袍，头戴平顶丝帽，络绎而来。

这时，在雨中来了一个人，穿着一身很普通的衣服，头戴大草帽，步行到日内瓦大学。看门人不肯放他进去，直到看了请柬，才明白站在面前的是著名的爱因斯坦。

原来，爱因斯坦也收到请柬，来参加这次盛会，并接受日内瓦大学颁发给他的荣誉博士学位。

在颁发学位证书和博士帽时，第一个被喊到名字的，便是爱因斯坦。大家见了他这副模样，都笑了。从此，爱因斯坦获得了一个雅号：戴草帽的博士。

1879年3月14日，爱因斯坦出生在德国西南部的古城乌尔姆。他的父亲是电器作坊的小业主，一家人是犹太人。

小时候，爱因斯坦就对大自然产生了浓厚的兴趣。他常常托着下巴想："雨为什么会从天上掉下来？月亮为什么不会从天上掉下来？"在他四五岁的时候，父亲给他一个罗盘，他觉得指南针奇异的脾气真是有趣极了。

在12岁的时候，爱因斯坦得到一本欧几里得的《几何原本》。书中说，三角形的三个高相交于一点。爱因斯坦经过反复求证，果真那三个高相交于一点，他开始对数学产生了兴趣。从12岁到16岁，爱因斯坦认真学习数学，弄懂了微积分原理。

17岁时，爱因斯坦考入瑞士苏黎世联邦理工学院。21岁毕业后，成为中学教师。后来，他到瑞士联邦专利局当专利审查员。

专利审查员的工作对于他来说很轻松，爱因斯坦每天花三四个小时，有时只用一个小时，就把一天的工作全部做完了。可是专利局规定工作人员不许随便走开，也不允许做别的工作。爱因斯坦很不习惯，他想出了一个办法：把书放在抽屉里看。一旦局长走过来，他把肚子朝前一挺，推上抽屉，局长就无法发觉了。他还不断进行计算，把算出的结果塞进抽屉里。

由于爱因斯坦珍惜分分秒秒，刻苦努力，终于在他26岁时——1905年，发表了著名论文《论动体的电动力学》，建立了狭义相对论。接着，他又花了11年的时间继续努力，于1916年发表了《广义相对论的基础》，进一步建立了广义相对论。

爱因斯坦在创立广义相对论时，工作处于高度紧张的状态。他的夫人后来回忆道："他回到楼上的书房里，让我不要打扰他。他在里面待了两个星期。我每天上楼给他送饭，傍晚时他下来散步片刻，又回到书房里工作。后来，他终于从书房里下来了，脸色很苍白。他对我说：'就是这个。'疲惫不堪地把这两张纸放在桌上，那就是他的相对论。"

爱因斯坦非常珍惜时间。他曾对青年人说："等你们60岁的时候，你们就会珍惜能由你们支配的每一个钟头了！"

然而，爱因斯坦也很注意合理的休息。他的写字桌旁放有一架钢琴，屋角装有一台铜制的望远镜。他觉得用脑过度时，就弹一会儿钢琴，或用望远镜观察星空。爱因斯坦常用钢琴弹贝多芬或巴赫的曲子。爱因斯坦从6岁起就学习拉小提琴，13岁时就会拉一手好琴。爱因斯坦还喜欢唱《花园小夜曲》，或者朗读诗人海涅的作品《哈茨山旅行记》。他也很喜欢骑自行车、爬山、划船。

爱因斯坦在科学上建立了丰功伟绩，被人们誉为"20世纪的科学巨匠"。然而爱因斯坦十分谦虚。在他50岁生日的时候，世界各国都欢迎他去参加特地为他举行的祝寿仪式，各种各样的贺信雪片般飞来。可是在生日那天，爱因斯坦不见了。人们后来才知道，他躲到柏林郊区一个僻静的地方去了。只有一个机灵的记者发现了他，结果也被爱因斯坦赶走了。

有一位画家画了一张爱因斯坦的肖像。爱因斯坦见了，叮嘱他道："你千万不能忘记，无论如何，这张画像不能登在报上。那是需要做广告的艺人们的事情，在我，则是用不着的。"

1920 年，一位女士为了庆贺自己的生日，买了一张爱因斯坦的画像，然后到爱因斯坦家中，请他题词。爱因斯坦思索了一下，这一次破例写了如下的诗：

> 无论我走到哪里，站到哪里，
> 我总是看见眼前有一张我的画像。
> 在写字台上，在墙壁上，
> 在脖子周围，在黑色的丝带上……
> 男男女女怀着钦佩的神情，
> 去索取一个签名留念。
> 每人从一个被敬重的人那里，
> 得到几个潦潦草草的字。
> 有时我好像感到无比幸福，
> 但在那清醒的瞬间，我却想：
> 是否自己发了疯？
> 还是变成一头蠢牛？

还有一次，他的儿子问他："爸爸，你究竟为什么有名？"爱因斯坦爽朗地大笑起来，说了一句意义非常深刻的话："你瞧，一个盲目的甲壳虫在一个球面上爬行，它意识不到它走过的路是弯的。幸而我能意识到。"

还有一次，有人在会议上当面吹捧爱因斯坦，竟然达到令人肉麻的程度。爱因斯坦再也无法忍耐，忽地站了起来，大声地对大家说："谢谢你们给我说了那么多好话。如果我相信了这些话是真的，那我该是一个疯子。因为我明明知道我不是一个疯子，所以我不相信。"

爱因斯坦在生活上很随便。当比利时国王和王后邀请他去做客时，爱因斯坦穿了一双旧皮鞋，披了一件破雨衣就去了。到火车站去迎接的人没有认出他，回来向国王报告说"教授没有来。"过了半个小时，爱因斯坦步行来到王宫。那人见了，才知道爱因斯坦的穿着像普通人一样，一点也不像自己所想象的教授样子。

爱因斯坦在去世前几天，还在改写关于统一场论的著作。临死前，他对陪伴的亲人说："我在这里做我的事，你好好地去睡吧……"

1955 年 4 月 18 日，爱因斯坦于美国普林斯顿去世，享年 76 岁。

他留下遗嘱：不发讣告，不举行公开葬礼，不建坟墓，不立纪念碑。

# 75. 偶然，也不偶然——弗莱明

**弗莱明（1881—1955）**

　　英国细菌学家。青霉素的发现者。曾任伦敦大学细菌学教授和瑞特—弗莱明研究所所长。1922 年发现溶菌酶。1928 年发现青霉素。与英国病理学家弗洛里、德国生物化学家钱恩共获 1945 年诺贝尔生理学或医学奖。著有《青霉素——它的实际应用》等。

1943 年春天，花儿在浓烈的硝烟中绽放，第二次世界大战正在激烈地进行。

这时，在美国的柏西乃尔医院里，人们送来了许多伤兵。其中有 19 名伤兵伤口严重化脓，发高烧，生命危在旦夕。往常，护士们一看到这些伤兵，总是赶紧拿来纸和笔，让他们在死去之前，给亲人们留下几句话。

然而，这一次，护士们却没有这样做，而是拿来了一种淡黄色的粉末，把它溶解在蒸馏水里，然后注射到伤兵身体中。接着，奇迹出现了：12 名伤口化脓的伤兵退烧了，神志清楚了。不久，便痊愈出院了。

这样一来，那淡黄色的粉末，引起了人们的普遍注意。后来，人们不断改进制造、提纯的方法，制得了大批白色的粉末。

这种奇妙的粉末，叫作青霉素。

1945 年，青霉素的发现者——英国细菌学家弗莱明，与他的合作者——钱恩和弗洛里，荣获诺贝尔生理学或医学奖。

说起来，弗莱明发现青霉素，有点偶然。那是在 1928 年，弗莱明在英国圣玛丽学院担任细菌学讲师。当时，他正在起劲地研究对付葡萄球菌的办法。人们受伤后伤口化脓，原因之一便是葡萄球菌在"捣蛋"。

弗莱明在一只只培养皿里倒入用琼脂做成的营养丰富的培养剂，培养出葡萄球菌。然后，再尝试用各种药剂消灭葡萄球菌。弗莱明已经花费了几年的时间研究消灭葡萄球菌的方法，但一无所获。

1928 年秋天，有一次，弗莱明发现，有一只培养皿不知怎么搞的，培养剂发霉了，长出了一团青绿色的霉花。弗莱明没有急于把这发霉的培养液倒掉，而是拿显微镜仔细观察，结果发现了一桩出乎意料的事：在霉斑附近，葡萄球菌死了！

弗莱明激动地在实验记录本上写下这样的话："我对这种现象详细观察，感到十分有兴趣，细菌培养皿里的情况竟使我不能控制这一天所应做的工作。"

弗莱明想，这些葡萄球菌会不会是霉菌杀死的呢？于是，这位细心的科学家特地大量培养霉菌，把培养液过滤，滴到葡萄球菌中去。结果，葡萄球菌在几小时内全部死亡！弗莱明把滤液冲稀 800 倍，再滴到葡萄球菌中，发现它依然能杀死葡萄球菌。

弗莱明进一步深入研究，查明原来是霉菌能分泌出一种杀菌的物质。1929 年 6 月，弗莱明把自己的发现写成论文，发表在英国的《实验病理学》杂志上。他指出："事实表明——有一种盘尼西林霉菌分泌了有非常强大杀菌能力的物质。它不仅能杀死葡萄球菌，而且还能杀死链状球菌等许多病菌。"

不久，弗莱明把霉菌培养液中浸渍过的绷带包扎在病人化脓的伤口上，结果伤口迅速地愈合了。

照理来说，弗莱明的发现可以马上应用到医学上去，可是，霉菌培养中所含的这种杀菌物质太少了，很难提取。如果直接把培养液注射到人体中，一次要注射几千毫升，这怎么行呢！于是，人们在这一科学难关前停滞了下来。

1935 年，钱恩和弗洛里参加了战斗。他们把青霉素分离、纯化。为了寻找最合适的青霉素，美国曾动员许多人四处寻找，最后选中了一位名叫玛丽的姑娘从烂甜瓜上采集到的青霉素。

自从发现和提取出了青霉素之后，人类获得了战胜疾病的有力武器。据统计，当时每年有将近 2000 万人患肺炎。给这些肺炎病人注射青霉素之后，他们很快就康复了。另外，用青霉素还能治好传染性脑膜炎、白喉、猩红热等疾病。

有人把弗莱明发现青霉素归结为偶然。的确，这一发现有它的偶然性，但这是与弗莱明历来的认真、细致的工作态度分不开的。所以，弗莱明发现青霉素，说偶然，也不偶然。

1955 年，弗莱明逝世，终年 74 岁。

# 76. 中国的莱特——冯如

冯　如（1883—1912）

中国飞机设计师。广东恩平人。是第一个自己设计、制造飞机的中国人。

1912年8月25日中午，广州附近的燕塘人山人海。人们仰首观看一架双翼飞机从碧空中掠过。

那时候，绝大多数的人还没有看见过飞机呢！大家听说这架飞机是一个名叫冯如的中国青年造的，现在正是他自己在驾驶飞机，就更加高兴了。

突然，飞机左右摇晃，朝下栽去。"轰"的一声，飞机从两三百米高的空中摔到地上。

人们朝飞机奔去，一个青年人倒在血泊里。

他临死的时候，留下了这样的话：

"要飞行，难免会有牺牲的。你们要继续飞行！"

他闭上了眼睛，年仅29岁！

他就是冯如，是广东恩平人，1883年出生在一个农民的家庭。

疾病和贫穷是双生子。由于家贫如洗，冯如的四个哥哥在贫病交加之中一个个离开了人世。

冯如12岁的时候，有一位亲戚要到美国去。冯如就随他去了美国，到那里去求条活路。

美国是富人的天堂，而穷人则过着饥寒交迫的生活。冯如小小年纪，在那里充当旧金山耶稣会的小杂工。就这样，他度过了他的少年时代。

后来，冯如来到纽约的一家工厂当工人。在工厂里，他深深爱上了各种机器。他在修理和制造机器的过程中，弄懂了许多机械原理。

1903年年底，冯如从报纸上看到了莱特兄弟制造飞机成功的消息，立即被这一新发明吸引住了。飞机，这是多么诱人的发明：有了它，人类就能展翅翱翔；有了它，人类就能征服碧空。

冯如想，美国人能制造飞机，我们中国人也能制造飞机。我们的祖国，是多么需要飞机啊！

冯如于1906年回到旧金山，在华侨们的热情资助下，开始研究制造飞机。他查阅了许多关于飞机原理的著作，然后着手试制飞机模型，有了经验之后，才正式试制飞机。

好事多磨。冯如正在如痴如醉地研制飞机的时候，工厂不慎失火，把冯如制造飞机的材料都烧掉了。冯如不灰心，又去请华侨们帮助，终于在1909年制成一架飞机。然而，这架飞机在试飞时出了事故，摔坏了！冯如只好第三次请别人给予资助。

冯如从事故中吸取教训，不断改进飞机的设计。1910年，冯如终于制成了一架飞机。他的理想实现了：驾驶着中国人自己设计、制造的飞机，飞上了天空。

冯如，成了中国的"莱特"！

正在这时，孙中山访问美国。孙中山听说中国人制成了飞机，很感兴趣，亲自观看了冯如的表演。当冯如从空中回来、走下飞机时，孙中山非常高兴地紧握着他的手，说道："爱国救国的大有人在！"

在孙中山的鼓励下，冯如怀着一颗爱国的赤心，于1911年带着两架自己制造的飞机回国。他说："我要把飞机献给祖国。"

不幸的是，冯如回国后，由于他的飞机没有得到经常使用，以致部分机件生锈了，因此在1912年的那次飞机表演中出了事故，冯如献出了年轻的生命。

冯如没有受过正规的教育，靠着刻苦自学，他从一个穷孩子成长为中国的第一个飞机设计师和飞行家。他那热爱祖国、献身科学的精神，是值得我们永远学习的。

# 77. 珍爱石头的人——李四光

## 李四光（1889—1971）

中国地质学家。地质力学的创始人。原名李仲揆，湖北黄冈人。中华人民共和国成立前一直从事古生物学、冰川学以及地质力学的研究和教学工作。中华人民共和国成立后曾任地质部部长、中国科学院副院长等职。他在科学上最重要的贡献，是运用力学观点研究地壳运动的现象，探索地壳运动与矿产分布的规律，创立了地质力学。主要著作有《地质力学概论》《中国地质学》《地震地质》等。

一提起珍贵的石头，人们马上就会想到金刚石、翡翠、白玉、玛瑙……

然而，也有人珍爱一些普普通通、毫不起眼的小石头。中国著名的地质学家李四光，就是这样的一个人。

一次，广西大学请李四光做学术报告。李四光一边讲，一边拿出一只小木盒，让听讲的人传看。那小木盒里垫着棉花，棉花上放着一块小小的石头。

没料到，报告结束时，从听众中传回来的小木盒竟是空的，那块小石头不翼而飞了！

李四光焦急地向大家询问小石头的下落，可是谁也没有吭声。

回到家里，李四光对着空木盒发愣，连晚饭都没吃好。他连声对妻子许淑彬说："我真后悔，不该把那块小石头带去。"

广西大学领导得知李四光对那块小石头如此珍爱，深感不安。有人建议贴一张寻找小石头的布告，或许还能把那块小石头找回来。他们决定试一试。

于是，广西大学贴出了这样一张奇特的"寻物启事"：

"李四光先生来本校做学术讲演，深受全体师生欢迎。李先生带来的一小块小砾石，只在学术研究上有价值，在使用上没有价值，因而也没有经济价值。为了不使李先生的研究工作受到影响，希望拿走那块小石头的同学，立即放到相思洞旁边的石级上。"

两天后，果真有人把失物放在指定的石级上，广西大学当即派人送还给李四光。

李四光抚摸着失而复得的小石头，无限欣喜。从此，他吸取教训，这块小石头只让人当面观看，再也不让人拿走了。

那块小石头，既非金刚石、翡翠，也非白玉、玛瑙，只不过是一块小砾石罢了。李四光为什么那样珍爱呢？

原来，这块小砾石是李四光的学生张更在雁山村考察时采到交给李四光的。这块小石头不到 3 厘米长，紫红色，弯曲成 90°，具有非常奇特的形状。它既是研究冰川时期的重要遗物，也可以说明岩石具有可塑性。他看重小石头的研究价值，爱不释手，还给这块小石头起了名字，叫作"马鞍石"。

李四光从不同角度给小石头拍了照片，写了文章《一块弯曲的砾石》。文章和照片登载在 1946 年的英国《自然》杂志上。

李四光外出考察，总是带回各种各样的石头。他珍爱这些石头，是因为这些都是科学研究的宝贵资料。有一次，他的夫人许淑彬在家中腌咸菜，拿了一块岩石标本压咸菜。咸菜腌好了，她把岩石标本扔在一边，结果弄丢了。李四光遍找无着，心中惆怅至极。李四光对这些石头的珍爱之情，生动地体现了他对科学的热爱之心。

李四光原名李仲揆，1889 年 10 月 26 日出生于湖北黄冈。他的父亲李卓侯是个穷秀才，靠教私塾糊口。

李四光这名字的由来，也很有趣：14 岁时，他因学业优秀，被保送到日本学习。在填出国护照时，把年龄"十四"错写在姓名栏里。如果重新换一张空白表格，得花钱买。李四光急中生智，把"十"字加上几笔，写成"李"字。于是，姓名变成"张三李四"那"李四"了。他觉得不好听，又加了个"光"字，表示"四面光明"。从此，他就改名为"李四光"了。

李四光长期在野外考察。练就了一身硬功夫——他每跨一步正好是 85 厘米。这样，在野外就用不着带皮尺，只要数一下多少步，便可算出距离。

# 78. 逝世前的科学记录——竺可桢

### 竺可桢（1890—1974）

中国气象学、地理学家。中国现代气象事业创始者。浙江绍兴人。曾任中国科学院副院长、中华全国科技协会副主席、中国气象学会名誉理事长、中国地理学会理事长等职。对中国近代气象学和地理学的建立和发展作出了贡献。他在研究中国气候的形成、特点、区划以及变迁方面，在研究物候学和自然科学史方面著有论文多篇，并重视和带头参加科学普及工作。著有《竺可桢全集》。

1974 年 2 月 6 日清晨 6 点，北京还没有破晓，寒气袭人。一位 84 岁高龄的老人用颤抖的手拧开半导体收音机的旋钮，仔细倾听着天气预报。然后支撑着从病床上坐起来，戴上眼镜，借着台灯的光，哆哆嗦嗦地在笔记本上写下一行小字：

"气温最高-1℃，最低-7℃，东风一至二级，晴转多云。"

写完之后，老人正想把笔记本合上，忽然记起一件要紧的事，又连忙戴上眼镜，在刚才那行小字下面，注上两个字：

"局报。"

这是老人留下的最后一篇科学记录。第二天，他就与世长辞了。

这位老人是谁呢？他就是我国著名气象学家和地理学家竺可桢。

竺可桢为什么在记录了天气预报之后，又加了"局报"两字呢？原来，这"局报"就是指"气象局预报"的意思。平时，竺可桢并不记录天气预报。他总是随身带着一个温度计，每天清晨，他把温度计放在院子里，然后开始做早操，做好操以后再把温度记下来。他几十年如一日，风雨无阻，从不间断。只有在他病得不能起床时，才根据天气预报做记录。

打开竺可桢的笔记本，里面记录的项目可多啦：

"3 月 12 日，北海冰融。"

"3 月 29 日，山桃始花。"

"4 月 4 日，杏树始花。"

"4 月 15 日，紫丁香始花。"

"4 月 20 日，燕始见。"

"5 月 1 日，柳絮飞。"

"5 月 23 日，布谷鸟初鸣。"

…………

竺可桢仿佛是一位在大自然中巡逻的哨兵，时时刻刻都在精心地观察着大自然：什么时候第一朵花开，第一声鸟叫，第一声蛙鸣，第一次雷声，第一次落叶，第一次降霜，第一次结冰，第一次下雪……竺可桢一丝不苟地记录着大自然的每一种变化。他的笔记本，仿佛是一本大自然的日记!

竺可桢为什么要给大自然记日记呢？

原来，竺可桢在研究生物随着气候变化而怎样变化的科学——"物候学"。

物候学是一门与工农业生产紧密相关的科学。比如说，1962年春天，北京农村的花生播种以后，受到了严重的冻害。其实，农民们是按照前两年同样的日子播种的，为什么在前两年却没有发生冻害呢？竺可桢打开他的记录本，找到了答案：1962年北京的山桃、杏树、紫丁香开花的日子，比1961年迟了10天，比1960年迟了五六天，物候学的观测说明，1962年的农业季节推迟了，花生的播种日期也应适当推迟才对。

竺可桢正是深知物候学是一门如此重要的科学，所以毕生从事这一研究工作。他每天上班，本来可以坐汽车，但是他宁愿早起步行。他一边走，一边像巡逻兵一样扫视周围的一切。他善于从千树万枝中发现第一片绿叶，他善于从喧闹嘈杂的城市中听出第一声蛙鸣，他善于从车水马龙的街道上看到第一只燕子，他善于从春天的风沙中辨别出第一缕柳絮……

竺可桢在他和宛敏渭合著的《物候学》一书中，绘制出了1950年至1972年间各种物候变化的曲线。这每一条曲线，不知凝聚着多少个观察数据，凝聚着竺可桢多少心血。

竺可桢还查阅了大量的古代文献，摘引出古人对各种物候的记载，写出了论文《中国近五千年来气候变迁的初步研究》，受到国内外气象学家的重视和称赞。

竺可桢为工农业生产贡献了力量，为祖国赢得了荣誉。而他的成就，正是来自几十年如一日的精心观测，来自踏踏实实、认认真真的科学态度。他在1936年至1949年担任浙江大学校长期间，亲自为浙江大学制定了校训——"求是"。他的一生，始终贯穿着"求是"精神。他在最后一篇科学记录上注明的"局报"两字，正是他严格的治学精神在别离人世前的又一次闪光！

# 79. 揭开胰岛素的秘密——班廷

1965 年 9 月 17 日，中国科学院生物化学研究所沸腾了。因为在这一天，人们经过 6 年零 9 个月的奋战，经过近 200 步的化学合成，终于制得了一小瓶雪白的结晶体——世界上首批用人工方法合成的牛胰岛素！这样，人类在认识胰岛素的道路上，又向前迈进了一大步。

胰岛素是什么东西呢？原来，在人和动物的胰腺里，分布着形状像小岛似的细胞群——"胰岛"。它分泌出的一种激素，便称为"胰岛素"。胰岛素是一种很重要的激素。如果缺乏胰岛素，人的血糖就会升高，患上糖尿病。在医学上，胰岛素是治疗糖尿病的特效药。

不只是人有胰腺，会分泌胰岛素；许多哺乳动物也有胰腺，同样会分泌胰岛素，而且它们的分子结构极为相似。比如牛胰岛素与人胰岛素的分子结构，都是由 51 个氨基酸组成，其中 50 个氨基酸的成分、排列顺序都相同，只是最末一个氨基酸不同。

然而，人类认识胰岛素，却经历了曲折而有趣的过程……

1920 年 11 月，有一个青年到加拿大多伦多大学生理研究室，求见著名的约翰·麦克劳德教授。

麦克劳德教授一问，才知道这个青年叫班廷，一个身份低微的乡村医生。

班廷专程从乡下赶来，为的是请麦克劳德教授允许他在这儿的实验室里做一项实验。

原来，班廷是一个农民的儿子。多伦多大学是他的母校，他是从这里的医学系毕业的。后来，他回到故乡安大略省，在一个小镇上当医生。1920 年 10 月 30 日，班廷在翻阅一本医学杂志时，偶然看到这样的论述：在 1889 年，奥斯加·缅科夫斯基和胡恩·梅林发现，如果把狗的胰腺切除，狗会得糖尿病！

糖尿病，在当时是一种无法医治的顽症。班廷看到这里，不由得心里一震：看来，糖尿病跟胰腺大有关系。也许，在胰腺里存在着一种神秘的物质，缺少了它，人或动物便会患糖尿病。能不能把这种神秘的物质提取出来呢？

可是，班廷在一个偏僻的小镇上，有什么办法进行这样的实验呢？班廷想起了他的母校，便跑来向麦克劳德教授求援。

麦克劳德并不认识这位过去的毕业生。他认为这个青年想研究糖尿病，简直是异想天开。麦克劳德对班廷说："你自己在家里做实验吧，我这儿的实验室没空余的。"

班廷没办法，只得回乡下去了。到了第二年，学校要放暑假了，班廷想起麦克劳德教授要回故乡度假，实验室空在那里，便又跑到多伦多大学来。这一次，麦克劳德教授没有借口可以拒绝班廷，便跟班廷说定：他回家度假八个星期，只允许班廷在这八个星期里使用实验室，多一天都不行！

听到这个消息，班廷高兴极了。正好有一位年仅22岁的青年助教贝多斯愿意帮助班廷做实验。于是，他俩便用10只狗做起实验来。

起初，班廷把狗的胰腺结扎起来，每天分析狗尿中的含糖量。一天天过去了，狗尿的含糖量一直正常，狗并没有患上糖尿病。

时间总共才八个星期，过了一天就少一天。班廷眼看日历一页页撕去，而实验却毫无结果，心中万分焦急。他不得不重新进行检查，结果发现是结扎不紧，狗的胰腺依旧能够发挥它的功能，实验失败了。

7月27日，班廷和贝多斯商量后，做了这样一个实验：把狗的胰腺取下来，捣碎，从中提取出液体，再注射到患糖尿病的狗的身上。

奇迹出现了。经过注射，那只狗的血中含糖量迅速降低！这说明，从胰腺里提取的液体，能够治疗糖尿病！

接着，他们用牛做试验，也得到了同样的结果。

正在这时，麦克劳德教授度假回来了。班廷和贝多斯立即向教授兴奋地报告实验结果。教授听后直摇头，根本不相信。

事实最有说服力。当麦克劳德教授亲眼看了班廷和贝多斯做的实验以后，他相信了。

事实使麦克劳德教授转变了态度。他动员整个生理研究室的工作人员，投入这一实验。就这样，他们终于发现了那神秘的物质，命名为"胰岛素"。

诺贝尔奖委员会决定把 1923 年诺贝尔生理学或医学奖授给班廷和麦克劳德，以表彰他们发现胰岛素的功勋。

班廷是一个谦逊的人。他在领到诺贝尔奖奖金之后，把其中的一半分给了贝多斯。他说，没有贝多斯的热情帮助，他不可能发现胰岛素。

这时，麦克劳德也仿照班廷的做法，把自己领到的诺贝尔奖奖金，分了一半给助手克利普。

1925 年，美国生物化学家艾贝尔进一步提取出了胰岛素结晶，证实它的化学成分是蛋白质。

从 1945 年起，桑格经过整整 10 年的努力，终于在 1955 年弄清楚了牛胰岛素的分子结构：它由两条分子链组成，一条叫 A 链，一条叫 B 链，A 链由 21 个氨基酸组成，B 链由 30 个氨基酸组成。一个牛胰岛素分子，一共含有 777 个原子。为此，桑格荣获 1958 年的诺贝尔化学奖。

我国化学工作者在着手进行合成蛋白质的研究工作时，由于牛胰岛是当时人们唯一知道分子结构的蛋白质，而要合成蛋白质首先要知道蛋白质的分子结构，于是，便选择了牛胰岛素作为突破点。正因为这样，我国在 1965 年 9 月 17 日用人工合成方法所制得的，是牛胰岛素。

# 80. "贡献毕生心力" ——茅以升

茅以升（1896—1989）

中国桥梁专家。江苏镇江人。1919年在美国获工学博士学位。1933年任浙江杭州钱塘江大桥工程总负责人，为建设该桥作出了重大贡献。曾任中国科技协会副主席、中国土木工程学会理事长、中国科普创作协会名誉会长等。

$\pi = 3.\ 14159\ 26535\ 89793\ 23846\ 26433\ 83279\ 50288\ 41971\ 69399\ 37510$
$58209\ 74944\ 59230\ 78164\ 06286\ 20899\ 86280\ 34825\ 34211\ 70679\cdots\cdots$

$\pi$ 是圆周率。这一串长长的数字，你能背得出来吗？

茅以升已经 80 多岁了，却能把这小数点后的 100 位数字，一口气、一字不差地背出来！而且，茅以升不仅会背圆周率，还会背化学元素周期表。

茅以升为什么有这样好的记忆力？原来，他从小就很用功。他认为学习靠两个法宝——理解和记忆。不理解而只是记忆，那是死背硬记；光理解而不记忆，也学不好。

小时候，茅以升就背古诗、背古文，练成了很好的记忆力。茅以升说："人的头脑、人的四肢，越用越发达，越练越强；相反，不经常磨炼，时间长了，就会生锈。"

茅以升是中国著名的桥梁专家。

1896 年，茅以升出生于江苏镇江。

茅以升 10 岁的时候，有一件事给他留下了极深的印象：那年端午节，他家附近的秦淮河上赛龙船，好热闹啊！秦淮河上有座文德桥，好多人站在桥上看龙船，桥被挤塌了，许多人掉进河里！从那以后，茅以升深深懂得了桥梁的重要性。

茅以升 20 岁的时候，到美国纽约的康奈尔大学读书。后来，他到匹兹堡桥梁工厂实习，听说匹兹堡的卡耐基理工学院桥梁系招夜校学生，他就去报考，立志要把毕生精力献给桥梁事业。1919 年获得了工学博士学位。

茅以升学成回国后，在大学任教。

37 岁时，茅以升担任了建造浙江杭州钱塘江大桥的总负责人。

钱塘江大桥是中国第一座自己设计、自己建造的现代大铁桥。修建之前，好多外国人都用嘲笑的眼光看着茅以升，似乎离开了他们，中国人是没办法建造钱塘江大桥的。

茅以升说："中国人能在 1000 多年前建造闻名世界的赵州桥，为什么今天就不能自力更生建造钱塘江大桥?"

茅以升亲自参加勘察、设计、建造,在工人和技术人员的共同努力下,克服重重困难,终于在 1937 年建成了钱塘江大桥。

茅以升除了忙于铁路桥梁研究工作之外,还非常热心于科学普及工作,非常关心青少年的科技活动。他曾是中国科协副主席、中国科普创作协会名誉会长。

茅以升写了许多普及桥梁知识的文章和书。茅以升为少年儿童出版的《科学家谈二十一世纪》一书,写了《桥梁远景图》,从牛郎织女的"鹊桥"、古代的赵州桥,一直谈到武汉长江大桥和未来的桥梁,谈到"无桥飞渡"。这篇文章生动活泼,通俗易懂,很受小读者欢迎。

茅以升写的《中国石拱桥》被收入中学语文课本。

茅以升从小对数学有着浓厚的兴趣。他曾利用空闲的时间研究出一种计算器,计算简便,可做四位数的乘除,算起来比珠算、计算尺都快呢!

1978 年,他写了《漫话圆周率》一文,深入浅出地谈了人类认识圆周率的历史和圆周率的知识,不少小读者读了以后,对数学产生了很大的兴趣。

茅以升经常参加青少年"我们爱科学"活动,是小伙伴们尊敬的"茅爷爷"。他深情地说:"在世界科学技术竞赛场上,我们老一代将要把接力棒交给年轻一代了。"

茅以升喜欢写诗。他曾用这样的诗句,表达了年过八十仍要为"四化"献身的决心:

霞灿灿,

一朝耀日。

苦战攻关,

贡献毕生心力。

1989 年 11 月 12 日,茅以升去世,终年 93 岁。

# 81. 永存的墓碑——朱洗

朱　洗（1900—1962）

中国实验生物学家。浙江临海人。曾任中国科学院实验生物研究所所长。他研究动物卵子的成熟、受精和人工单性生殖，对卵子的成熟程度与胚胎发育的关系有所阐明。创立蟾蜍卵巢离体排卵的方法。他重视科学研究为生产建设服务，在引种驯化蓖麻蚕及几种经济鱼类的人工繁殖方面，作出了重要贡献。主要著作有《生物的进化》等。

1978 年 11 月 26 日，在上海龙华革命烈士公墓举行了隆重的仪式，安放骨灰和墓碑。

大理石的墓碑上，刻着金色的墓志铭：

中国科学院实验生物研究所所长，中国科学院学部委员，全国人民代表大会代表朱洗先生，浙江临海人，于 1900 年 8 月 20 日生，1962 年 7 月 24 日卒。

先生是我国著名的生物学家，在实验胚胎学及细胞学的理论研究上，有卓越的成就，对蓖麻蚕及家鱼人工繁殖方面，也作出了重要贡献。

中国科学院实验生物研究所敬立

也许你会感到奇怪，朱洗是 1962 年逝世的，为什么直到 1978 年才举行骨灰安放仪式呢？

原来，在 1962 年，朱洗的遗体曾被安葬在上海郊区的吉安公墓，墓前竖立着纪念碑，碑上刻着前面引述的墓志铭。

在"文革"中，朱洗的墓被毁掉了，碑也被砸碎了！

后来，人们为他重立墓碑，重建坟墓。上面的文字，一概照旧。

朱洗把毕生的精力献给了祖国的科学事业。他那光辉的形象永远活在人们心中——这是永存的墓碑！

朱洗说过这样的话："搞科学工作需要人的全部生命，8 小时工作制是行不通的。"

朱洗的一生，就是在不停地工作中度过的。

朱洗 25 岁时，考入法国蒙彼利埃大学生物系。靠着半工半读，在艰难之中读完大学。他唯一的爱好是买书，所以节衣缩食，省一点钱买书。他不断地读书，不断地做实验。31 岁时，朱洗获得法国博士学位。

回国以后，朱洗在中山大学担任教授，后来到上海筹办生物研究所。那时候，每天他忙于科学研究工作。在研究工作之余，他不停地写作科普读物《现代生物学丛书》，一口气写了 8 本，总共 120 万字！他与作家巴金合办文化生活出版社，出版了这套内容丰富的生物科普读物。

中华人民共和国成立后，朱洗担任了上海实验生物研究所所长。他在繁忙的科研工作之余，依然坚持写作，每天夜里都写上 500 字、1000 字。就这样，他写了 300 多万字的学术著作和各种文章。

1961 年，朱洗不幸得了癌症。他躺在床上，还在不停地工作！他请护士拿来了一张小桌子，放在病床上，忍着剧痛，在生命的最后时刻抓紧分分秒秒，竟然写下了 20 多万字的论文！当时《红旗》杂志发表的《关于臭椿——蓖麻——蓖麻蚕——寄生蜂的连串发展和综合利用问题的刍议》，就是朱洗在病床上写成的。

朱洗在生物学上的一个突出的贡献，是在世界上第一次培育成功"没有外祖父的癞蛤蟆"——蛙卵人工单性生殖。这是他不停地工作所取得的卓越成就。他从二十多岁起就开始研究这个问题，直到逝世前不久才终于获得成功。

要说清楚"没有外祖父的癞蛤蟆"是怎么一回事，先得从"没有父亲的癞蛤蟆"说起。

朱洗毕生探讨动物传宗接代的奥秘，他选中了癞蛤蟆进行试验。在大自然中，每一只癞蛤蟆都有自己的"父亲"和"母亲"。雌癞蛤蟆的卵和雄癞蛤蟆的精子结合，才会孵化出下一代。没有"父亲"，或者没有"母亲"，就不会有小癞蛤蟆。

可是，朱洗却这样想：如果没有"父亲"，只有"母亲"，能不能繁殖出小癞蛤蟆呢？

朱洗用各种方法进行试验。对他来说，"失败"是常客，而"成功"却是稀客。

朱洗进行了几千次试验，全部都失败了！

1958 年秋天，他把母癞蛤蟆捉来，放进冷库，使它冬眠。到来年春天，取出母癞蛤蟆的卵子，在卵子外涂上癞蛤蟆的鲜血，用一根直径只有头发十分之一那么细的玻璃丝刺破卵子表面，使癞蛤蟆鲜血中的白细胞钻进卵子。朱洗和他的助手共刺了 10140 粒卵子。

不久，从这些没有经过受精的卵子中，竟孵出了一些"没有父亲的癞蛤蟆"！过了一年，这些"没有父亲的癞蛤蟆"——雌癞蛤蟆排卵，经雄癞蛤蟆受精，又生下了新一代癞蛤蟆。按辈分推算，这些新的癞蛤蟆就是"没有外祖父的癞蟆蛤"！

"没有外祖父的癞蛤蟆"培育成功，说明动物不经受精也能繁殖，叫作"人工单性繁殖"。这在生物学上具有重大意义。

朱洗还在不停地工作，人工繁殖家鱼试验成功了，樗蚕蛾与蓖麻蚕杂交试验成功了，培育出了优良的杂交蚕……

朱洗说："研究工作要靠脑和手。"朱洗的成就，来自不停地工作，来自不断地动脑和动手。

朱洗的精神永存！

# 82. "敌侨"的贡献——费米

## 费 米（1901—1954）

美籍意大利物理学家。1925—1926 年，与英国物理学家狄拉克各自导出量子统计中的"费米—狄拉克统计法"。1934 年提出 β 衰变的定量理论。又提出热中子的扩散理论。1938 年获诺贝尔物理学奖。1939 年到美国后，致力于研制第一颗原子弹的工作。

1938 年 11 月 10 日，物理学家恩里科·费米家的电话响了。那是来自瑞典斯德哥尔摩的长途电话。

电话是瑞典科学院的秘书打来的，他在电话中宣读了一份决定：

"本年度诺贝尔物理学奖决定授予罗马大学恩里科·费米教授，以表彰他证实了由中子所产生的新的放射性元素，以及他在这一研究中发现了由慢中子引起的核反应。"

不久，费米就动身去瑞典，参加诺贝尔奖的授奖仪式。不过，奇怪的是，费米却带领全家一起离开了意大利。

12 月 10 日，是诺贝尔的逝世纪念日。这一天，瑞典国王古斯塔夫五世亲自把诺贝尔物理学奖授予费米。这时，费米年仅 37 岁！

费米在领奖之后，竟然悄悄地带领全家到美国去了！

当时，意大利正被墨索里尼统治着，与美国之间互为"敌国"。费米不满于墨索里尼的法西斯统治，毅然投奔"敌国"。

在美国，费米成了"敌侨"。然而，他却受到美国总统罗斯福的信任和重视，把最重要的机密工作——研制原子弹，交给费米负责。

费米默默地在美国工作着。他守口如瓶，严格保密，就连他的夫人劳拉·费米，也不知道费米在干什么。

费米带领着一批科学家埋头苦干，终于在 1942 年 12 月 2 日下午，使世界上第一座原子能反应堆成功地运转。紧接着，在 1945 年 7 月 16 日，以费米为首研制的第一颗原子弹，成功地在新墨西哥州南部的阿拉莫戈多爆炸。费米为揭开原子能的奥秘，作出了卓越的贡献。

1901 年 9 月 29 日，费米出生于意大利首都罗马。费米小时候，就很喜欢读物理、数学方面的书籍，也喜欢对生活中的现象问个不停。比如，陀螺在转动时，为什么不会倒下去，这个问题曾使小费米花费了很多时间去研究。

费米的学习成绩一直很好。17 岁时，他考上了意大利有名的高等师范学院。他所写的一篇关于弦的振动的论文，使主考的教授都暗暗佩服。21 岁时，费米就获得了物理学博士学位。

1954 年 11 月 28 日，费米因患癌症逝世于美国芝加哥，终年 53 岁。

# 83. 两颗爱国的心——傅鹰与张锦

## 傅　鹰（1902—1979）

中国胶体化学家。生于北京，祖籍福建福州。1919年入燕京大学化学系。1922年入美国密歇根大学化学系。1928年获博士学位。中华人民共和国成立后任北京大学副校长。曾在胶体化学和表面化学方面作出贡献。著有《普通化学》《化学热力学导论》等，发表过数十篇化学论文。

## 张　锦（1910—1965）

中国有机分析化学家。傅鹰夫人。山东无棣县人。1933年在美国获科学博士。回国后在北京协和医学院、重庆大学任教。中华人民共和国成立后曾任北京石油学院、北京大学化学系教授。

1950 年 8 月下旬，在美国旧金山码头，傅鹰教授和他的夫人张锦教授，登上"威尔逊"号客轮，准备返回祖国。

送行的人有的惋惜，有的说他们"傻"，有的说他们"倔"。不少人劝傅鹰夫妇："你们要回国，我们不阻拦。晚几个月再走嘛，让张锦……"

原来，这时正值张锦怀孕，快要分娩。朋友们善意地劝他们晚一点走，不仅是为了张锦路上的安全，而且是为了下一代——因为按照美国的规定，凡是在美国出生的婴儿，即成为美国公民，可获得美国国籍。不少人为了使儿女获得美国国籍，特地赶到美国来分娩呢！然而，傅鹰和张锦却恰恰相反，他们正是为此事着急，巴不得早一点儿离开美国，为了使未来的孩子不入美国籍！

1902 年 1 月 19 日，傅鹰生于北京，祖籍福建省福州市，父亲曾做过北洋政府驻俄官员。1916 年，傅鹰入北京汇文学校。1919 年，入北京的燕京大学化学系。1922 年，考入美国密歇根大学化学系。1928 年，获科学博士学位，当时 26 岁。

1910 年，张锦生于广西桂林，父亲是两广总督张鸣岐。1928 年，张锦考入美国密歇根大学化学系。1933 年，获科学博士学位，当时 23 岁。

傅鹰在美国求学的时候，美国同学一谈到他，总是竖起大拇指说："Fu! Fu!"（"Fu"即"傅"）

傅鹰在美国读书时，常常只带了点面包和咖啡，钻进实验室里，一进去就两三天不出来，整日整夜地做实验，倦了就在长椅上躺一会儿。一直到实验做完才从实验室里出来，然后又一头钻进图书馆里。

张锦也是一个读书迷。她 18 岁就到美国留学。当时，她父亲劝她在家学点女红，将来嫁个乘龙快婿就行了，何必远涉重洋到异国求学呢？然而，张锦却坚信，女子也能与男子一样，在科学上建立功勋。她用居里夫人的事例说服父亲，终于使父亲同意她去美国留学。

张锦来到美国，非常用功，连星期天都待在实验室里。有一次，一位美国女同学拉她在星期天去看球赛，她却说："我到美国是来读书的，不是来看球赛的！"一扭头，朝实验室走去。

很巧，张锦被分配在傅鹰的实验室里。他俩虽然天天见面，可是各自埋头于实验，在半年之中竟然未讲过一句话！张锦平时就是沉默寡言的人，见了男同学更是从不开口。

有一次，张锦在做实验的时候，不慎把一瓶水银碰倒了，水银洒在水泥地上。这时，她紧张地"啊哟"了一声。

她的叫声惊动了傅鹰。水银是有毒的物质，很易蒸发，人吸进去会中毒的。傅鹰见状，连忙跑过去，用滤纸把地上的水银一粒粒舀起来，倒回瓶里。水泥地上到处是水银珠，仿佛雨后的荷叶上满是银闪闪的水珠。傅鹰一声不响，认认真真地把水银珠一颗颗拾起，最后在地上撒了硫黄粉，以便使遗漏了的水银变成不易挥发的硫化汞。张锦看到傅鹰累得额上沁满了汗珠，这才讲了半年来对傅鹰说的第一句话："谢谢！"

傅鹰和张锦在科学王国里结识，从此互敬互爱，后来结为夫妇。

1949年4月，他们从美国报刊上看到来自中国的惊人消息：4月20日至21日，中国人民解放军在渡江的时候，英国军舰"紫石英"号竟向中国人民解放军开炮。中国人民解放军进行还击，打伤了"紫石英"号。随后，毛泽东主席发表了《中国人民解放军总部发言人为英国军舰暴行发表的声明》。

傅鹰夫妇深为这条消息所振奋，懂得了在祖国出现的新政权，是一个为中国人民争气的政权，是一个自强不息的政权。傅鹰不禁想起了这样一件事：他刚到美国求学，去领化学药品，一位美国的管理员无礼地问他："你们中国人来学科学，干什么？"如今，可以明确回答那位管理员了："使中国强大起来！"

傅鹰夫妇意识到，中国人民已经站起来了。他们决定回国。几经周折，总算办好了回国手续。当有人问他们为什么甘愿离开美国如此优良的科研环境时，傅鹰答道："我回国后，主要从事教学。我要用我学到的东西，培养更多的新人，让他们为祖国的科学事业作出比我更大的贡献！我相信，在将来，会出现中国的'爱因斯坦'！"

傅鹰夫妇回国后，受到国家和人民的重视。傅鹰担任了北京大学副校长，张锦担任了北京大学化学系教授。

傅鹰夫妇勤勤恳恳地工作，为祖国培养了大批科学人才。他们白天忙于教学和科研，晚上在家则"各据一方"，在各自的书桌上伏案工作，直至夜深。

张锦是个不知疲倦的人，好多年来从来没请过病假。她每天骑自行车上下班。1964年的一天，张锦的腿忽然提不起来，骑不上自行车。她到医院检查，查出她早就得了胃癌，癌细胞扩散转移到了脊椎。张锦整天埋头于教学、科研、写作之中，竟然一点也没觉察癌症向她袭来。第二年春天，张锦就病逝了。

当人们来安慰傅鹰的时候，他却说出了这样出人意料的话："张锦之死提醒了我，我剩下的时间也不多了。要赶紧工作，赶紧做啊！"

1979年9月，傅鹰离开了人世。

傅鹰临死留下这样的话："把我的1700多册藏书，全都搬到学校里去，送给国家！"

他在死神来临的时候，还是那么无私，想到的是祖国，是人民，是科学，是下一代！

# 84. "童鱼"——童第周

## 童第周（1902—1979）

中国生物学家，实验胚胎学家。浙江鄞县人。曾任复旦大学、同济大学教授，中国科学院副院长等。中国实验胚胎学的主要开创者。早年在脊索动物、鱼类和两栖类动物卵子发育能力的研究方面，有独创性发现。从 20 世纪 50 年代开始，系统研究文昌鱼的卵子发育规律。20 世纪 60 年代后，对细胞核和细胞质在鱼类个体发育、细胞分化和性状遗传中的相互作用，提出独特见解。

　　清晨 6 点，春日的北京天刚蒙蒙亮，一位 70 多岁的老人就向中国科学院动物研究所细胞研究室走来。

　　他这么早来到实验室干什么呢？

　　原来，这位老人就是著名的生物学家童第周教授。他正在与美国费城坦普尔大学生物系牛满江教授合作，用金鱼的卵做实验。春天，金鱼一般是在早晨 6 点多产卵，所以童第周那么早就来到了实验室。

　　金鱼产卵之后，紧张的战斗开始了。

　　金鱼的卵真小。人们常用芝麻来形容小，金鱼卵比芝麻还小！

　　然而，童第周把金鱼卵放在解剖镜下，却要给这小不点儿动"手术"：他用纤小的钢镊剥开了包在金鱼卵上面的卵膜，再剥开细胞膜，取出细胞核。然后，又往里面移进另一种细胞核……

　　童第周一动不动地坐在解剖镜前，精心地给那细小的金鱼卵动"手术"，一干就是五六个小时。中午，他在实验室里随便吃几口饭，又接着干了起来。

　　不久，这些动过手术的金鱼卵孵化了，长出来的不是普通的金鱼，而是一种"怪鱼"：它们长着金鱼般的身子，鲫鱼般的单尾！

　　这是怎么回事呢？

　　原来，多少年来，人们一直认为，生物之所以能够遗传，能够"子肖其父"，是因为细胞核中含有遗传"基因"，是细胞核起着决定作用。

　　然而，童第周却认为，除了细胞核起作用之外，细胞质也起了很大的作用。

　　童第周用金鱼卵做实验，用事实来说话。他先把金鱼卵的细胞核挖掉，然后，移入鲫鱼的细胞核。于是，便长出那种"怪鱼"。"怪鱼"既具有金鱼的特征，又具有鲫鱼的特征，这说明细胞质和细胞核对遗传都起作用。接着，童第周又进一步做了这样的实验：从鲤鱼卵巢成熟卵细胞质中提取一种"核糖核酸"，用比绣花针还细得多的玻璃针注射到金鱼的受精卵中。结果，居然孵化出一种既像金鱼又像鲤鱼的怪鱼！

　　有趣的是，当童第周把蟾蜍卵细胞质的核糖核酸注射到金鱼卵细胞中时，结果孵化出来的"怪鱼"，竟像蟾蜍那样……

这些"怪鱼",被誉为"童鱼"。

童第周的这些实验,为生物学的发展开辟了新的途径。将来,采用这种方法,可以"改造"生物,按照人们的需要繁殖性能优良的新品种。

1902年,童第周出生于浙江宁波。他的父亲是一个教私塾的穷秀才。

小时候,童第周的父亲写了"滴水穿石"四个字,挂在童第周的书桌旁。童第周把他的每一秒钟都化为一滴水,冲击着科学之石。

童第周只念过私塾,竟考上了宁波当时第一流的学校——效实中学。后来又考入复旦大学哲学系心理学专业。毕业后,到比利时布鲁塞尔大学留学。1934年,他获博士学位,这时他只有32岁。

童第周家贫。他的夫人叶毓芬恰巧是他中学及大学的同学。叶毓芬家境也不宽裕,但她节衣缩食,用自己微薄的工资支持童第周去国外深造。

童第周的座右铭是"少说空话,多做工作"。他总是亲自动手做实验,扎扎实实从事研究工作。他说:"在科学研究中,每人的工作都应该是具体的,不能由别人来代替。动口不动手的指导,只能是漂亮的空话!"

1976年初,叶毓芬副教授不幸逝世。童第周与她从1926年相识,整整50年,一直是共患难,同欢乐。夫人的逝世,对他是莫大的打击。

然而,童第周化悲痛为力量,更加辛勤地工作。他说:"我现在一个人要做两个人的工作。"

童第周更加热情地帮助青年人。他说:"我虽然年纪大了,但要用最大的努力,多为后人开些路!"

1978年12月,童第周加入中国共产党。这时,他已经76岁了。

1979年3月,童第周积劳成疾,不幸逝世。

诗人赵朴初为一幅"童鱼"画题了这样的诗句:

> 异种何来首尾殊,
> 画师笑答是童鱼。
> 他年破壁飞腾去,
> 驱遣风雷不怪渠。

# 85. "学不偏废"——苏步青

苏步青（1902—2003）

中国数学家。浙江平阳人。1920 年入日本东京高等工业学校电机系。1924 年入日本东北帝国大学数学系。1931 年获理学博士学位，同年回国，任浙江大学副教授，1933 年升为教授。1952 年后，历任复旦大学教授、教务长、副校长、校长和名誉校长等职。1955 年当选为中国科学院学部委员。主要著作有《射影曲线概论》《射影曲面概论》《射影共轭网概论》《一般空间微分几何学》等，发表过 160 多篇数学论文。

这是一首发表在《浙江日报》上的诗：

> 为爱杭州弄小吟，
> 不图马骨值千金。
> 每因堤柳忆苏白，
> 曾对岭梅怀陆林。
> 景物重辉新解放，
> 溪山无恙旧登临。
> 淡妆浓抹西湖面，
> 俯仰人间感慨深。

读了这首诗，也许你会以为它是哪一位文学家重游西湖，诗兴大发而作。其实，它的作者竟是一位数学家——苏步青教授。

苏步青酷爱文学，喜欢写诗填词。他写过一百多首诗词。步入晚年，他还能流利地背出《左传》《古文观止》《昭明文选》中的一些名篇佳作。

苏步青的外语很好。1979 年，他访问日本，日本报刊在介绍苏步青时，曾开列了他所懂的外语：日语、英语、法语、德语、意大利语、西班牙语、俄语。

苏步青喜欢音乐，喜欢贝多芬和柴可夫斯基的作品，尤爱柴可夫斯基的《天鹅湖》……

为什么一个数学家，会对文学、外语、音乐、舞蹈，以至电影、戏剧、哲学、历史、物理、化学都有浓厚的兴趣？

苏步青从小在学习上就有一个特点——"学不偏废"，全面学习。正因为他拥有广博的知识，所以当他钻研数学时，触类旁通，容易深入。

1902 年 9 月 23 日，苏步青出生于浙江平阳一个偏僻的山村。他从少年时代起就很勤奋，养成了每天晚上 11 点睡觉、早上 5 点起床的习惯。

苏步青回忆自己上中学一年级时的情形，曾说道：

"一年级时，我用《左传》笔法写了一篇作文。老师把它列为全班第一，但又不完全相信是我写的。问我：'这是你自己写的吗?'我说：'是的。我会背《左传》。'老师挑了一篇让我背，我很快背出来了。老师不得不叹服，并说：'你这篇文章也完全是《左传》笔法!'《史记》中不少文章我也会背，《项羽本纪》那样的长文，我也背得烂熟。我还喜欢读《昭明文选》。'暮春三月，江南草长，杂树生花，群莺乱飞。'（丘迟《与陈伯之书》）我欣赏极了。还有《资治通鉴》，共有200多卷，我打算在中学四年里全部读完；第一年末，我已念完20卷……"

苏步青在青少年时代好读书，好学不厌。他读书，常常不止读一遍。他有着一套读书的方法：

"读书，第一遍可先读个大概；第二遍、第三遍逐步加深体会。我小时候读《红楼梦》《西游记》《三国演义》都是这样。《聊斋》我最喜欢，不知读了多少遍。起初，有些地方不懂，又无处查，我就读下去再说；以后再读，就逐步加深了理解。读数学书也是这样，要把一部书一下子全部读懂不容易。我一般是边读、边想、边做习题；读到最末一遍，题目也全部做完了。读书不必太多，要读得精。要读到你知道这本书的优点、缺点和错误了，这才算读好、读精了。一部书也不是一定要完全读通、读熟；即使全部读通了，读熟了，以后不用也会忘记的。但这样做可以训练读书的方法，精读的方法，学习、掌握一本书的思想方法和艺术性。"

苏步青从中学起，就喜欢数学。但是他的语文、物理、化学、史地、英文成绩也很好，真正做到了"学不偏废"。

正因为苏步青在中小学时打下了扎实的基础，所以当他后来专攻数学时，进步也很快。1920年，他以优异的成绩考入日本东京高等工业学校。1924年，考入日本东北帝国大学数学系。

1931年，苏步青29岁，在浙江大学任副教授。31岁时，升为教授。1959年，加入中国共产党。

苏步青从1926年起，发表了160多篇数学论文；写了《射影曲线概论》《射影曲面概论》《一般空间微分几何学》等许多专著，在数学上作出了很大贡献。

苏步青在谈到自己一生时，曾这样深刻地说过：

青少年时期的教育很重要。人在这个时期精力最旺盛，记忆能力、吸收能力都很强，不论学什么，进步都比较快。要充分利用这个特点。

人的生命是短暂的，不过几十岁，但充分利用起来，这个价值是不可低估的。细水长流，积少成多；锲而不舍，金石可镂；坚持到底，就是胜利。

# 86. 自学成才的数学家——华罗庚

华罗庚（1910—1985）

中国数学家。江苏金坛人。1930年，发表数学论文《苏家驹之代数的五次方程式解法不能成立之理由》。1938年，任西南联合大学教授。1957年，论文《典型域上的多元复变数函数论》获当年国家自然科学一等奖。主要著作有《堆垒素数论》《数论导引》《统筹学平话》《优选法平话》等。曾任中国数学会理事长、中国科学院学部委员（院士）。

华罗庚是一位在国外享有盛誉的数学家。外国报刊这样评价他：华罗庚教授的研究著作范围之广，堪称世界名列前茅的数学家之一。

华罗庚教授是在1950年从美国回国的。回国不久，在填写户口簿时，华罗庚在"文化程度"一栏里写了"初中毕业"四个字，使许多人感到震惊——一位教授，怎么只是个初中毕业生呢？

原来，华罗庚是一位自学成才的数学家！

1910年，华罗庚出生在江苏常州市附近的一个小县城——金坛。他父亲是开小杂货店的，家境贫寒。华罗庚初中毕业后，由于交不起学费，便失学了，只得帮助父亲料理小杂货店。

华罗庚酷爱数学。在他的柜台上，常常一边放着账册、算盘，一边却放着数学书籍。他请教不会说话的老师——书本，坚持自学。华罗庚差不多每天花10个小时钻研数学。有时，睡到半夜，他忽然想到一个解决数学难题的方法，便立即点亮小油灯，把它写下来。他父亲不懂那些数学书，以为儿子是在看"天书"，对他说道："人生在世，最要紧的问题是吃。你应该殷勤招呼顾客，多做些买卖，不要死钻书本。"后来，父亲看到儿子那么勤奋地学习，被感动了，不再阻止他看"天书"了。

19岁时，华罗庚到一个学校当会计兼庶务。他曾回忆当时艰难的生活："除了学校里繁重的事务外，早晚还要帮助父亲料理小店的事务。每天晚上大约8点钟才能回家。清理好小店的账目之后，才能开始钻研数学，常常到深夜。"

就在19岁时，华罗庚发觉一位大学教授的论文写错了，便写了《苏家驹之代数的五次方程式解法不能成立之理由》一文，于次年发表于上海《科学》杂志第15卷第2期。

谁知这时金坛流行伤寒，华罗庚不幸染病，卧床半年，险些丧生。病愈后，留下严重的后遗症——左腿大腿骨弯曲变形，从此落下了跛足的终身残疾。

华罗庚在贫病交加中刻苦自学，又发表了几篇数学论文，引起了清华大学数学系主任熊庆来教授的注意。他打听到华罗庚原来是一个失学青年，深为震惊，便写信邀请华罗庚来北京。就这样，在熊庆来教授的帮助下，华罗庚到清华大学数学系当了助理。他自学了英语、德语。24 岁时，他已能用英文写作数学论文。25 岁时，他的论文引起国外数学家的注意。28 岁时，他当上了西南联大教授。

尽管华罗庚成了教授，但他只不过是个穷教授罢了。那时候的教授，真是"越教越瘦"，贫穷潦倒。华罗庚曾说过一个笑话："一个小偷跟在一位教授后面，想偷东西。教授发觉了，就对小偷说，我是教授。小偷一听，就走开了，因为小偷知道教授身上是没什么油水的!"那时候，华罗庚就是这么个"穷教授"。他住在昆明城外 20 里地的一个小村庄里，全家只有两间小厢楼。楼下是猪栏、牛厩，蚊子、苍蝇、老鼠成群结队地向华罗庚袭来。华罗庚回忆道："晚上，一灯如豆。所谓灯，乃是一个破香烟罐，放上一个油盏，摘些破棉花做灯芯。为了节省油，灯芯子捻得小小的。晚上牛擦痒，擦得地动山摇，危楼欲倒!"就在这样艰难的环境中，华罗庚写出了 60 万字的名著《堆垒素数论》。

华罗庚也当过"阔教授"。那是他应美国中部阿尔巴那城的伊利诺伊大学之聘，到那里当教授。当时，伊利诺伊大学以 1 万美元年薪与华罗庚订立终身聘约。从此华罗庚的生活，一下子阔起来了：他的住屋有四间卧室，两间浴室，还有一间可容纳五六十人开酒会的客厅。美国给华罗庚配备了四个助手，一名打字员。

在中华人民共和国成立之后，华罗庚毅然放弃了在美国的"阔教授"生活，决定回国。他说："为了抉择真理，我应当回去! 为了国家民族，我应当回去! 为了为人民服务，我应当回去!"

就这样，华罗庚带着妻儿回到了北京。当时的《光明日报》记者，曾报道华罗庚刚回国时的生活："我在清华大学宿舍里看见他时，在一间挤着五张床和箱子杂物的小房间里，他们一家正在唯一的一张狭长的小桌上吃午饭……"这样的生活，远比在美国的"阔教授"生活艰苦得多。然而华罗庚以苦为乐，忙着在那里写讲义、开课。

华罗庚在古稀时，头发花白，仍孜孜不倦地钻研数学。1979 年，他应邀访问法国，南锡大学授予他"荣誉博士"学位。也就在这一年，他加入了中国共产党。

华罗庚是自学成才的典型。他曾把自己的自学经验，归结为七点：

> 自学最起码的一条是踏实。
> 自学要有周密的计划。
> 在自学过程中要多想多练。
> 要以长期性、艰苦性来克服自学中的困难。
> 自学要善于抓住要点，突破重点，白点及面，融会贯通。
> 要有不耻下问的精神。
> 自学要注意同自己的工作结合起来。

华罗庚曾用这样的诗句，总结自己的治学经验：

> 发白才知智叟呆，
> 埋头苦干是第一。
> 勤能补拙是良训，
> 一分辛苦一分才。

华罗庚对青少年一代寄托了莫大的希望，曾写道：

> 发愤早为好，
> 苟晚休嫌迟，
> 最忌不努力，
> 一生都无知。

1985 年 6 月 12 日，华罗庚在日本东京讲学时猝逝于讲坛，终年 75 岁。

# 87. 学外语像交朋友——高士其

高士其（1905—1988）

　　中国科学家、科普作家。福建福州人。1925 年入美国威斯康星大学化学系，1927 年入芝加哥大学医学研究院。在实验中因病毒感染，患甲型脑炎，留下严重后遗症。1930 年回国后，从事科普创作。曾任中国科普创作协会名誉会长。主要著作有《我们的抗敌英雄》《细菌与人》《菌儿自传》《高士其科学小品甲集》等。

高士其精通英、法、德、俄四门外语。他是怎么学习外语的呢？

1918 年，高士其 13 岁，从福州明伦小学毕业，以优异的成绩考入北京清华留美预备学校。刚到学校，高士其在学习上便遇到了极大困难：这所学校很注重英语，有的教师是美国人，上课全讲英语。然而，高士其在小学里没学过英语，他甚至连普通话都说不好。

高士其以顽强的毅力猛攻英语。他每天很早就起床背诵英语课文，就连排队买饭时，手中也拿着英语单词卡片读，没多久，他就能渐渐听懂老师用英语讲课了。第二年暑假，山东修筑公路，请来美国技术人员，由于语言不通，工作非常困难。高士其主动报名担任义务翻译。人们看到一个十来岁的孩子流利地讲着英语，都称他为"小翻译"。后来，高士其又选修了法语、德语。在他 20 岁的时候，便考入了美国威斯康星大学学习。

高士其学俄语的时候，已 46 岁了。这时，高士其已全身瘫痪多年（他在美国留学时因做实验不慎感染了病毒，得了甲型脑炎，以至瘫痪），舌头僵硬，讲话极为困难。

"得了吧，你讲话都讲不清楚，还学俄语？"很多人这样劝高士其。高士其报名参加俄语学习班，也被"开除"了。

"不能进俄语学习班，我就自学！"高士其一点也不气馁。他知道有学俄语的广播，就请收音机里的"老师"教他，每天连听三遍。他还请秘书买了俄语发音光盘，艰难地学习发音。他买了俄英词典，把俄语和英语对照着进行学习，从中摸索俄语的规律。由于高士其异常勤奋，他这个被俄语学习班"开除"的学生，反而学得比其他人快，只学了几个月，就能看懂俄文书报了。过了一年，他可以不查字典，阅读俄文科学著作。

好多同志感到奇怪，问高士其学俄语有什么窍门。高士其笑着说："学外语像交朋友一样，天天见面，就熟悉了。"

当人们问高士其，为什么年近半百还要学俄语，高士其答道："马克思说过，'外国语是人生斗争中的一种武器'。我们多学一门外国语，就是多了一种斗争的武器呀！学好外语，将有助于我们学习外国的先进科学，作为借鉴。"

# 88. "他抵得上五个师" ——钱学森

## 钱学森 (1911—2009)

中国空气动力学家，火箭、导弹专家。浙江杭州人，出生于上海。1935年赴美国研究航空工程和空气动力学，获加州理工学院博士学位，历任讲师、副教授、教授及超音速实验室主任。1949年起，任该校"古根罕喷气推进研究中心"负责人。1955年回国。曾任中国力学研究所所长等。

1955年10月8日，一位44岁的中国科学家从美国来到广州，他的脸上浮现出难以自抑的笑容，双眼眯了起来，嘴角出现了笑涡。他非常感慨地说："我一直相信我一定能回到祖国。今天，我终于回到了祖国！"

他，便是著名的空气动力学专家钱学森。同他一起回到广州的，还有他的夫人蒋英与两个孩子。

钱学森的父亲当时已是75岁高龄，他听到儿子回国的消息，欣喜万分。他还买了一套复制的中国历代名画，送给儿子，表示庆贺。

在20世纪50年代，由于中美关系紧张在美国的中国科学家归国不易，而钱学森的专长又直接与国防有关，所以他历尽艰辛才终于回到祖国的怀抱。在这一曲折的斗争过程中，钱学森对祖国的挚爱之情，是非常感人的。

钱学森是在1935年赴美研究航空工程和空气动力学的，回国前，任加州理工学院超音速实验室主任和"古根罕喷气推进研究中心"负责人。

当第一面五星红旗在天安门广场上徐徐升起时，钱学森深深地为祖国的新生而高兴。他打算回国，用自己的专长为新中国服务。

1950年5月，钱学森以回中国探望年迈的父亲为由，向加州理工学院杜布里奇院长请假，获得同意。钱学森开始办理回国手续。那时候，只有从美国驶往香港的轮船，也有不多的从美国飞往香港的航班。绝大多数从美国回中国的学者、学生选择乘坐轮船，因为船票要便宜得多。急于离开美国的钱学森一家，预订了从洛杉矶飞往加拿大渥太华的机票，准备从那里乘坐航班飞往香港。他们把行李交给了打包公司，送往美国海关，办理托运手续。

然而，就在钱学森打算离开洛杉矶的前两天，突然收到美国移民局的通知——不准回国！

移民局威胁道，如果私自离境，抓住了就要罚款，甚至要坐牢！

美国移民局为什么要阻挠钱学森回中国呢？这是因为钱学森决定回国的消息，惊动了美国海军副部长金布尔。金布尔此前曾经深入了解过钱学森的学术成就，评价说"钱学森是美国最优秀的火箭专家之一"。他认为

"一个钱学森抵得上五个海军陆战师"，因此出面阻拦。

于是，钱学森交给托运公司的行李遭到美国海关及联邦调查局的检查，据说从中"查出"电报密码、武器图纸之类的"秘密文件"。

几天后，钱学森被抓进了美国移民局看守所，"罪名"是"参加过主张以武力推翻美国政府的政党"。

在看守所，钱学森像罪犯似的被监禁着。钱学森曾回忆道："我被拘禁的 15 天里，体重下降了 30 磅①。在看守所里，每天晚上，特务每隔 1 小时就走进来把我喊醒一次，使我得不到休息，精神上陷入极度紧张的状态。"

美国移民局迫害钱学森，引起了美国科学界的公愤。不少美国友好人士出面营救钱学森，为他找辩护律师。他们募集了 1.5 万元美金作为保金，才把钱学森从看守所里保释出来。

从此，钱学森的行动受到移民局的严密监视，不许他离开他所居住的洛杉矶，还定期讯问他。

然而，钱学森挚爱祖国的赤子之心并没有冷掉，反而更加炽热了。他日夜思念着新中国，坚持斗争，仍一再要求回国。

1953 年，他那些托运的书籍、行李，经过联邦调查局的反复"审查"，因为抓不到什么把柄，终于退还给他了。

1955 年 8 月，中美大使级会谈在日内瓦举行时，在周恩来总理和其他同胞的努力下，钱学森终于可以回国了。

就这样，钱学森于 1955 年 9 月 17 日，与夫人、两个孩子以及物理学家李正武博士夫妇同乘"克利夫兰总统"号邮船离开了洛杉矶，驶向祖国。

---

① 1 磅 ≈ 0.45 千克。

# 89. 吃豹子胆的人——蔡希陶

蔡希陶（1911—1981）

中国植物学家。浙江东阳人。曾任云南省热带植物研究所所长等。

这是一种奇异的仪式：

在四川省西南部的大凉山，一个21岁的汉族青年买了一头牛，牵到彝族的头人那里去。他们杀了牛，把鲜红的牛血洒进酒碗，然后两人把酒碗高高举起，举过了头，相视了一下，一饮而尽。

自从喝了血酒之后，这个汉族青年便与彝族头人结盟，获得了进入大凉山的权利。

大凉山，有着茂密的原始森林，是一个天然的植物园。这里，是彝族世世代代居住的地方。

这位憨厚、善良的汉族青年冒着生命危险，深入到那荒凉之地，是为什么呢？

为的是研究植物，采集植物标本！他在大凉山和云南前后工作了3年，靠着一双脚走遍了大凉山和云南省的高山峻岭，靠着一双手采集了2万多个植物标本。

这个青年叫蔡希陶。1911年，他出生于浙江东阳。

这个青年本来对植物学并没有多大兴趣。

小时候，蔡希陶所喜欢的是动物。他曾回忆道："我儿时最爱动物，对小鸟、虫、鱼，甚至虎、豹、狼，都十分喜爱，而且加以饲养。记得中学时代，我的宿舍挂满鸟笼，床底还拴着小狗。校长来寝室，看了大吃一惊，说我不讲卫生，不准我饲养，于是我就不得不离开那个学校。后来进的那个学校，宿舍前有个走廊，我就用这个走廊，发展我的'动物园'了。"

不久，他又喜欢上文学。他向杂志投稿，在郑振铎主编的《文学》杂志上发表小说。

蔡希陶怎么会爱上植物学，还冒着生命危险到大凉山去研究植物呢？

原来，在18岁的时候，蔡希陶失业又失学，经人介绍，来到北平，暂时在静生生物调查所里当练习员。所长胡先骕先生是一位植物学家，是他引导这位年轻人进入植物学大门的。在这里，蔡希陶读了一本厚厚的书。书名很长，也很古怪，叫作《一个带着标本箱、照相机和火枪在中国的西部旅行的自然学家》。作者是美国人，名叫威尔逊。在书中，威尔逊详细描述了自己在中国腹地漫长的旅行（其中特别描写了云南密林中的种种见闻），竟然收集了6万多个中国的植物标本！

这件事使蔡希陶感到震惊：长在中华大地上的万千种植物，居然要靠外国人去收集、调查、分类、鉴定，难道中国的植物学，要靠外国人去创立？

蔡希陶曾回忆当年的情景：

"1932年，我由于翻阅外国人的游记，知道了云南是世界上植物种类最丰富的地方之一。我想，中国的植物种类要算云南最丰富，英、法、德、美等国都多次派人来采集了很多标本，我们中国人自己反而视云南为畏途，为什么不敢去取宝呢？于是我就大胆设想去云南调查植物，并得到胡老先生的支持。要筹备出发的时候，看看地图，想想这么遥远的地方，有谁和我一起去呢？后来，我想了一个当时社会上常用的办法，就是登报招聘。我想这么大一个北平城，一定会有几个有志之士的。果然，广告一登出来，就有近200名青年来报名，我把他们集合起来进行考试，选取了4名学业成绩比较优秀的。谁知他们来报到以后，得知是要分配到云南这个遥远而生疏的地方去，就戴起帽子告辞了，一个都不愿意留下来。我碰了一鼻子灰，就只好另约了两三个文化很低的青年，一起动身向南方出发了……我在旅途中的同伴，离不了一匹马、一条狗、一只猴子，天天在深山中移动，也不感到寂寞，做了一个游动的鲁滨孙，大概有3年之久。"

蔡希陶的身体非常健壮。他能骑马、射箭、跑步、骑自行车、游泳。他翻山越岭，手里拿着砍刀，披荆斩棘，无所畏惧。

中华人民共和国成立后，他接受了在云南寻找橡胶资源的任务。蔡希陶和3个青年，赶着2匹驮马，从云南文山专区开始，沿着国境线向西走了几千里路，终于在深山峻岭之中找到了野生橡胶林。

一位在云南起义的军官知道了这件事，深感佩服，说道："老蔡走的这段边境路线，我以前带了一团人走过，结果还是没走通。他们只有几个人就敢走，真是吃了豹子胆的！"

蔡希陶不幸于1981年3月9日病逝，他把毕生精力献给了中国植物学，并作出了巨大的贡献。

# 90．"十个指头按一个跳蚤"——李贵真

李贵真（1911—1999）

中国蚤类学家。山东人。贵阳医学院副院长、教授。1937 年毕业于齐鲁大学生物系。著有《蚤类概论》《中国蚤类志》《贵州蚤目志》等。

俗话说："十个指头按十个跳蚤，结果一个也按不住；十个指头按一个跳蚤，就容易按住。"

这话不假。"跳蚤专家"李贵真便是如此。她花费了四十多年工夫专门研究一种小小的昆虫——跳蚤，专一不二，成为中国著名的蚤类学专家，为创建中国蚤类学作出了贡献。

跳蚤，只有芝麻粒儿那么小。它善蹦善跳，不易捕捉。跳蚤是一种寄生昆虫。它把人体和动物体当成"旅馆"和"饭店"。人身上有跳蚤，狗、猫、鼠、鸡、麻雀、燕子身上也有跳蚤。1937年，李贵真从齐鲁大学生物系毕业之后，便来到贵州、云南的深山老林之中，翻山越岭捕兽捉蚤。

捕捉跳蚤，需要眼疾手快、胆大心细。

李贵真拜猎人为师，还学会了挖陷阱捕捉动物。捉住之后，把动物关在铁笼里，再把铁笼放在水盆上。这样，跳蚤一跳，便会跌落在水中。李贵真常常长时间守候在水盆旁边，抓住那一只只掉进水里的跳蚤。

也有的时候，李贵真在山上抓了野兽，干脆把它整个儿放进麻袋，往麻袋里扔进蘸了酒精、乙醚、氯仿之类麻醉剂的棉花。没多久，野兽被麻醉了，野兽身上的跳蚤也被麻醉了。这时，李贵真把野兽放在白布上，用梳子轻轻梳，用毛刷轻轻刷，聚精会神工作着，绝不放过一只跳蚤。

李贵真不仅从野兔、野鸭、獐子、穿山甲身上找到跳蚤，甚至在一只猫头鹰身上抓住了一只"雌性不等单蚤"，在一只雕身上发现了一只"雌性犬栉首蚤"。李贵真认为，猫头鹰、雕身上有蚤，是因为它们常常捕食田鼠，跳蚤就从田鼠那里"搬"到它们身上居住了。

李贵真还发现，在野兽的洞穴里，常常有许多跳蚤。为了研究跳蚤，李贵真钻进那又臭又脏的洞穴里，细心地捕捉跳蚤。有时，从一个洞穴中，竟能捕获几百只跳蚤。

在捕获跳蚤之后，还要经过许许多多道手续，把跳蚤制成透明的标本，放在显微镜下观察、鉴定。李贵真常常一边观察，一边在纸上一笔一画地画下跳蚤的形态图，画下跳蚤的眼、触角、气孔、臀板、爪、腿骨、触须、梳齿……

研究跳蚤，既平凡又单调，既要细心又要有耐心。李贵真几十年如一日，发现了一种又一种新跳蚤，填补了中国蚤类学上的空白。

研究跳蚤要专一不二，做别的工作也不可三心二意。专于一，精于一，锲而不舍，金石可镂！

# 91. "预应力混凝土先生"——林同炎

## 林同炎（1912—2003）

美籍华裔桥梁、结构工程学家。福建省福州人。1927年入唐山交通大学土木工程系。1933年获美国加州大学伯克利分校工程硕士学位，回国后任成渝铁路主任工程师。1946年赴美国加州大学伯克利分校任教。1974年获"弗雷西涅奖"。1977年获美国房屋研究委员会"四分之一世纪贡献奖"。

1972 年 12 月 22 日，举世震惊：6.3 级的强烈地震突然袭击尼加拉瓜的首都马那瓜市。一道蓝光闪过之后，这座高楼林立的太平洋东岸美丽的滨海城市，转瞬之间化为一片断垣残壁，多少生灵顿时涂炭，一幕人间悲剧惨不忍睹。

人们刚从地震的震惊中醒来，却惊异地发现：位于地震震中区域之内，竟然有一幢 18 层的大厦仍巍然屹立于一片废墟之上！

这幢高达 60 多米的大楼是美国银行。银行的职员们从窗口探出头来，顿时目瞪口呆。他们摸摸自己的脑袋，看看依然如故的大厦，真为自己能在这幢"好运大楼"里工作而感到庆幸。

这座大楼的设计师，一时之间闻名全球！

他，便是有着"预应力混凝土先生"雅号，出生于中国的美籍建筑设计师林同炎教授。

1912 年，林同炎出生于福州市。15 岁时，便进入唐山交通大学土木工程系，开始跟"混凝土"打交道。19 岁留学美国。22 岁时，他写的论文《力矩分配法》，被命名为"林氏法"。

1933 年，21 岁的林同炎获得硕士学位之后返回中国，来到成渝铁路指挥部，在当年唐山交通大学的老师孙宝琦教授领导下工作。不久，发生了一桩令他终生难忘的事。

一天，孙教授拿出一份桥梁设计图，向总工程师、局长及许多工程师介绍，内中也有小字辈的林同炎。思维敏捷的林同炎看出了设计图上的几处错误，不谙世故的他居然当众一一指出，顿时使在场的人怒不可遏，对他呵斥道："你懂什么，一个毛孩子，出去，出去！"

林同炎无奈，只得退出。

大约过了两个小时，孙宝琦教授忽然亲自来找他。他以为又要挨训，没想到孙教授把他叫了回去，当着总工程师、局长和工程师们的面说道："林同炎，你的意见是对的。从明天起，你接替我的职务，当桥梁科科长！"

孙教授的话，使大家惊愕不已，林同炎也被感动得流下了热泪！

多年之后，林同炎成了一代名师，仍常常提及此事，说道："我忘不了祖国，也忘不了孙教授！"

林同炎于1946年再度赴美，在母校加州大学伯克利分校任教，从此定居美国。

1955年，林同炎的学术力作《预应力混凝土结构设计》一书出版，被推崇为预应力混凝土的权威著作。美国土木工程学会的同行们为了表彰林同炎的贡献，将该会的"预应力奖"，改称为"林同炎奖"。

1972年，尼加拉瓜的那场大震，使林同炎的学术成果为世人所公认。

1974年，林同炎荣获国际预应力协会授予的"弗雷西涅奖"。

1977年，林同炎的又一杰作问世：他设计的横跨美洲河的世界第一座平面弧形的悬索桥，跨度400米，中间没有一个桥墩。这一年，他荣获美国房屋研究委员会所颁发的"四分之一世纪贡献奖"。

1979年，他在美国全国建筑设计比赛中，荣获第一名。

退休后的他，仍雄心勃勃。这位建筑设计大师拟议建造两座大桥：一座建在直布罗陀海峡上，把欧洲和非洲相连；一座建在白令海海峡上，把美洲和亚洲相连。这两座大桥如果建成，这几大洲就将成为一个整体！

"一个人获得成就的要素是什么？"一位记者问他。

他的答复只有两个字："勤奋！"

年轻时，他每周工作60个小时以上。退休之后，他每周仍工作40个小时以上。

这位"预应力混凝土先生"的成就，是用一小时又一小时的辛勤工作"砌"成的。

# 92. 物理女杰——吴健雄

**吴健雄（1912—1997）**

　　美籍华裔物理学家。江苏太仓人。1934 年获中央大学理学学士学位。1940 年获美国加州大学伯克利分校博士学位。1957 年以超低温实验证实李政道、杨振宁的"宇称不守恒"理论。曾任美国物理学会会长、美国自然科学协会副主席。

1956 年，在美国，一位体态娇小的中年华人妇女，每周都要从哥伦比亚大学到华盛顿去一次。匆匆而去，匆匆而归。

她的肩上有两副重担：她是家庭主妇。丈夫袁家骝出国了，她必须照料 9 岁的孩子——她与他结婚多年，一直处于忙碌之中，在她 35 岁时，才决定生一个孩子，唯一的孩子。

她又是科学家。她正领导着几位科学家进行一项重要的实验。实验要在超低温下进行。哥伦比亚大学没有这样的设备。她四处询问，得知华盛顿有超低温设备，便赶往那里一次次做实验。

她所进行的实验，是至关重要的。

当时，在美国哥伦比亚大学和普林斯顿大学任教的李政道博士和杨振宁博士提出"宇称守恒定律"是不存在的，而弱相互作用中存在"宇称不守恒定律"。

吴健雄要用精密、细致的实验，来证实李、杨两位博士的新创见。

实验物理学家与理论物理学家携手并进。她把放射性钴-60 放在强力磁场中进行超冷处理，观察到电子运动的方向与原子核旋转的方向相反，这就以无可辩驳的事实证明了"宇称不守恒定律"。

1957 年，当李政道和杨振宁荣获诺贝尔物理学奖时，吴健雄也同时为世界科学英豪所瞩目。

她名为"健雄"，实乃纤纤女子。1912 年 5 月 31 日，她出生在浏河镇上，最初名叫"薇薇"。父亲吴仲裔是一位中学教师。他给她取名"薇薇"，是希望她将来像开紫花、风餐露宿于田野的豌豆那样坚强，不做温室里的花朵。

她果真如同父亲所期望的那样，从小便学海扬帆，乘风破浪，一往无前。当她在女子师范学校读书时，就是一名文理兼优的学生：老师曾在她的作文上批了"眼高于顶，笔大如椽"八个字，称赞她的立意和文笔；而她的数理化成绩也名列前茅。

1934 年，当吴健雄从中央大学毕业时，该校《第七届毕业生名册》上印着她的毕业考试成绩——总平均分为 86.3 分，在全校 30 个系的 470

名毕业生中首屈一指！

辛勤的耕耘，必定赢得丰硕的果实。她在 1956 年对物理学所作出的重大贡献，名垂青史，也正是她多年来刻苦求学的结果。

吴健雄在谈及她的成长史时，总是要提及她最敬爱的人——父亲吴仲裔。她说："父亲教我做人要为'大我'，而非为'小我'。"她正是毕生为"大我"而奋斗，所以她有着永不枯竭的搏击的前进动力。

她是一个兢兢业业、惜时如金的人。她全身心扑在科学上。正因为这样，她在物理学上屡建奇勋，成为当代的一位"物理女杰"：她是美国科学院院士，曾有 12 所大学授予她名誉物理学博士学位。1962 年，她当选为当年美国"杰出女性"。1965 年，台湾嘉新文化基金会奖给她 1 万美元，以表彰她在物理学上的贡献。1975 年，她成为美国物理学会第一位女会长，该会会员之中有 40 多位是诺贝尔奖获得者！同年，美国总统福特授予她美国国家科学勋章。1978 年 4 月 10 日，以色列法律沃尔夫基金会授予她 10 万美元科学奖奖金……

1982 年，吴健雄从哥伦比亚大学退休，但仍担任该校名誉教授，常常去学校参加工作，可谓"退而不休"。她说："我从不去想自己的年龄，而且我常和年轻学生在一起。"

她非常关心青年一代。她说："中国学生要多动手，知识面不要太狭窄，这无论对自己、对国家都有好处。"

# 93. 奇怪的叶子——吴征镒

吴征镒（1916—2013）

中国植物分类学家。江苏人。曾任中国植物学会副理事长、中国科学院昆明植物研究所所长等。获 2007 年国家最高科学技术奖。

用枪炮杀人，那累累弹痕、弹坑，就是证据。

用毒气杀人，那刺鼻的毒气，就是证据。

1950 年，美国军队在朝鲜战场上，用病菌杀人。这些病菌沾在树叶上，用飞机撒下去，谁沾上了病菌，谁就会生病。美国军队明明用病菌杀人，可是，抓不住证据，它就死皮赖脸地不承认。

怎样才能抓住美国军队发动细菌战的罪证呢？世界各国派出了许多科学家，来到朝鲜战场上调查。美国军队发动细菌战的罪证，被中国植物学家吴征镒抓住了。

吴征镒抓住了什么罪证呢？罪证就是一片奇怪的树叶！

一天，吴征镒在行军路上，看到路旁有几片树叶，他习惯性地蹲下来看了一下。咦，这是什么叶子？吴征镒的目光落在一片奇怪的树叶上。他一眼就看出，这种叶子在朝鲜是没有的，只有在北美洲才会有这种树叶。

吴征镒小心地用纸包好树叶，送去检验。果然，叶子上满是病菌！

这时，狡诈的美国军人在铁的事实面前，无可抵赖：他们在美国培养了毒菌，沾在美国的树叶上，然后用飞机撒在朝鲜民主主义人民共和国的国土上。

吴征镒为什么能在千万片树叶中，一眼就认出那片奇怪的树叶呢？

原来，吴征镒专门研究植物分类学。他建立了厚厚的植物"户口簿"，上面写着各种植物的特征和名称。他可以根据一片树叶，查找出那是从什么树上掉下来的，这树生长在哪里，有什么特性和用途。在几十年的研究工作中，吴征镒积累了四万多张卡片，上面详细记载了各种植物的不同特性。

俗话说："要喝一杯水，先要挑一缸水。"吴征镒能够从一片树叶查出美国军队发动细菌战的罪证，正是因为他在漫长的岁月中认识了千树万叶。

在科学上，只有功夫下得深，才能作出不平凡的贡献！

# 94. "我还应继续努力"——杨振宁

**杨振宁（1922—　）**

　　中国物理学家。安徽合肥人。1938 年入西南联合大学。1945 年留学美国，在芝加哥大学攻读博士学位。1955 年任普林斯顿大学教授。1956 年与李政道一起，推翻"宇称守恒定律"。1957 年与李政道共获诺贝尔物理学奖。

1985 年，香港三联书店出版了杨振宁教授的新著。这并不是一本物理学专著，而是杨振宁这些年来关于人生、治学的 24 篇讲演稿和文章的集子，书名叫《读书教学四十年》。

其实，《读书教学四十年》最初是杨博士于 1984 年 12 月 27 日在北京大学被聘为荣誉教授时所做报告的题目。

那天，北京大学典雅的大礼堂里，早早地坐满了 1300 多名学生。晚来的已经没有座位，挤在过道、走廊里的有好几百人。大家都想一睹这位诺贝尔奖获得者的风采。

礼堂里突然响起雷鸣般的掌声。一位方面孔、中等身材的 60 多岁的男子，风度翩翩地出现在主席台上。哦，他就是大名鼎鼎的杨振宁博士。

杨振宁开始讲话，礼堂里顿时安静下来，静得可以听见绣花针落地之声。但是，杨振宁的话非常生动幽默，很快便使气氛活跃起来，现场不时地爆发出哄堂大笑。

杨振宁在讲自己的故事。按照当时的速记，把杨教授的自述摘引下来，正好成为这本《科学家故事 100 个》中别具一格的一个篇章。

他是从"自报家门"开始讲自己的故事的：

"我叫杨振宁，1922 年出生在安徽省合肥市。当时，我父亲是怀宁（现名安庆）一所中学的数学教师。我的'宁'字，就是从怀宁来的。

"我 4 岁的时候，母亲开始教我认方块字，花了一年多的时间，一共教了我 3000 个字。现在我所有认得的字加起来，估计不会超过那个数目的两倍……"

这么一说，听众顿时觉得缩短了与演讲者之间的距离，感到分外亲切。

"我 1945 年 11 月到了美国，在纽约上岸，第一件事情就是到哥伦比亚大学去找费米教授。他是世界著名教授，是主持制造世界第一个原子反应堆的人。但令我非常惊讶而且非常失望的是：那所大学的物理系秘书竟未听说过有一个叫作费米的人。原来，费米的行踪是保密的。

"后来得知费米教授将在芝加哥大学任教，于是我也就去了芝加哥大学，这是我成为那所大学研究生的缘故。

"我原来是想当个实验物理学家，但我在实验室里工作了 20 个月后发现：我的动手能力是不行的！

"我做实验常常发生爆炸。那时我们实验室里流传着一句笑话：'哪里有爆炸声，哪里就一定有杨振宁！'（听众大笑）泰勒教授——后来他被称为'氢弹之父'——建议我搞理论研究。我考虑了几天，接受了他的建议。这是我今天成为一个理论物理学家，而不是一个实验物理学家的原因……"

杨振宁生动的自述，既道明了名师的重要作用，又说明了在科学研究上要根据自己的特点扬长避短。

杨振宁在讲述了关于自己的许多故事之后，总结道：

"回想过去，我觉得自己非常幸运：我在苦难颇多的时代中，度过了一个幸福的童年；在战争时期，许多人家破人亡的时候，我却在西南联大受到了良好的教育，后来又有机会到美国去；在我做研究生的时候，一个新的研究方向在蓬勃发展——粒子物理，我恰恰走进了这个方向；我一直有非常好的老师和非常好的合作者，后来又非常好的学生。我是集所有幸运之大成的人。我给自己一个勉励：我还应继续努力。"

他的这句"我还应继续努力"，又激起久久不息的掌声。

是的，在获得诺贝尔奖之后，他仍以"我还应该继续努力"作为座右铭，那么对于青少年来说，还有什么理由可以疏懒、停顿的呢？

杨振宁教授给年轻人提了两点建议，十分宝贵：

"第一，把自己的知识面放宽一些；第二，不要钻牛角尖。"

# 95. 坚强的早产儿——彭加木

**彭加木（1925—1980）**

　　中国植物病毒学家。原名彭家睦，广东南海人。曾任中国科学院新疆分院副院长、中国科学院上海生物化学研究所研究员。1947年毕业于南京中央大学农化系。1957年，他顽强地战胜癌症——"胸腔纵隔部恶性肿瘤"，奔赴边疆考察。以后，又多次赴边疆开展科学研究工作。1980年6月，在新疆罗布泊地区考察时遇难，为科学而献身。

1925年初夏，在广东南海县槎头村，一艘像橄榄一样两头尖的"玛浪艇"，急急地离开了码头。

在"玛浪艇"内，坐着一男一女。男的38岁，身材修长，皮肤白皙，不胖，穿着一身白色的"唐装"（指中式对襟衣服），名叫彭炳忠，广东韶关一家杂货店的伙计。那女的40岁，叫严秀和。她眉目清秀，梳着髻，小脚，怀着孕，是彭炳忠的妻子。

他们为什么如此行色匆匆？原来，严秀和要早产了！

"玛浪艇"靠在广州荔枝湾码头，产妇被送进离码头不远的柔济医院。刚到那里，严秀和便分娩了，生了个男孩，才1.3千克重！这一天是农历四月二十七日。

很巧，柔济医院刚刚进口了一只温箱，这个早产儿便成为温箱里的第一位居民。这个早产儿虽然十分瘦弱，却以惊人的生命力，在温箱中活了下来。可是，他的父亲迟迟不给他取名字，怕的是养不大。

过了好几个月，父亲见孩子活蹦乱跳的，才给他取了个名字，叫家睦，意即"家庭和睦"。

槎头，安谧而又秀丽的水乡。这里有小河、小道、田园、小山。

彭家睦两三岁的时候，还是那样又瘦又小，却很机灵。由于瘦弱，那双眼睛反而显得又大又明亮。人们亲热地喊他"阿睦"或者拖长声音喊"睦——"。

彭家睦虽然瘦小，胆子却不小。有一次，一条浑身长刺的虫在地上爬，别的小朋友都被吓跑了，他却把虫抓起来，放在手心细细端详。他对小朋友们说："人那么大，虫那么小。只有虫子怕人，哪有人怕虫子的？"

彭家睦家旁边，有条小河，叫石井河。在5岁的时候，彭家睦就学会了游泳。夏天，他差不多有半天是光着屁股泡在小河里的，浑身晒得黑不溜秋的。

小河里的小鱼、小虾，也使彭家睦着迷。他常常趴在河边，观看小鱼、小虾们怎样"吃饭""散步""睡觉"。有时，他从泥里挖出蚯蚓，挂在鱼钩上钓鱼、钓螃蟹。

自从哥哥给家睦做了一副"弹叉"（指弹弓）之后，他对鸟儿也产生了莫大的兴趣。一旦把小鸟打中，那股高兴劲儿就甭提了。彭家睦后来上了大学，居然还把"弹叉"带去。有一次，他看到一个敞开的气窗上站着一只麻雀，自信百发百中，便用"弹叉"弹击，石子却把玻璃打破了！谁知那正是系主任的办公室，系主任一看，原来是彭家睦闯的祸。从此，这个笑话便在同学们当中传开来了。

彭家睦8岁时，到佛山市一家私立小学念三年级，那里离槎头远，要住校。父母都很不放心，然而，彭家睦却满不在乎，很想到远的地方去。于是，从8岁起，他便开始独立生活。

父亲时时惦记着这个早产儿，常托熟人去看他。有一次，熟人从学校带回一张题词，上面写着：

赠家睦学弟：

读书味道长

原来，这是因为彭家睦成绩优秀，老师亲笔题字奖励他呢！

彭家睦的手也很巧。他糊的风筝能高高地在蓝天中飘荡，样子也很漂亮。有的小朋友做的风筝飞不上天，总是请他当"顾问"。

彭家睦从小喜欢跳绳。一跳起来，绳子"呼呼"直响，他一口气能跳上千下。后来，他一直用跳绳锻炼身体，五十多岁了还常常跳绳，他家里有五六根跳绳！

1947年，彭家睦毕业于南京中央大学农化系。中华人民共和国成立后，他在中国科学院上海生物化学研究所从事科学研究工作。1950年入团，1953年入党。

1956年，彭家睦改名彭加木。为什么改名呢？

原来，那时候"向科学进军"的号角声响彻中国大地，中国科学院为了开发边疆资源，组织了综合考察委员会。这个委员会"招兵买马"，组成好多个小分队，准备分批赴边疆进行实地考察。

当时，彭家睦已经结婚，儿子4岁，女儿才几个月，正需要他照料。可是，他为了响应"向科学进军"的号召，为了开发边疆，写信给中国科学院院长郭沫若：

"……我志愿到边疆去，这是夙愿。我的科学知识比较广泛，体格强壮。面对困难，我能挺直身子，倔强地抬起头来往前看。我具有从荒野中踏出一条道路的勇气！"

就在这封信上，他第一次签署了"彭加木"这名字。

他笑着向别人解释改名的原因："'家睦'，只是希望家庭和睦，着眼于小家庭，太狭隘了。我要跳出小家庭，到边疆去，为边疆添砖加瓦，'添草加木'！"

他还"咬文嚼字"地说道："加木，合起来就是一个'架'字，我要为上海与边疆之间架设桥梁！"

彭加木意志坚强、始终如一。从那以后，不论是身患癌症，还是在十年浩劫中遭受迫害，身陷囹圄，他都毫不动摇，为发展边疆的科学事业贡献了毕生的精力。

# 96. "李精于学" ——李政道

李政道（1926—    ）

美籍华裔物理学家。祖籍江苏，生于上海。1956 年，与杨振宁一起推翻"宇称守恒定律"。1957 年，与杨振宁共获诺贝尔物理学奖。

从 1901 年开始，每年的 12 月 10 日，在瑞典首都斯德哥尔摩都要举行隆重的授奖典礼，把本年度的诺贝尔奖授给那一年最有贡献的科学家。

诺贝尔奖获得者坐在高高的、刻有狮子头的雕花皮背的扶手椅上，接受人们的祝贺。瑞典国王亲自给获奖者颁发诺贝尔奖章和证书。

那么多年过去了，在那高高的扶手椅上，从来没看见过中国人。

1957 年，两位年轻的物理学家第一次坐上了那尊贵的扶手椅。

这两位科学家，一位叫李政道，31 岁；一位叫杨振宁，35 岁。

也就在这一年，他俩还获得了爱因斯坦奖。在一年内同时获得两项世界性科学奖，是不多见的。

这两位科学家为什么会得到这么崇高的荣誉呢？

这是因为他们朝气蓬勃，敢想敢干，在 1956 年推翻了被人们尊崇了几十年的"宇称守恒定律"，创立了"宇称不守恒"的新理论。

什么是"宇称守恒定律"呢？

每天，当你用镜子照自己的话，镜子里就出现一个跟你一模一样的影像，叫作"镜像"。如果以镜面为分界线，可以看出，你和你的镜像完全对称，只是方向相反。

在原子物理学上认为，两个互为镜像的基本粒子，有相同的物理性质。这便叫作"宇称守恒定律"。

杨振宁在他所著的《基本粒子发现史》一书中，曾这样介绍了"宇称守恒定律"：

"自古以来，人们就已经在讨论对称原理之一——左和右之间的对称。自然是否呈现这种对称性，曾经被以往的哲学家长久地辩论过……然而物理学定律一直显示出左右之间的完全对称。这种对称在量子力学中可以形成为一种守恒定律，称为宇称守恒，它和左右对称原理完全相同。宇称的概念最早是由维格纳所提出的。它在分析原子光谱中很快就变得非常有用。这个概念后来又进一步被用到原子核物理、介子物理和奇异粒子物理的现象中去。"

然而，自 1954 年起，人们却发现了一种奇怪的现象：有两种介子，一种名叫"θ介子"，一种名叫"τ介子"。这两种介子性质相同，质量也一样，可是，宇称不相同。按照"宇称守恒定律"，θ介子与τ介子既然宇称不相同，当然应该是两种不同的介子。

李政道和杨振宁经过反复探索，终于解决了这一难题：θ介子与τ介子是同一种粒子。

为什么同一种粒子，宇称会不相同呢？1956年，李政道、杨振宁大胆地提出新理论："宇称守恒定律"并不是一种普遍的规律。它只适用于基本粒子的强相互作用和电磁作用，而不适用于弱相互作用。

过了半年，美籍华裔女物理学家吴健雄和海华特、霍浦斯、赫德逊等人在绝对温度0.01K（开尔文，绝对温度单位）的超低温条件下进行实验，证明了李政道、杨振宁的新理论是正确的。

这下子，世界科学界轰动了，人们向李政道、杨振宁表示了热烈的祝贺。

李政道教授是一个非常勤奋的人。他曾说过："我每天睡得不很多，中午不休息，这倒是习惯。"他曾在浙江大学、西南联大读书，当时条件十分艰苦。他回忆道："我在浙大学习时的条件十分艰苦，物理实验是在庙里做的，教室和宿舍就在两个会馆里。一下雨，满街泥泞。白天就到茶馆里看书，做习题，泡一杯茶，目的是买个座位，看一天书，茶馆里再闹也不管。在西南联大的时候，物质条件也很差，住的是草房子，十五六个人睡一间房子，过几个月就要把床搬出去灭臭虫。那时联大只有一间煮床的小房子，所以每次只能煮一张床，臭虫不能同时消灭。"

李政道喜欢看书。他曾谈自己读书的体会："看书不要限于科技书，还可以看文艺小说、科学幻想小说等。这样有好处。我从小就喜欢看书，杂得很，什么书都看。有一本书叫《会跳舞的蜜蜂》，讲蜜蜂用跳舞画圈来表示蜜源的距离和方向，还有蜜蜂的眼睛能感受偏振光。《1，2，3……无穷大》和费米夫人写的《原子在我家中》，也很好看。"

李政道不到20岁，便去美国留学。他治学严谨，周恩来总理称赞他"李精于学"。

李政道曾这样谈及自己的治学之道：

　　要下决心走自己的路，才能做出开创性的工作。这就好像一个人在黑屋子里找门。要找到门，你就得动手去摸，这里摸一摸，那里摸一摸。这时，你的头脑必须是很清醒的，有很强的判断力。摸得不对，及时离开。摸到苗头，就认定不放。这样，一旦摸到了门，打开它就并不十分困难了。而打开大门之后，必然是山清水秀，一片光明。这也是我们工作者探索世界奥秘的无穷乐趣。

他还说：

　　高质量的科学人才是如何培养出来的？有什么规律？看来主要有三条：一是年轻；二是素质好，有创造性；三是培训工作要快、要猛，不能中途停顿。这样，才能让年轻人保持一股锐气，创造出别人不能创造的东西。

# 97. 断手再植的奇迹——陈中伟

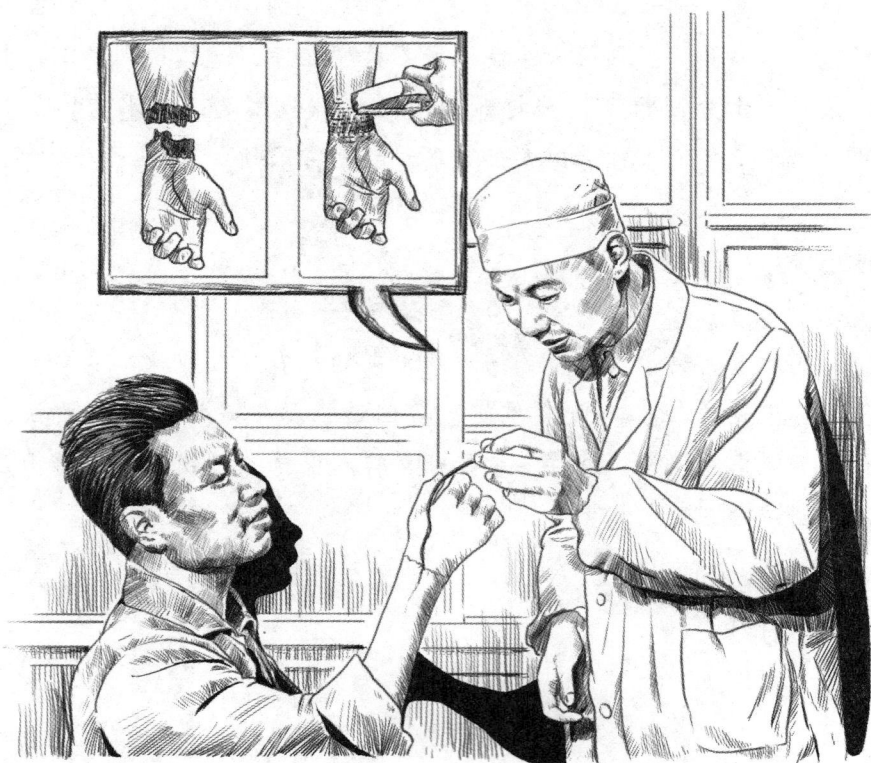

### 陈中伟 (1929—2004)

中国断肢再植、显微外科专家。浙江宁波人。曾任中华医学会外科学会副会长、中国科学院院士。1963年，与钱允庆等首创断手再植。此后在断肢再植、显微外科方面作出了许多贡献，被国际上公认为断肢再植及显微外科奠基人之一。著有《显微外科》《断肢再植》等书及数十篇论文。

在绣花厂里，女工们的手飞针走线，像在花丛中飞舞的一只大蝴蝶。

在音乐会上，钢琴演奏者的手指，像急骤的雨点般敲打着琴键；而琵琶演奏者那只拨弦的手，由于动作太快，在水银灯下看上去成了一团白色的虚影。

在体操表演时，一名运动员擎起另一名运动员，那只手是何等健壮有力。

邮递员用手飞快地分信；纺织女工用手在一眨眼间打好断纱的一个结头；玉雕工人用手巧夺天工地雕出精美的玉石花篮；解放军战士用黑布蒙着眼睛，用手迅速地把拆散的零件装成一挺机关枪；击剑运动员用手挥舞着银闪闪的利剑，刺向对手……

手，是多么的重要！如果没有手，那将给一个人带来多大的痛苦和损失！

1963年1月2日，一个工人被送到上海第六人民医院急诊室。他的右手在腕关节以上约3厘米的地方被冲床完全切断了。按照惯例，医生对于这种外伤病人，只能把伤口包扎起来，手断了，也就只好断了，无法挽回。

然而，34岁的外科医生陈中伟却和其他几位医生共同合作，在世界上第一次创造了断手再植的奇迹！

一年后，这个工人的右手恢复正常。他用这只右手写下了这样的话："感谢共产党，感谢毛主席，感谢人民医生使我断手复活。"

1929年10月，陈中伟出生于浙江宁波。他的家庭，可以说是一个"医学之家"：父亲是县医院院长，母亲是药剂师。他的爱人、姐姐、姐夫、岳父、岳母以及女儿，也全都是医生！

陈中伟小时候，常常好奇地从父母那里接过显微镜观看，他开始明白什么叫作细胞，什么是红细胞。本来，他以为脓那么脏，一定是病菌，后来从父亲那里知道，脓是白细胞与细菌打仗牺牲后的"尸体"。

陈中伟学着父亲的样子，拿着解剖刀，解剖青蛙之类的小动物。他甚至不放过家中宰鸡剖鱼的机会，借机解剖动物、了解动物构造。

不久，陈中伟考上了宁波第一流的中学——效实中学。它，是童第周的母校。

上中学时，陈中伟很喜欢体育运动，是学校的篮球队员、网球选手。高中一年级时，他曾获浙江网球双打冠军、单打亚军。在铁饼、标枪比赛中，他获得过宁波市第一名和第二名。

陈中伟从小把学问当作"桑叶"，认为只有不断吃进"桑叶"，将来才能"吐丝结茧"。在中学时代，陈中伟的生物课成绩一直在 90 分以上。他也很喜欢英语。

中学毕业后，陈中伟考入上海第二医学院医疗系。在大学里，他特别重视解剖学。他认为，侦查员要对地图了如指掌，对于外科医生来说，解剖图就是地图。他亲自动手解剖了 10 多具人的尸体，从此脑中有了一张立体的解剖图，为医学工作打下了坚实的基础。

1954 年秋天，陈中伟毕业于上海第二医学院，开始在第六人民医院担任骨科医生。

1963 年，他创造了断手再植的奇迹之后，在 8 月 7 日晚上，受到周恩来总理的亲切接见。周恩来总理伸出温暖的手，紧握陈中伟那双灵巧的手。周总理鼓励他，要再接再厉！

要再接再厉！陈中伟和他的同事们，手把着手，把断手再植技术教给别的医生，使这朵奇异的花开遍全国。

要再接再厉！陈中伟和他的同事们，手把着手，把断手再植技术教给外国友人，使这朵奇异的花开遍全球。

在家里，陈中伟经常飞针走线，用他那双手巧妙地缝制衣服，做得比他爱人还好。陈中伟用他那双手切肉剖鱼，也十分在行。因为他连在做家务的时候，也始终没有忘记——把手锻炼得更加灵活，以便能做好手术。

在动手术的时候，陈中伟的心比绣花女工还细，手比绣花女工还巧。他采用新技术进行断手再植——使手术在显微镜下进行。因为手中的小血管非常细小，只有在显微镜下才能清楚、准确地进行手术。由于采用了显微外科新技术，现在，断指再植的成功率从原来的百分之五十，提高到了百分之九十！

人们常用"明察秋毫"来形容精细，显微外科手术无愧为"明察秋毫"的手术。陈中伟所用的针、线，只有头发的三分之一那么细，一掉在地上就找不到了！那针往布上一插，针尖也会碰断！

为了使双手能够在显微镜下进行如此精细的手术，陈中伟不论在挥汗如雨的炎夏，还是在寒风刺骨的严冬，每天坚持用大白鼠做试验，越练越细巧。医学界有句行话："一个好的外科医生，要具有狮子般的心，鹰般的眼睛和女人般的手。"陈中伟正是从无数次手术和试验中，才磨炼出这三个条件。

美国科学作家赫纳汉为美国《科学年鉴》撰写的《显微手术》一文中，高度评价了陈中伟的成就：

"毫无疑问，断指、断肢再植成功的病例最多的还是在中华人民共和国。中国的显微外科医生在1963年首次成功地再植了断手。最早在一只手上再接上四个断指的也是他们……访问过中国的原美国医学会主席托德说：'他们（指那些外科医生）的本领比我们在美国见到的高超得多。'

"他们的技巧之所以精湛，其原因之一可能是由于中国人在全国各地建立了一些显微外科中心，每个中心都为千百万人服务。世界上最大的这样一个中心就是上海第六人民医院。在那里，中国最早的显微外科医生之一的陈中伟，从1966年以来，再植了300多个手指。"

在中国古代神话中，据说有一位"千手观音"。陈中伟成了真正的"千手观音"。不过，神话中的"千手观音"，她的一千只手是长在她自己身上；而陈中伟却是用自己的双手，使成百上千人的手失而复得！

# 98. "青蒿素之母" ——屠呦呦

屠呦呦（1930—　）

　　中国药物学家。浙江宁波人。1955年毕业于北京医学院药学系。1955年起在卫生部中医研究院（现中国中医科学院）中药研究所工作直至退休。1971年10月4日用乙醚从青蒿中提取青蒿素，对于疟原虫的抑制率达到了100%，引起世界各国的密切关注。2015年10月，屠呦呦与另外两位外国科学家一起获诺贝尔生理学或医学奖。

　　1628年，西班牙总督路易·孟多兹和夫人西渡大西洋，来到当时西班牙的殖民地——秘鲁。在那里，总督夫人不幸得了疟疾。尽管总督的随身医师对她进行了精心治疗，但仍无济于事。发病后的第六天，总督夫人濒临绝境。医生已经预言她很难活到天明。

　　就在这时，驻守当地多年的一位西班牙官员，送来了几片树皮，研磨成细粉，掺在酒中，让夫人服用。这"树皮酒"如同仙丹，救了总督夫人。据说当地的印第安人就是用这种树皮治疗疟疾的。

　　从此，美洲那神奇的树皮，被运往欧洲，成为昂贵的药物。法国国王路易十四患疟疾，也靠这种树皮治愈。这神奇的树皮，味极苦。这种树，叫作"奎宁"。

　　奎宁树皮为什么能治好疟疾呢？人们花费了30个春秋进行研究，终于在1820年从奎宁树皮中提取出一种白色的生物碱——金鸡纳碱（即奎宁）。经过28年之久，人们弄清楚了金鸡纳碱的化学成分。再过了60年，弄清楚了它的分子结构。最后又过了30年，人们才用化学方法，人工合成了金鸡纳碱。从此金鸡纳碱成为疟疾的克星。

　　然而到了20世纪60年代，由于长期使用金鸡纳碱，疟原虫产生了抗药性，金鸡纳碱失效了，急需研制新一代的治疗疟疾的特效药。当时，越南战争如火如荼，越南战士和美国大兵在又热又潮的丛林中作战，同时又备受疟蚊的困扰。越南求助于中国。于是中国与美国的科学家同时着手研制抗疟新药。

　　根据毛泽东主席、周恩来总理的指示，由国家科委与中国人民解放军总原后勤部牵头，组成"疟疾防治研究领导小组"。1967年5月23日，"全国疟疾防治研究协作会议"在北京召开。作为一项秘密的军事科研任务，"523"，成了当时研制防治疟疾新药项目的代号。中国7个省市、60多家科研机构、超过500名科研人员协力攻关。一家军队医院承担了主攻任务。

　　两年过去了，"523"项目没有取得重大进展。能不能在中医中药中寻求突破？金鸡纳碱不就是从印第安人用于治疗疟疾的奎宁树皮中发现的吗？于是"523"领导小组叩开了卫生部中医研究院中药研究所的大门。中药研究所一位39岁的女助理研究员挑起了这一重担，担任项目组组长。

她叫屠呦呦，浙江宁波人，讲话有着明显的南方口音。她是家里5个孩子中唯一的女孩。父亲有很好的文学修养，从《诗经·小雅·鹿鸣》中的"呦呦鹿鸣，食野之蒿"，给女儿取名呦呦。至于"蒿"，依据南宋著名学者朱熹的注释："蒿，即青蒿也。"青蒿是遍布中国的普普通通的一年生菊科草本植物。父亲没有想到的是，女儿的命运竟然从此与青蒿紧密相连。

屠呦呦在1955年毕业于北京医学院药学系，有着扎实的西药研究功底。进入中医研究院中药研究所之后，从1959年到1962年又参加了卫生部全国第三期西医离职学习中医班，所以成为中西医兼容的学者。屠呦呦知道，在中国古代就有疟疾，她想，从中医中药古籍之中，一定可以寻找到可贵的启示。于是屠呦呦埋头于查阅医学本草、地方药志，走访老中医，她搜集了2000多张有关抗疟候选药的药方。

与此同时，在太平洋彼岸，美国药学家依据他们的思路筛选了20多万种药物。不过，他们的思路似乎始终绕不开奎宁，试验着很多奎宁类药物，所以进展不大。

屠呦呦的目光，最终聚焦于青蒿。因为多部中医中药典籍提到青蒿的治疟功效：早在公元前2世纪，中国先秦医方书《五十二病方》就已经在药方中写及青蒿；公元340年，东晋的葛洪在《肘后备急方·治寒热诸疟方》一书中，首次描述了青蒿的抗疟功能；李时珍的名著《本草纲目》也称青蒿能"治疟疾寒热"……

于是屠呦呦着手从青蒿中提取有效的治疟成分。按照传统的方法，她把青蒿切碎，放在水中加热、过滤，然后从滤液中提取有效药物。众所周知，加热通常能够提高物质的溶解度，所以中药几乎都是"煎服"，这"煎"就是加热。然而令屠呦呦沮丧的是，她把青蒿加热了190次，并用小白鼠做实验，却是一次次失败。

1971年秋日，就在"山重水复疑无路"的时候，屠呦呦重读东晋葛洪的《肘后备急方·治寒热诸疟方》一书，反复琢磨那句话："青蒿一握，以水二升渍，绞取汁，尽服之。"葛洪为什么不提"煎服"，而是"绞取汁"。也就是说，葛洪避开了加热的惯例，而是在常温下用手从青蒿中"绞"出，也就是拧出、挤出青蒿汁液。屠呦呦豁然开朗，1971年10月4日改用沸点很低的乙醚提取青蒿中的有效成分，对于疟原虫的抑制率达到了100%，获得了成功！这是关键性的一步，屠呦呦在失败190次之后，在第191次获得了成功。她从青蒿中提取了抗疟新药——青蒿素。她还发现，青蒿含有抗疟活性的部分是叶片，而且只有新鲜的叶子才含有青蒿素有效成分。

屠呦呦曾回忆说："青蒿素治疗疟疾在动物实验中获得了完全的成功，那么，作用于人类身上是否安全有效呢？为了尽快确定这一点，我和同事们勇敢地充当了首批志愿者，在自己身上进行实验。在自己身上的实验获得成功之后，我们课题组深入到海南地区，进行实地考察。在21位感染了疟原虫的患者身上试用之后，发现青蒿素治疗疟疾的临床效果出奇的好。"

屠呦呦曾这样谈及胜利的喜悦："很难描述自己的心情，特别是在经过了那么多次的失败之后，当时自己都怀疑路子是不是走对了，当发现青蒿素正是疟疾克星的时候，那种激动的心情是难以表述的。"

此后，1973年，屠呦呦再接再厉，又首创了青蒿素衍生物"双氢青蒿素"，临床药效比青蒿素高出10倍。

1977年，屠呦呦首次以"青蒿素结构研究协作组"的名义撰写的论文《一种新型的倍半萜内酯——青蒿素》，发表于《科学通报》，引起了世界各国的密切关注，尤其是引起久久未能攻克治疟难关的美国同行的高度注意。

1978年，青蒿素抗疟研究课题获全国科学大会"国家重大科技成果奖"。

1984年，青蒿素的研制成功被中华医学会等评为"建国35年以来20项重大医药科技成果"之一；

1987 年，屠呦呦被世界文化理事会授予阿尔伯特·爱因斯坦世界科学奖；

1992 年，双氢青蒿素成果被国家科委等评为"全国十大科技成就奖"；

1997 年，双氢青蒿素成果被卫生部评为"新中国十大卫生成就"；

2011 年 9 月，青蒿素研究成果获拉斯克临床医学奖；

2015 年 10 月，85 岁的屠呦呦荣获诺贝尔生理学或医学奖。这是中国本土科学家第一次获得自然科学领域的诺贝尔奖。屠呦呦不是院士，没有海外留学经历，甚至没有博士头衔，凭借毕生不懈的努力，终于实至名归，戴上诺贝尔奖的桂冠。但是在屠呦呦看来，青蒿素的重大意义在于挽救了全球尤其是发展中国家数百万受疟疾侵害的人们的宝贵生命。屠呦呦还认为，"荣誉不仅仅属于我个人，也属于我们中国科学家群体。"

青蒿素被非洲人民称为"中国神药"。屠呦呦被誉为"青蒿素之母"。哦，"呦呦鹿鸣，食野之蒿"！

在北京一座公寓的 20 层，屠呦呦在接受记者采访时说了一段深刻的话：

"青蒿素是古老中药的真正馈赠。我相信，中国医药将帮助我们战胜危害世界各地人们生命的疾病。"

# 99. "数学怪人"——陈景润

### 陈景润（1933—1996）

中国数学家。福建闽侯人。1953 年毕业于厦门大学数学系。1957 年，在中国科学院数学研究所工作。曾任研究员、中国科学院物理学数学部学部委员。1973 年第二期《中国科学》发表他的论文《大偶数表为一个素数及一个不超过二个素数的乘积之和》，对求证哥德巴赫猜想作出了贡献。1979 年，写出论文《算术级数中的最小素数》，把最小素数从原来的 80 推进到 16。

曾有人到福州市英华中学做过调查。他们查看了学校图书馆每本书上的借阅卡片，查出好多卡上有陈景润借阅的签名。仅就自然科学书籍，就有：大学丛书《微积分学》、大学丛书《达夫物理学》、哈佛大学讲义《高等代数引论》以及《郝克士大代数学》《实用力学》等。有的书还被借过两次。

英华中学是陈景润的母校，他在这里念了高中。从这些借书卡上的签名可以看出，陈景润在中学时代就开始钻研大学的数学课本，准备摘取数学皇冠上的明珠了。

由于他的刻苦努力，他终于在数学上作出了贡献。

然而，人们在谈起陈景润的时候，常常称他为"数学怪人"。

比之于一般的人，陈景润确实有点儿怪：

陈景润的衣着很随便。他的鞋子经常忘了系鞋带，衣服纽扣也没扣齐。即使出国了，穿上笔挺的西装，他也常常忘了系领带，衬衫的领子皱得厉害。

他留平头，从来不讲究什么发式。

陈景润吃饭也很随便，常常很晚才到食堂吃饭。有时过了开饭时间，他就拿个冷馒头，舀点蒸馒头锅子里的开水，一边嚼，一边喝，算是一顿饭。1979 年，陈景润应邀到美国普林斯顿高级研究所工作，中饭是自己准备的干粮和水果；而研究所大楼里就有一个很好的餐厅，他却不去吃。

陈景润成为一个著名的数学家之后，仍住在那间 10 平方米的房间里。领导给他分配了新房子，他不愿意搬。他说："现在大家住房都很紧张，我只有一个人，这就够好啦。"

他不爱玩，把所有的时间，都用在数学研究上。他到了美国一个多月，就连近在眼前的纽约也没去过。他除了在飞机上看过两次电影之外，在美国 5 个多月居然没看过别的电影。

他睡得很少，每晚只睡三四个小时。常常深夜 12 点才睡，凌晨三四点钟就开始工作了。他参加会议住在旅馆时，一有空就躲在卫生间里，关起门来研究数学。

陈景润，就是这么"怪"。

其实，陈景润之所以跟一般人有点儿不同，就在于他把全部身心都献给了数学。他整天在"数学王国"中涉猎、登高，忙得不亦乐乎，很少有时间去考虑别的事情，特别是一些生活上的琐事。

他的精神境界是很高的，是很感人的。

在美国，陈景润工作了5个月，薪金共收入1万美元。然而，他只花了2500美元。其中有1800美元是用于房租、水电费之类，700美元用于伙食、买药和零用。回国后，他把节余的7500美元，全都献给了国家。

他的身体不太好，医生常常劝他休息。他的回答是：

"革命如拼命，拼命干革命，有命不革命，要命有何用？"

陈景润的论文《大偶数表为一个素数及一个不超过二个素数的乘积之和》发表后，攻克了数学上的一个难题，国外称之为"陈氏定理"。这时，陈景润怎么想呢？

他却以为，自己不过翻过了科学上的一座小山包，真正的高峰还远着呢！

陈景润如饥似渴地不断读书。他说："我非常想静下心来念书。不然，我就要落后了，就要辜负党和人民的期望了。"

陈景润是一个高尚、谦逊、勤奋的人——那"怪"，只不过是一种表面现象罢了。

# 100. "光纤之父"——高锟

**高　锟（1933—2018）**

　　高锟，华裔光纤通信、电机工程专家，英国、美国双重国籍同时又是中国香港居民。生于中国上海。伦敦大学博士。曾任香港中文大学校长，英国皇家工程科学院院士，美国国家工程院院士，瑞典皇家工程科学院外籍院士。2009年与美国科学家威拉德·博伊尔、乔治·埃尔伍德·史密斯共享诺贝尔物理学奖。

光纤，对于你来说，也许相当陌生，甚至没有见过。可是，光纤就在你的身边。一旦光纤从你的身边消失，你的生活就变得"无精打采"。人们这么形容没有光纤的日子："没有光纤就没有高速传输的互联网，没有高清晰数字电视，没有即发即收的电子邮件，没有免费的网络聊天工具，没有遍布城乡的固定电话和移动通信。"如此说来，光纤与你是须臾不可离。

光纤，也就是光导纤维。插入你的电脑、电视机的那根圆圆的粗粗的白色导线，就是光纤。别以为光纤那么粗，其实光纤非常的细，比你的头发还细，跟蛛丝差不多。在那圆圆的粗粗的白色导线里，有很多根光纤，光纤外有保护层和绝缘层。许许多多根光纤，组成光缆。那根圆圆的粗粗的白色导线，准确地说，就是光缆。

在中国古代的万里长城，用烽火台燃烧的火光传递信息。这毕竟太慢、信息量太有限了。20世纪60年代初，随着电脑技术的发展，急需一种导线，能够把一台台电脑联系起来，让信息在电脑间传递。在伦敦，英国国际电话电报公司的一位名叫高锟的华裔工程师，正在研究用玻璃制作光纤，用光纤传递信息。在他看来，电可以用电线（铜）传递，而信息可以用光缆（光纤）传递。高锟夫人黄美芸对自己的丈夫的评价是"他总是思维超前"。高锟正是"思维超前"，1963年便着手光纤通信的研究。

1966年7月，33岁的高锟在英国电机工程师学会学报上发表了论文《光频率介质纤维表面波导》，开创性地提出光导纤维在通信上应用的基本原理。这篇论文被认定是光纤通信的奠基之作。不过，当时也有人以为，高锟异想天开，是一个"疯子"。

当时，高锟遭遇的最大困难，就是玻璃不纯，含有许多杂质，使光在光纤中传递时损耗很大。高锟经过精密计算，认为用纯度极高的玻璃纤维传输光信号可以超过100公里的距离，而在当时的普通的玻璃纤维只能传输光信号20米远。

成败的关键，在于能否制得高纯度的玻璃——也就是石英玻璃。1970年，美国康宁公司最早攻克了这一难关，制造出世界第一根可用于光通信的光纤。随着高纯度的玻璃投入大量生产，光纤的成本不断降低，传输光信号的距离也越来越远。1981 年，第一个光纤通信系统建成。紧接着，一场规模宏大的光纤通信革命，在全世界掀起。光纤，成为连接世界各国的"信息高速公路"。高锟，被推崇为"光纤之父"。

高锟名声大振，变得非常忙碌。当时他乘坐航空公司的头等舱飞来飞去都嫌太慢，国际电话电报公司干脆用专机载着这位"首席科学总裁"，在世界各地演讲，并解决光纤通信革命中的种种问题。高锟的妻子黄美芸曾回忆说："有时给他秘书打电话，让他下班回来的路上从超市带点东西回家，秘书回答，'高太太，您不知道高博士今早去了纽约吗?'"

1933 年 11 月 4 日，高锟出生在江苏省金山县（今上海市金山区），童年时住在上海法租界霞飞路（今淮海路）。祖父高吹万是晚清著名诗人，父亲高君湘获美国密歇根大学法学博士，回国之后成为上海的大律师。高锟小时候读四书五经，10 岁时入一群欧洲留学生创办的上海实验小学，学习英语和法语。1948 年，15 岁的他随父母离开了上海，经台湾去了香港。在香港读完中学之后，高锟考入香港大学，但是香港大学当时没有开设电机工程系，他远赴英国伦敦，进入伍尔维奇理工学院学习电机工程。1957 年毕业之后，进入国际电话电报公司任工程师。1965 年获得伦敦大学电机工程博士学位。

1970 年到 1974 年，高锟在香港中文大学担任电子学系教授及讲座教授。1974 年又返回国际电话电报公司。他在位于美国弗吉尼亚州劳诺克的光电产品部担任工程主任。1982 年，他被国际电话电报公司任命为"首席科学总裁"，进入人生最忙碌的时期。

1987 年 10 月，高锟从英国回到香港，出任香港中文大学校长。从 1987 年到 1996 年，他担任香港中文大学校长十年之久。

1989 年，高锟获选为英国皇家工程科学院院士。1990 年，获选为美国国家工程院院士。

1996 年，中国科学院紫金山天文台将一颗于 1981 年 12 月 3 日发现的国际编号为"3463"的小行星命名为"高锟星"。

1997 年，高锟获选为瑞典皇家工程科学院外籍院士。

2009 年，76 岁的高锟与美国科学家威拉德·博伊尔、乔治·埃尔伍德·史密斯共享诺贝尔物理学奖，其中高锟获得二分之一的诺贝尔奖奖金。

# 101. 丁和 "J" ——丁肇中

丁肇中（1936—　）

　　美籍华裔现代实验物理学家。祖籍山东日照。出生于美国密歇根州，出生两个月后回国。1956 年赴美求学。1959 年获数学和物理学硕士学位。1962年获博士学位。1974 年，他领导的小组发现 J 粒子。1976 年因此与里克特共获该年度诺贝尔物理学奖。1979 年又用实验证实了胶子的存在。

1974 年 11 月 10 日，是一个不平常的星期天。

这一天，美籍华裔物理学家丁肇中教授所领导的小组，在美国纽约州阿普顿的国立布鲁克海文实验室里，发现了一种新的基本粒子。

尽管人们近几年来不断发现新基本粒子，然而，丁肇中这次发现的新粒子十分独特、十分重要。这种新粒子是不带电的，寿命特别长。

它的寿命有多长呢？

只有 0.0000000000000000001 秒！也就是说，在小数点后面还要加 19 个 0—— 一万亿亿分之一秒。

尽管看来它的寿命是那么短暂，然而，与近几年来相继发现的新的粒子比较，却算是"长命"的了。

丁肇中发现的这种新粒子，是一种新的重光子。丁肇中把它命名为"J"粒子，这有两层含义：一是因为"J"与中文"丁"字很相似；二是因为丁肇中小组在过去的 10 年里，一直在探索着量子和强子的相互作用，研究电磁流。

也就在这个不平常的星期天早上 9 点 20 分，从美国加利福尼亚州帕洛阿托的斯坦福直线加速器那里，又传出了一个振奋人心的消息——发现新粒子！

这是美国科学家里克特领导的小组发现的。有趣的是，这个新发现的粒子也是重光子，寿命同样很长。它的静止质量是质子的 3 倍多。

里克特小组把这个新粒子命名为"ψ"粒子。

这两个新发现，震惊了美国科学界。许多科学家闻讯纷纷赶到两个实验室，详细了解发现新粒子的经过。

人们进一步仔细地进行比较，结果发现 J 粒子和 ψ 粒子是同一种粒子。为了纪念丁肇中小组和里克特小组的功绩，这种新粒子被重新命名为 J/ψ 粒子。

1976 年，丁肇中和里克特由于发现了 J/ψ 粒子，荣获诺贝尔物理学奖。

在瑞典国王举行的授奖仪式上，丁肇中用中文写了发言稿，用汉语发表了演说，谈了自己的深切体会：

国王、皇后陛下、皇族们、各位朋友：

得到诺贝尔奖，是一个科学家最大的荣誉。我是在旧中国长大的，因此想借这个机会向在发展中国家的青年们强调实验工作的重要性。

中国有一句古话："劳心者治人，劳力者治于人。"这种落后的思想，对于发展中国家的青年们有很大的害处。由于这种思想，很多发展中国家的学生都倾向于理论的研究，而避免实验工作。

事实上，自然科学理论不能离开实验的基础，特别是物理学，它是从实验产生的。

我希望由于我这次得奖，能够唤起发展中国家的学生们的兴趣，而注意实验工作的重要性……

丁肇中自己，就是一个非常"注意实验工作"的人。他常常在实验室里工作到深夜两点。他认为："在科学的道路上，不脚踏实地、不付出艰苦的劳动，就不可能前进；松松垮垮，舒舒服服，是搞不出名堂的。"

丁肇中非常珍惜时间，争分夺秒。他说："自然界的奥秘随时都在吸引着每一个有志于科学的人，谁都想走在时间的前面，有所发现。因此，搞科学实验，争取时间是很重要的。"也正因为这样，丁肇中和里克特在同一天发现了 J/ψ 粒子。如果他稍微放松一下，就会落后于里克特；同样，里克特如果稍微放松一下，也就会落后于丁肇中。就在丁肇中、里克特发现 J/ψ 粒子之后几天，意大利的物理学家们也发现了这种粒子，但已落后于他们了！所以，在科学的征途上，犹如赛跑一样，一分一秒都不能放松。

丁肇中的祖籍是山东日照。父母都是美国密歇根大学的毕业生。父亲是工程学教授，母亲是心理学教授。

1936 年，丁肇中的父母赴美国密歇根大学安阿伯学院访问。因母亲早产，1月27日，丁肇中出生于美国密歇根州。按照美国的规定，在美国出生的孩子，即为美国公民，获得美国国籍。出生两个月后，丁肇中随父母回到中国。当时他的父亲在重庆大学任教，母亲在四川教育学院任教。丁肇中在重庆磁器口小学读书。

丁肇中20岁时，远涉重洋到美国密歇根大学学习数学和物理学。当时，他"身无半文"，靠着奖学金读完大学。1962年，丁肇中获得博士学位。

丁肇中具有强烈的事业心。他曾说过：

任何科学研究，最重要的是要看对于自己从事的工作有没有兴趣，换句话说，也就是有没有事业心，这不能有丝毫的强迫。许多人从事科学研究的时间并不长，而接连出成果，我认为很重要的原因就是他们有事业心。比如搞物理实验，因为我有兴趣，我可以两天两夜，甚至三天三夜待在实验室里，守在仪器旁。我急切地希望发现我所要探索的东西。

有人问他："这样刻苦攻读，你不觉得苦吗？"

丁肇中笑着答道："不，不，不，一点儿也不，没有任何人强迫我这样做。正相反，我觉得很快活。因为我有兴趣，我急于要探索物质世界的秘密。"

正由于丁肇中是一个不断努力、刻苦勤奋的人，所以1979年9月，他又一次证实了一种重要的新粒子——胶子的存在。人们曾在10年前预言过可能存在这种粒子，但10年来谁都没有找到它，却被丁肇中首先证实了！

# 102. "棒球化学家"——李远哲

李远哲（1936— ）

美籍华裔化学家。1958年毕业于台湾大学化学系。此后获台湾清华大学化学硕士学位、美国加州大学伯克利分校化学博士学位。1986年与哈佛大学美国科学家赫施巴赫、多伦多大学加拿大籍教授波兰尼共获诺贝尔化学奖。

当获得诺贝尔奖的消息，传进李远哲的耳朵里的时候，他正在美国新墨西哥州出席学术研讨会。同事们欢呼雀跃，向他贺喜，他还以为大家在称赞他昨日的大会发言。当他明白原来是科学桂冠落在他的头上时，他并没有像得胜的足球明星那样跳起来，而是非常平静地安坐在会场里，继续聚精会神地听着大会发言。

在他获奖之后，他也没有沉醉于掌声和鲜花之中。他走出记者的包围圈。他像往常一样，跟他的学生们一起坐在台下，观看着一位英国教授所做的有关爆炸的化学实验，细心地倾听那位教授的讲解。

诚如李远哲博士的儿子所说："父亲在取得科研上的荣誉时，表现往往是很平静的。"

李远哲向来是在化学园地里埋头苦干的一头"牛"，是一位"工作狂"。他的实验室里四面无窗。有一回竟一口气干了3天3夜！

他曾说："做一个科学家，生活态度要非常认真。看到一个事实，要打破砂锅问到底。如果对一般社会生活马马虎虎，糊里糊涂的话，绝对不会成为一个好的科学家。"

李远哲年轻时就很用功，做学问踏踏实实，认认真真。可是，他不死读书，他有着广泛的兴趣。他是棒球好手。他打乒乓球、网球，也出手不凡。他也喜欢音乐和美术。进入大学学习，他主攻化学，但是也选修物理系的一些课程。空余时，甚至还看看武侠小说。

广泛的兴趣使他的思路广阔，触类旁通。他荣获诺贝尔化学奖，是因为他所发明的交叉分子束法，对于了解化学物质相互反应的基本原理有着重大的意义，作出了重大突破。可是，他却用"棒球语言"来生动、通俗地讲述他的艰深的化学理论。他把分子束的撞击，比喻为"打出一只界外球"。他解释道："分子束的道路就像击中了棒球，却又稍微偏了点，几乎完全一样！"

在1986年，李远哲誉满全球。他除了诺贝尔奖金榜题名之外，还荣获彼得·德拜物理化学奖和美国国家科学奖章。

面对巨大的成功和荣誉，李远哲是那么冷静，可是却在华人世界刮起一阵"李远哲旋风"。黄皮肤、黑眼珠的同胞们为他自豪，因为他的成功清楚表明，炎黄子孙同样可以摘取世界科学皇冠！

# 103. 感恩母亲——崔琦

崔　琦（1939—　　）

　　美籍华裔物理学家。河南宝丰县人。1958年赴美国留学。1967年获芝加哥大学物理学博士。1982年起任教于普林斯顿大学。美国国家科学院院士。崔琦因发现"分数量子霍尔现象"于1998年与德国科学家霍斯特·施特默、美国科学家罗伯特·劳克林共获得诺贝尔物理学奖。

1998 年 10 月 13 日，众多的记者涌向美国普林斯顿大学，急急忙忙地寻找一位名叫崔琦的美籍华裔物理学家。学校也派人四处寻找他。

为什么在这一天有那么多人找崔琦呢？

因为这天的电视、报纸、电台，几乎都报道了这样的新闻：

"由于发现了'分数量子霍尔现象'，1998 年度诺贝尔物理学奖授予崔琦、施特默和劳克林。"

崔琦有着一早收听新闻的习惯。这天一早，他也从收音机得知他荣获今年诺贝尔奖的消息。尽管获得诺贝尔奖是当今学术界的最高荣誉，然而崔琦却并没有被这一殊荣所陶醉。他居然没有打电话把这一喜讯告诉他的爱妻琳达，也没有告诉他正在哈佛大学攻读博士学位的大女儿艾琳以及在俄勒冈州的小女儿朱迪丝。

由于崔琦已经与医院约好在这一天检查身体，他就像往常一样前往医院，犹如压根儿就没有获知那个特大喜讯一般。

喜讯在普林斯顿大学迅速传开。校方应新闻传媒的要求，决定为他召开记者招待会。

校方派人终于找到了崔琦。

记者们聚集在崔琦的实验室。记者招待会就在实验室里召开了。

跟记者们见面时，咔嚓咔嚓，崔琦成了摄影机的焦点。崔琦却像往常在实验室里工作一样，不仅没有系领带，连西装也没有穿。他的头发，像平时那样蓬松，没有喷发胶，也没有梳理。实验室里没有沙发，他只是随手拿了个小木凳，坐了下来。

面对记者们连珠炮般的发问，崔琦居然只用英语讲了三分钟，简短地作了回答，其他的问题都是由他的同事替他回答的……

1939 年 2 月 28 日，崔琦出生在中国河南省宝丰县一个贫穷的家庭，父亲崔长生、母亲王双贤都是文盲。

崔琦回忆说："小时候在乡下耕田、割草、放牛，能从中学毕业已算幸运，但是母亲有远见，自己不识字，却坚持要我上学。"

崔琦的母亲王双贤出生于河南省宝丰县肖旗乡一个大户人家，她的三个哥哥从小就进入私塾学习，王双贤虽然识字不多，但是她深明大义，知道读书的重要性。

王双贤有三女一子。崔琦最小，而且是她唯一的儿子，别人都劝王双贤应该把崔琦留在身边。王双贤首先考虑的是崔琦的前途。她决定送崔琦去香港读书，继续求学之路。

崔琦到了香港，不会讲粤语，也不会讲英语，两度写信给母亲，要求回河南老家。母亲请亲友代笔，要求儿子一定要在香港坚持读书。

就这样，在母亲的鼓励下，崔琦在学习上非常刻苦。虽然一开始他很吃力，但是很快就后来居上，成绩名列前茅。

崔琦并不死读书。他爱好体育，而且也喜欢文学。

1957年高中毕业时，崔琦以优异的成绩考取奖学金，前往美国深造。

1967年崔琦在美国芝加哥大学获物理学博士学位。1982年起任普林斯顿大学电子工程系教授……

为了不影响儿子崔琦的学习与工作，1959年夏日当父亲崔长生因病在老家去世时，母亲瞒着崔琦，没有把噩耗告诉他。

后来，家中老房子因年久失修而塌倒，母亲只得住在临时搭起的四面透风的茅草庵里。长女崔颖听说母亲在老家生活极其艰难，从北京赶回照料她。1968年，王双贤病死在茅草庵之中。长女崔颖在料理毕母亲后事之后，回到北京，不久也病逝了。

大洋彼岸的崔琦得知父母双亡以及大姐病故，不禁潸然泪下！

1998年年底，有人采访崔琦，问："你12岁那年，如果你不外出读书，结果会怎么样？"

当时，大家以为崔琦也许会这样回答："我永远成不了名，也许现在还在河南农村种地。"然而崔琦的回答，完全让人出乎意料。他说："如果我不出来，我的父母就不会那样死去！"

说着，崔琦流下了后悔的眼泪。

崔琦始终感恩母亲。如果没有母亲的远见卓识，没有母亲的自我牺牲，他永远无法在科学上作出贡献。

　　崔琦在科学上向来踏踏实实。他专心于自己的理论研究，并不关心名利。正因为这样，他并不十分看重获得诺贝尔奖。在他看来，重要的是贡献，而不是索取。

# 104. 从"红领巾"到数学家——杨乐和张广厚

**杨　乐（1939—　）**

　　中国数学家，中国科学院院士。江苏南通人。1962 年毕业于北京大学数学系。与张广厚共同在函数的"亏值""奇异方向"和"茹利雅方向"研究工作中作出了贡献。

**张广厚（1938—1987）**

　　中国数学家。河北唐山人。1962 年毕业于北京大学数学系。曾任中国科学院数学研究所研究员。

人们常问：杨乐、张广厚是怎样从"红领巾"到数学家的？这是从1956 年共青团南通市委的工作总结中，摘取的一段原话：

"通中（江苏省南通中学）有个杨乐同学，从小爱好数学。在高中阶段就抽出了约 1000 个小时的时间读了许多中外的数学书籍，演算了很多习题，初等数学题就在 1 万题以上，获得了较系统完整的数学基础知识。"

这一段话，可以说是对杨乐怎样从"红领巾"到数学家的最好的回答。

"万丈高楼平地起"，只有从小打好基础，将来才能攀登科学高峰。

杨乐从小就喜欢数学。

有一次，老师在杨乐的数学书封面上，发现写着"中科"两个字。

"这是什么意思？"老师问道。

"我长大以后，想到中国科学院里去研究数学。"杨乐回答道。

在中学时，杨乐阅读了很多课外的数学参考书籍，发现书上所有的定理，几乎全是以外国数学家的名字命名的。例如，平面几何被叫作欧几里得几何，直角坐标被称为笛卡尔坐标，勾股定理叫作毕达哥拉斯定理，根与系数的关系被称为韦达定理。其他还有牛顿二项定理、西摩松线、密国尔点等。当时杨乐就想："为什么都是些外国人的名字呢？难道我们中国人就不能为数学的发展作出贡献吗？难道我们天生就不如外国人吗……一定要把用中国人名命名的定理写在未来的数学书上！"

正因为杨乐从小树立了远大的理想，所以他学习勤奋，成绩优良。

在杨乐上高二的时候，来了一位新的代数老师。他一来，就连续考试三次，题目都比较难。

他是为了通过考试摸一下底。很多同学考不及格，可是，杨乐却每一次都是第一个交卷，而且全是 100 分！

杨乐为什么会连得 100 分呢？原来，他每天都坚持做数学题，有时一天做四五十道题。在中学时，他总共做了 1 万多道题。杨乐说："这只不过是'读书破万卷，下笔如有神'罢了。"

张广厚呢？他也不是生下来就是天才。考初中时，他曾因为数学不及格，没被录取哩！

张广厚的父亲是个矿工，有 5 个子女，家境清寒。小时候，张广厚到矿厂当童工，哪有时间好好读书。正因为这样，他去考初中时，名落孙山了。

张广厚不灰心。他到"童工补习班"去学习。他奋起直追，学习成绩就扶摇直上。刚开始的时候，别人花一天时间能学好，他要花两天时间学；渐渐地，他跟别人用的时间差不多了；到了后来，人家学一天，他学半天或更少的时间就行了。

第二年，他重新报考初中，算术得了 100 分。就这样，他考上了唐山市的开滦第二中学。

念中学时，张广厚深深爱上了数学。他看了许多数学参考书，如那本《范氏大代数》，他读了好几遍。他的数学成绩，在学校里名列前茅。

1956 年，杨乐和张广厚都以优异的成绩考入北京大学数学系。一个来自南方，一个来自北方的男孩，如今成了同班同学和莫逆之交。

在北京大学学习期间，杨乐和张广厚每天坚持演算 12 个小时，苦练基本功，苦练硬功夫。

杨乐说："学习就好像万米赛跑一样，每个暂时领先的人都不能自满松劲，而比较落后的人也不必气馁。只要经过长年累月、始终如一的努力，我们就能获得胜利。"

张广厚说："学习科学，是一口气也松不得的，科学的成就就是毅力加耐性。"

1962 年，杨乐和张广厚双双考入中国科学院数学研究所。由于他们在函数论研究工作中作出了贡献，在 1978 年，被提升为中国科学院数学研究所副研究员。

1979 年，杨乐当选为全国青联第五届委员会副主席。在会上，他谈了自己从"红领巾"到数学家的体会，他的话是发人深思的：

　　从事科学研究，困难是很多的。在每一个困难面前，我们决不能退缩，而是要千方百计去克服它；在每一个可能克服困难的思路面前，我们都不要轻易放弃，而要坚持到底。事实上确有一些困难初看起来似乎无法克服。经过一番研究和尝试之后，仍然到处碰壁，但这往往是关键的时刻，如果就此罢休，则基本上是一无所获。要有盯住不放的精神，千方百计克服困难，最后就可能绝处逢生。在这种时候，常常一连好几天，甚至几个星期都有点如痴如醉，睡也睡不好，吃也吃不香。在从事研究工作的过程中，就要有这种不畏艰辛、废寝忘食的精神和入迷的程度。

1980 年，杨乐被选为中国科学院学部委员，是 400 名学部委员中最年轻的一个。

让人们惋惜的是，张广厚于 1987 年 1 月不幸去世，终年还不到50 岁。

# 105. "渐冻人" 的奋斗——霍金

霍　金（1942—2018）

英国理论物理学家。被誉为继爱因斯坦之后最杰出的理论物理学家之一。霍金的主要研究领域是宇宙论和黑洞，证明了广义相对论的奇性定理和黑洞面积定理，提出了黑洞蒸发现象和无边界的霍金宇宙模型，在统一20世纪物理学的两大基础理论——爱因斯坦创立的相对论和普朗克创立的量子力学方面都作出了重要贡献。

2014 年 8 月，在英国剑桥，三桶冰水分别把 47 岁的罗柏特、45 岁的露希、35 岁的提摩西从头到脚浇得湿透。坐在一侧轮椅上的 72 岁父亲，虽然他面无表情，但是可以从双眼射出的明亮光芒感受到他内心的欢悦。三个子女替他迎接"冰桶挑战"，而被 ALS 禁锢在轮椅上的他已经无法接受"冰桶挑战"了。

ALS，学名叫作"肌肉萎缩性侧索硬化症"，是运动神经元的一种严重疾病。世界卫生组织把 ALS 与癌症、艾滋病并列为三大绝症。ALS 俗称"渐冻人症"，患者全身肌肉逐渐萎缩、无力直到衰竭，如同身体渐渐地被冻住一样。"渐冻人"先是无法走路，然后变得无法说话、无法写字、无法咀嚼直至无法呼吸，窒息而亡，但是在整个"渐冻"过程中患者的头脑始终是清醒的。

世界上有数百万"渐冻人"。为了给"渐冻人"伸出温暖的援助之手，公益组织发起"冰桶挑战"活动。活动规定，被邀请者要么在 24 小时内接受挑战，要么为"渐冻人"捐款 100 美元。在"渐冻人"之中，最耀眼的明星就是那位坐在轮椅上的 72 岁长者，他叫史蒂芬·威廉·霍金，英国著名物理学家。他为了给同样病症的患者鼓劲，主动请缨，加入"冰桶挑战者"的行列。只是他弱不禁风的身体无法经受冰水浇淋，便请自己的三个子女替父出征。

1942 年 1 月 8 日，霍金出生于英国牛津，这一天恰好是意大利著名物理学家伽利略逝世 300 年忌日。

霍金原本是一个活泼的小伙子，先是就读于牛津大学，后来在剑桥大学获得博士学位。然而，在他刚刚过完 21 岁生日，便因病住进医院，确诊为"渐冻人症"。医生断言他最多只能活两年，然而他却以惊人的意志跟"渐冻人症"作了长达半个多世纪的顽强斗争。他的身体渐渐被"冻"住，人们这样形容他的形象："头只能朝右边倾斜，肩膀左低右高，两脚则朝内扭曲着，嘴几乎歪成"S"形，只要略带微笑，马上就会现出'龇牙咧嘴'的样子。"

到后来，霍金能够活动的只有三根手指和两只眼睛。但是他却能够借助于智能轮椅，每天从剑桥西路 5 号家中，驶经剑河、国王学院，到剑桥银街的剑桥大学应用数学和理论物理系办公室上班；借助于翻书机器，大量地阅读各种图书，汲取知识的滋养，依然像当年那样"手不释卷"；借助于为他量身定做的电脑，每分钟能打出 15~20 个词，他完成了诸多学术论文和专著；借助于为他量身定做的语音合成器，与人对话，甚至举行学术讲座——1985 年他因患肺炎做了穿气管手术，从此"失声"，成了哑巴，但是他握着手掌大小的拟声器键盘，艰难地发出了自己的声音……

这位"渐冻人"，长期担任剑桥大学数学及理论物理学系教授，学术研究硕果累累。

1978 年他获得世界物理学界最高奖——爱因斯坦奖。

在 20 世纪 70 年代，他与彭罗斯一起证明了广义相对论的著名的奇性定理，为此他们共同获得了 1988 年的沃尔夫物理奖。

他长期从事黑洞研究，提出了黑洞蒸发现象和无边界的霍金宇宙模型，在统一 20 世纪物理学的两大基础理论——爱因斯坦创立的相对论和普朗克创立的量子力学方面作出了重要的贡献。他被誉为继爱因斯坦之后世界上最著名的科学思想家和最杰出的理论物理学家。

2009 年 8 月 12 日，他获得美国总统奥巴马亲自颁发的自由勋章。

"渐冻人"霍金出版了一部又一部学术著作，即便是身体健康的学者也未必能够如此多产。

他的代表作《时间简史》被译成了 40 余种文字，发行了约 2500 万册。

2006 年 6 月 19 日，国际弦理论大会在北京人民大会堂隆重开幕。霍金歪着脑袋、斜坐在轮椅上出席会议，引起了全场的关注。众多来自世界各地的科学家，向他投去尊敬的目光，而中国的少先队员则为他献上鲜花。这是他继 1985 年、2002 年之后第三次不远万里来到中国，举行题为《宇宙的起源》的学术讲座。

霍金曾经这样谈论人生："一个人如果身体有了残疾，绝不能让心灵也有残疾。"

霍金顽强的拼搏精神，感动了全世界，尤其是感动了无数的年轻人。

# 106. "抓住原子的人" ——朱棣文

**朱棣文（1948— ）**

　　美国华裔物理学家。1948 年出生于美国密苏里州圣路易斯。1976 年获美国加州大学伯克利分校物理学博士学位。1990 年任斯坦福大学物理系主任。1993 年任美国国家科学院院士。1997 年因"发明了用激光冷却和俘获原子的方法"与美国科学家威廉·菲利普斯、法国科学家科昂·塔努吉共获诺贝尔物理学奖。2008 年 12 月 15 日出任美国第 12 任能源部部长。

1983 年严冬，一场纷纷扬扬的大雪，降临美国新泽西州默里山，把这号称"花园之州"的地方变得白茫茫一片。坐落在这里的著名的贝尔实验室，也银装素裹。正在其中一间实验室里工作的 35 岁的美籍华裔科学家朱棣文，因为实验室的门被大雪封住，一时无法出去，索性隔着玻璃窗观赏雪景。没想到，漫天飞舞的雪花竟突然触发了他的灵感！

那时候，朱棣文正在研究如何"抓住原子"。他苦思冥想未得其解。

世间万物皆由微小的颗粒——分子组成，而分子则由更小的微粒原子组成。通常的 1 个分子，有的是由 2 个原子组成（如氧气分子 $O_2$），有的是由 3 个原子组成（如水分子 $H_2O$）……但是金属的分子，则由 1 个原子组成，如钠（Na）、钾（K）。所以"抓"住金属的分子，也就是"抓住原子"。

常温下，在固态金属里，成千上万的原子堆积在一起，一"抓"就是上亿个。熔化成液态，金属的原子仍然非常密集。要想"抓"住单个的金属原子，除非在气相——气体状态。不过，气体里的原子，通常以超音速飞机的速度（大约每小时 4000 公里）在那里做不规则运动。要"抓住原子"，先得让原子运动的速度慢下来。

怎么才能使气态的原子的运动速度慢下来？

下雪的时候，门被积雪堵住，原本东奔西跑的人只好老老实实待在房间里。看来，降温对于降低原子的运动速度，显然是一帖灵丹妙药。1985 年，朱棣文发表了第一篇关于冷却俘获原子技术研究的学术论文。

1987 年，朱棣文来到美国加州斯坦福大学实验室，对冷却俘获原子进行了深入研究，并且进行了大量的科学实验。

众所周知，最低的温度叫作"绝对零度"，即 $-273.15℃$。这是理论计算而永远无法达到的最低温度。朱棣文在斯坦福大学实验室，用激光束冷却气体，达到离绝对温度只有万分之一度的超低温。这时候，原子的运动速度降低到每秒几米以至几厘米！

原子"慢吞吞"地运动，意味着"抓"着原子变成可能。这时，朱棣文用三对（6 道）互相对射的激光束制成"光阱"。当原子进入"光阱"，就"陷"了进去，被"抓"住了！

从1987年到1992年，朱棣文花费5年时间，在斯坦福大学实验室里反复实验，克服重重困难，终于"抓住原子"。朱棣文也就成为世界上第一个"抓住原子的人"。

朱棣文用这样的比喻说明他的实验：犹如以喷水的方式使一个行进中的小球静止下来，让它悬浮在空中，让大家看个够。

"抓住原子"这项成就实现了科学家在前人所无法到达的领域内操控物质，对物理学理论是一个重大的突破。此外，"抓住原子"也有诸多实际应用的意义，诸如解读脱氧核糖核酸（DNA）的密码；借此研究"原子激光"，制造精密的电子元件；测量万有引力；发展太空宇航系统，进行准确的地面卫星定位……

朱棣文因"抓住原子"，与美国科学家威廉·菲利普斯、法国科学家科昂·塔努吉在1997年共获诺贝尔物理学奖。

1948年2月28日朱棣文出生于美国密苏里州圣路易斯，祖籍江苏苏州太仓。朱棣文出身于科学世家。在他的父兄辈中，至少有12位拥有博士学位或是大学教授。

朱棣文说，出生在这种很"厉害"的科学世家，他从小就感到了压力。上中学的时候，哥哥、弟弟的成绩非常优秀，而他则学业平平。他在学习上往往凭兴趣，对于有兴趣的课程成绩很好，其他功课就不怎么样。另外，他喜欢做模型，做实验，动手能力很强。中学毕业之后，他没有像哥哥、弟弟那样考入名牌大学，而是进入了罗切斯特大学。

1970年，他从罗切斯特大学毕业，进入加州大学伯克利分校读研究生，1976年获得博士学位。这时候的他，在科学研究上，依然是凭兴趣，但是他敏锐的科学眼光，使他发现了科学前沿最尖端的问题，诸如"抓住原子"，他产生了极大的兴趣。他从小养成的很强的动手能力，帮助他在科学实验中攻坚克难。他经过多年的精细探究，终于成为"抓住原子的人"。

朱棣文不仅获得了诺贝尔物理学奖，而且还出任了美国能源部部长。

他的成就，超过了他的哥哥和弟弟。

朱棣文喜欢打网球、游泳、骑自行车，还喜欢烹饪。他做的烤鸭，水平一流，这也充分显示了他的动手能力。他最遗憾的是不会说汉语。他说："我小时候，父母就一直和我说英语，我们家没有一本中文书，所有的邻居也都不会讲汉语。"

获得诺贝尔物理学奖，朱棣文说："我不希望因这个奖励打断我的时间表，我仍会像往常一样去学校上课。我还是骑车上班，我的衣着仍然和以前一样，我不认为会有太多的变化。"

朱棣文还说："获得诺贝尔奖是赢得了一种尊重，我想同时我也多了一种责任，要更多地去谈论科学。"

朱棣文的父母说："身为父母，有子荣获诺贝尔奖，当然非常开心。更重要的是，他替中国人争了光。"

# 107. 他在中国刮起"旋风"——钱永健

钱永健（1952—2016）

　　美籍华裔生物化学家。1952 年 2 月 1 日出生于美国纽约，祖籍浙江杭州，是中国著名科学家钱学森的堂侄。2008 年与日本有机化学家下村修、美国生物学家马丁·沙尔菲以绿色荧光蛋白的研究共获诺贝尔化学奖。美国国家科学院院士，美国国家医学院院士，美国艺术与科学院院士。美国圣地亚哥加利福尼亚大学生物化学及化学系教授。

2016 年 8 月 24 日，钱永健独自一人骑自行车出门之后，许久未归。钱永健是著名美籍华裔生物化学家，2008 年诺贝尔化学奖得主。妻子温迪拨打钱永健的手机，电话是通的，却没人接听。钱永健平常外出，喜欢骑自行车。考虑两年前他曾经中风，妻子担心他遭遇意外，便打电话报了警。

警方立即出警。根据手机的方位，在一条自行车道那里找到倒在地上的钱永健，他的心脏已经停止了跳动。他 1952 年 2 月 1 日出生于美国纽约，终年 64 岁，令人扼腕叹息。

钱永健是美国国家科学院院士，美国国家医学院院士，美国艺术与科学院院士，美国圣地亚哥加利福尼亚大学生物化学及化学系教授。他的溘然而逝，在世界科学界引起不小的震动。

把时间倒拨 8 年——

2008 年 10 月 8 日，不停响起的电话声，打破了已经 97 岁高龄的钱学森家的宁静。众多中国记者千方百计给钱学森家打电话，要求采访。不过，记者们并不是向钱学森采访两弹一星，而是询问钱学森的堂侄钱永健是怎样的一个人？晚年钱学森听力甚差，不得不请儿子钱永刚代为接电话。

钱永健，对于中国记者们来说，是一个非常陌生的名字，而在这一天他却成为全世界关注的"新闻人物"。

那是因为在这一天，瑞典皇家科学院宣布，日本科学家下村修、美国科学家马丁·沙尔菲和美籍华裔科学家钱永健共获 2008 年度的诺贝尔化学奖。

在三位获奖者之中，中国媒体最关注的是美籍华裔科学家钱永健。

钱永健获诺贝尔奖，在中国刮起了"钱永健旋风"。不过，这一次中国媒体在报道钱永健获得诺贝尔奖时，不像以往把着眼点放在"美籍华裔"上，而是冠以"钱学森堂侄"的醒目字眼。有的报纸干脆以《钱学森堂侄摘下诺贝尔化学奖》为大标题，连钱永健三个字都没有。中国媒体过分"放大"钱永健是"钱学森堂侄"这一点，所以钱学森家也就理所当然地成了媒体的关注点。

钱永刚在电话中告诉中国记者们，钱永健确实是钱学森的堂侄，是他的堂弟。钱学森已经对钱永健荣获诺贝尔化学奖表示祝贺。但钱永健是靠自己的努力获得诺贝尔奖。钱学森并不熟悉这位堂侄，彼此之间几乎没有什么来往。所以希望中国记者们在报道钱永健获奖时，不必强调他是"钱学森堂侄"。

钱永健的父亲是钱学榘，钱学榘的家庭有着浓厚的科学氛围。他的长子钱永佑为著名的神经生物学家，曾任斯坦福大学生理系主任，当选美国科学院院士。次子钱永乐也是颇有成就的美国科学家。钱永健是他的第三个儿子。

钱永健16岁时，还在上中学的他，便以金属如何与硫氰酸盐结合为题发表论文，获得素有"少年诺贝尔奖"之称的"西屋科学天才奖"第一名。20岁时，就以物理学学士和化学学士这样的"双学士"毕业于哈佛大学。他和长兄钱永佑分获美国难度最大的马歇尔奖学金和罗德学者奖，双双前往英国，分别进入剑桥大学和牛津大学深造。后来，钱永健成为美国加州大学圣地亚哥分校药理学及化学与生物化学两系的"双系教授"。他还是美国霍华德休斯医学研究所的研究员。1995年，钱永健当选美国医学研究院院士，1998年当选美国国家科学院院士和美国艺术与科学院院士。

日本科学家下村修、美国科学家马丁·沙尔菲和美籍华裔科学家钱永健共获2008年度的诺贝尔化学奖，是因为他们在"绿色荧光蛋白"方面作出的贡献。

三人之中，下村修1962年在北美西海岸的水母中首次发现了一种在紫外线下发出绿色荧光的蛋白质，即绿色荧光蛋白。随后，马丁·沙尔菲在利用绿色荧光蛋白做生物示踪分子方面作出了贡献；钱永健为了让科学界更全面地理解绿色荧光蛋白的发光机理，他还拓展了绿色以外的其他颜色荧光蛋白，为同时追踪多种生物细胞变化的研究奠定了基础。

钱永健一下子就成为众多记者采访的对象。加州大学圣地亚哥分校为此举行记者招待会，钱永健如同平日一样，穿着一件米色衬衣、一条米色西裤，走出实验室，面对众多的闪光灯和话筒。钱永健笑称："我感觉自己有点像被汽车大灯照到的一只鹿。"

钱永健谦逊地说："在我的这个领域中还有许多其他科学家努力从事研究，而诺贝尔奖评选时只能挑选某几个人，并且不超过3个，而我正好在这样一个评选范围内，被选中了。所以我觉得自己实在是很幸运！"

钱永健谈了他的科学研究的感受："科学可以给人带来很多本质的快乐来面对一些不可避免的挫折，所以我觉得兴趣很重要。20世纪60年代，也就是我的中学时代，生活很忙碌，那时的我就已经喜欢并痴迷于科学了。其次就是色彩，一直以来我很喜欢颜色，颜色让我的工作充满趣味，不然我坚持不下来。如果我是一个色盲，我可能都不会进入这个领域。"

他的同行们评价钱永健对于科学"极为专注""思维缜密、知识渊博"。

钱永健每天骑自行车上下班。他兴趣广泛，喜欢弹钢琴，也喜欢潜水。

# 108. 车库里的 "苹果" ——乔布斯

乔布斯（1955—2011）

美国发明家。苹果公司联合创办人。

在美国旧金山南湾，有一座小城市叫洛斯阿托斯市。洛斯阿托斯市的克里斯特大街2066号，是一幢普普通通的三房两厅两卫一车库的别墅式住宅。在那里，这样的房子比比皆是。2013年10月30日，洛斯阿托斯市的历史遗迹委员会决定，把这幢房子定为"历史性建筑"。据查证，这幢房子建于1952年，不过60多年而已，怎么就成了"历史性建筑"呢？

原来，那里是美国苹果公司创办人史蒂夫·乔布斯的故居。洛斯阿托斯市历史遗迹委员会认为："正是在这个地方，苹果公司诞生了，50—100台第一批苹果电脑装配起来。所有这些故事都属于加利福尼亚州或是美国的文化遗产，都代表着重要的历史贡献。"

乔布斯在2011年10月5日因患胰腺癌回天乏术，年仅56岁而离世。翌日，美国总统奥巴马发表讲话，沉痛悼念这位天才式的发明家、企业家，特别提及了乔布斯故居里的车库：

> 乔布斯是美国历史上最伟大的创新者之一，他勇于与众不同地思考问题，敢于相信他可以改变世界，他的天赋和才华也使他做到了这点。他在车库里建立了这个星球上最成功的公司之一，充分体现了美国人的创造力。

车库，美国的别墅式住宅里，家家都有。奥巴马为什么那样看重乔布斯家的车库呢？

不仅是奥巴马如此，几乎到乔布斯故居参观的"乔粉"们，都把关注的目光首先投向车库。这是因为在乔布斯故居车库里诞生的"苹果"，影响了全世界。

其实，乔布斯原本与这幢房子毫无关系。1955年2月24日，乔布斯出生于旧金山。他的生父是阿拉伯人，生母是日耳曼人。生母未婚先孕，把儿子送给了在洛斯阿托斯市激光仪器厂里当工人的保罗·乔布斯和妻子克拉拉。于是，乔布斯来到养父母所住的这幢房子，在这里度过了童年和青少年时代。洛斯阿托斯市处于著名的硅谷之中。养父母的邻居们很多是惠普公司的职工，所以乔布斯从小就在硅谷高科技的氛围中成长。

乔布斯在上初中的时候，结识斯蒂夫·沃兹尼亚克，志趣相投，结为密友。沃兹尼亚克是学校电子俱乐部的会长。他俩着手研究电子玩意儿，就在乔布斯家的车库里。

两个小伙子为什么成天躲在车库里，探究电子世界呢？他们看中车库，一是车库里有工具箱，有各种各样的工具，还有工作台，而且墙上有电源插座。再说，车库面积大，又不受别人干扰，何况水泥地面，没有铺地毯、地板，最适合作为电子实验室。乔布斯的养父母对乔布斯宠爱有加，见到儿子那么钟爱电子实验，干脆就把汽车停到院子里，让出车库给乔布斯施展才华。

乔布斯跟沃兹尼亚克两人取长补短，可谓绝配。沃兹尼亚克擅长动手，制作各种电子产品，而乔布斯则擅长构思，做总体设计，而且擅长外交、组织。也就是说，沃兹尼亚克是一块总工程师的料，而乔布斯则表现出 CEO 的才华。他俩在车库里你一言，我一语，设定了最初的努力目标：制造一台人人买得起的电脑。

那时候，电脑很贵，一台电脑连同配套设备要 10 万美元，只有大公司才买得起，跟普通百姓相距十万八千里。

1976 年春，乔布斯和沃兹尼亚克在旧金山的电子产品展销会上，买到一块 6502 芯片。他们在车库里进行组装，配上屏幕和键盘。经过多次的改进，车库里爆发出欢呼声，当他们在键盘上打字，在屏幕上终于出现文字——他们制成了世界上第一台家用电脑。

1976 年 4 月 1 日，21 岁的乔布斯与 26 岁的沃兹尼亚克在车库里决定成立一家电脑公司。乔布斯为这家公司取名"苹果"。他们研制的家用电脑，也就叫作"苹果Ⅰ号"电脑。

"苹果Ⅰ号"电脑在车库里无人问津。直至 3 个月之后——1976 年 7 月，引起了硅谷电子产品零售商保罗·特雷尔的注意。他来到乔布斯家的车库，看了两位年轻人的演示之后，一眼就看出"苹果Ⅰ号"电脑背后的巨大商机，决定订购 50 台。

　　这对于乔布斯和沃兹尼亚克来说，是天大的喜事。为了筹集生产50台"苹果 I 号"电脑的资金，除了特雷尔预付的定金之外，乔布斯卖掉了自己的爱车，沃兹尼亚克卖掉了自己的惠普65型计算器。

　　乔布斯发挥了他的外交才能，跟英特尔老板"砍价"。最后，英特尔老板以最低价卖给他一批电子元器件，而且还允许他"赊账"——在卖出第一批50台"苹果 I 号"电脑之后付款。

　　乔布斯发挥了他的组织才能，没钱雇佣工人的他把养父母、妹妹还有同学都拉来充当临时工，让沃兹尼亚克教会他们如何往电子线路板上插各种电子元器件。

　　于是车库变成了电脑工厂。每一台"苹果 I 号"电脑组装完毕之后，由沃兹尼亚克认真调试，以确保产品的质量。

　　第一批50台"苹果 I 号"电脑如期交货之后，乔布斯和沃兹尼亚克赚取了人生的第一桶金——2万多美元，这在当时足够买硅谷一幢豪华别墅了。苹果公司在硅谷"露脸"了。

　　又过了3个月——1976年10月，一辆豪华轿车停在乔布斯的车库前，电气工程师马尔库拉来到车库拜访乔布斯和沃兹尼亚克。马尔库拉擅长推销，决定给他们贷款69万美元，包销"苹果 I 号"电脑。

　　小小的车库已经无法容纳长大了的"苹果"。乔布斯在硅谷建造厂房、雇佣工人，开始大量生产"苹果 I 号"电脑。

　　此后，乔布斯"芝麻开花节节高"。

　　乔布斯和沃兹尼亚克着手研制升级换代的"苹果 II 号"电脑，这是真正意义上的个人家用电脑。

　　1977年6月，"苹果 II 号"电脑上市，定价1298美元，在全球热卖两百多万台。苹果公司不仅从此站稳脚跟，而且成为硅谷的大公司。

　　1980年12月12日，苹果公司股票上市，460万股在1小时之内被抢购一空。乔布斯和沃兹尼亚克步入亿万富翁的行列。

　　可贵的是，乔布斯头脑里的创新发动机，依然在急速旋转。

　　苹果公司在推出苹果电脑之后，又相继推出 iPad、iPhone，在全世界掀起的巨大的销售波浪，给亿万人带来新的生活享受。

每一次出现在苹果公司新产品发布会上，一米八的瘦高个儿的乔布斯，从来都是身穿一件黑色套头衫、一条蓝色牛仔裤和一双运动鞋。据说他买了好多件同样颜色的套头衫、牛仔裤和运动鞋，为的是尽量节约花费在生活琐事上的时间。

他的饮食也极简单，多少年来坚持素食，吃原始状态的蔬菜和水果。

乔布斯，Jobs，英文的原意就是工作。这位从车库里走出来的科学家，工作贯穿于他的一生。

乔布斯的信条是："创新是无极限的，有限的是想象力。"

# 109. 他的小学、中学和大学——比尔·盖茨

比尔·盖茨（1955—  ）

美国软件工程师。微软公司联合创始人，曾任微软公司董事长、CEO 和首席软件设计师。2017 年当选中国科学院外籍院士。

　　美国西雅图一所小学的图书馆，需要一位小学生做义工，帮助图书管理员整理图书。四年级的一个黄头发的小男孩自告奋勇来到那里，管理员告诉他，有的小朋友看完图书随手乱放，所以图书馆每天都要整理图书。管理员教他图书分类的方法。小男孩很快就明白了，并且找出好几本"站错队"的图书，让它们回到原来的位置。

　　管理员很喜欢这个聪明又认真的小男孩，而小男孩天天到图书馆帮忙整理图书。他因此被管理员看中，成为图书馆的小管理员。小男孩喜爱这份工作，除了乐于为大家服务之外，还因为他非常喜欢读书，当小管理员使他能够有机会读到更多的课外书。

　　这个小男孩，名叫比尔·盖茨。他出生于中产之家。父亲是律师，家中有好多书。他从小就养成了酷爱阅读的习惯。7岁的他，就找出父亲书柜里那套《世界大百科全书》，看得津津有味。父母见他那么爱看书，凡是他想看的书，总是买给他。不过，家里的书毕竟有限，而且很多是父亲的法律专业图书，所以他尽量到学校图书馆借书、看书。他饶有兴味地读了《拿破仑传》，这原本是高中生、大学生才看的书。

　　盖茨是个左撇子。在上小学的时候，他就养成了用左手写日记的习惯。他擅长思索，曾经对同学说过一段颇有抱负的话："与其做一株绿洲的小草，还不如做一棵秃丘中的橡树，因为小草千篇一律，而橡树高大挺拔，昂首苍穹。"

　　在小学，盖茨对数学格外感兴趣。他的数学成绩，在班上一直名列前茅。

　　小学毕业的时候，父亲建议盖茨报考西雅图的湖滨中学。盖茨早就知道湖滨中学是西雅图最好的中学，当然愿意到那里上学。

　　"那里是美国最先开设电子计算机课的学校，特别适合你。"父亲对盖茨说，"你在那里可以发挥你的数学特长，学习电子计算机。"

　　盖茨第一次从父亲那里听说了电子计算机。正因为这样，当他来到湖滨中学，数学老师带领新生参观PDP-10电子计算机的时候，盖茨格外用心听讲。那时候，PDP-10电子计算机很庞大，占了一个房间。电子计算机成为湖滨中学的骄傲，因为当时西雅图别的中学还没有电子计算机呢！

数学老师告诉孩子们，电子计算机有着非常广大的神通，能够帮助人做许许多多工作。

果真，盖茨成了这个神秘机器的"粉丝"。在那里，盖茨结识了另一位"粉丝"，名叫保罗·艾伦。艾伦比他大两岁，高他两个年级。共同的爱好，使盖茨与艾伦成了密友。

1968年，盖茨与艾伦经常"泡"在学校的电子计算机房里，研究着一本指导手册，学习如何编制BASIC程序。也就是说，他俩的兴趣不在"硬件"，而在"软件"。

那时候，使用电子计算机的费用挺贵。湖滨中学的电子计算机年度预算资金为3000美元。盖茨和艾伦在几个星期之内，便把湖滨中学这笔预算资金花光了。

没有资金，湖滨中学的电子计算机停止运转了。这时候，盖茨与艾伦怅然若失，如同猎人手中没有了猎枪。盖茨第一次感到，没有电子计算机的日子真是难受极了。

除了湖滨中学，还有没有别的地方可以使用电子计算机呢？艾伦的耳朵尖，打听到在一家名叫"计算机中心公司"可以免费使用那里的PDP-10电子计算机，条件是帮助这家公司抓"臭虫"。什么是"臭虫"呢？那就是PDP-10电子计算机软件系统中的漏洞。

于是，盖茨与艾伦来到"计算机中心公司"。那里的工程师看到站在面前的是两个乳臭未干的中学生，投来怀疑的目光。盖茨与艾伦自称是"湖滨中学程序编制小组"成员。工程师们让两个中学生试用PDP-10电子计算机，他俩的动作是那么熟练，清楚地表明他们年纪虽小却不可小觑。于是，这家公司跟盖茨与艾伦签订协议，在公司员工下班之后允许他俩免费使用电子计算机房，条件是向公司提交软件程序错误清单和有关情况的报告。

这样一来，盖茨与艾伦又有了"猎枪"，而射击的目标不是野兽，而是"臭虫"。他们每天晚上到这家公司使用电子计算机，一边编制他们自己的程序，一边帮助这家公司寻找软件程序错误。他俩的报告使这家公司非常满意，而通过不断地使用电子计算机编制程序，这两位中学生成了优秀的软件专家。

当然，长期在夜晚工作，而白天要去学校上课，盖茨与艾伦倍感劳累。好在他俩是聪明而又用功的孩子，学习成绩一直优秀，尤其是数学成绩格外出众。

1971年6月，湖滨中学要用电子计算机编制一个课程表程序，盖茨与艾伦完成了这一任务。学校给了2400美元的报酬。这是他俩平生第一次获得编制程序的报酬。

也就是在这一年，艾伦从湖滨中学毕业，考入华盛顿州立大学（西雅图属于华盛顿州）。虽然艾伦上大学了，仍然跟盖茨保持密切的联系。他俩成立了"交通数据公司"，用电子计算机分析交通流量。他俩从交通部门获得了2万美元的报酬。

1973年，18岁的盖茨从湖滨中学毕业。父亲建议他报考哈佛大学法律系。哈佛大学是美国名牌大学，而法律系则是哈佛大学的名牌系。父亲是西雅图的著名律师，是华盛顿州律师协会主席，希望子承父业，培养盖茨成为名牌律师。父亲还有一个没有说出来的愿望，因为好几位美国总统以及诸多大政治家，毕业于哈佛大学法律系，父亲期望盖茨将来也成为美国政界领袖。

盖茨听从父亲的建议，以高分考入哈佛大学法律系——当年美国大学入学考试标准化测试满分为1600，而盖茨得了1590。这样，盖茨从西雅图来到波士顿，来到哈佛大学上学。

盖茨"身在曹营心在汉"，尽管他念的是法律系，心却在电子计算机。虽然他跟好友艾伦远隔千里，却保持频繁的通信、通话。盖茨依然在钻研电子计算机的BASIC程序。

就在这时候，电子计算机的硬件技术发生了革命性的变化。1974年夏天，英特尔公司推出了8080芯片，推出了8008微处理器。随着高密度电子芯片的出现，电子计算机不再是那么庞大，那么昂贵，而是迈向小型化，价格不断降低，成为大众化的家用电脑。

盖茨与艾伦敏锐地意识到电脑硬件的这场革命，势必要求电脑软件也会进行革命，他们及时抓住了这一历史机遇。1974年12月，艾伦专程到哈佛大学看望盖茨。他俩在经过书报亭时，被美国《大众电子》杂志的封面所吸引。封面刊登 MITS 公司最新款的 Altair 8800 电脑，只有一只烤箱那么大。他俩当即买下这期《大众电子》杂志，商议给这一电脑编制程序。盖茨给 MITS 总裁埃德·罗伯茨打了电话，表达了这个意愿，最终得到罗伯茨的支持。

盖茨与艾伦在哈佛大学的电子计算机房里夜以继日工作了四个星期，完成了这一程序的编写。1975年2月1日，他俩把这一程序出售给 MITS 公司，获得18万美元的版税。

这一巨大的成功，使盖茨面临命运的抉择：继续在哈佛大学法律系读下去，还是毅然辍学，从事电脑软件开发？

盖茨选择了后者，并把自己的意见告诉了父亲。父亲当然深为惋惜，但是毕竟通情达理，充分尊重盖茨的意愿。父亲说："如果创业失败，再回哈佛大学法律系继续完成学业，拿到学位。"

盖茨在创业的道路上连获成功：1976年11月26日，盖茨与艾伦注册了"微软"（Microsoft）商标，成立了微软公司。这时盖茨21岁，艾伦23岁。

1977年1月，盖茨从哈佛大学辍学。

盖茨在小学时爱读书，中学时爱电脑，大学时爱创业，走上了成功之路。

在盖茨与艾伦的努力下，微软公司在美国崛起。1980年微软公司推出"MS-DOS"系统，一炮打响。

1983年11月10日，Windows 操作系统亮相，成为微软公司的名牌产品。如今，全世界90%的电脑都安装了 Windows 操作系统。

盖茨跟乔布斯同龄。他们年轻时，生活在电脑崛起的时代。乔布斯成为电脑硬件科学家之中的领军者，而盖茨则成为电脑软件科学家中的翘楚。乔布斯的成功，得益于在起步时就有志同道合的小伙伴沃兹尼亚克，他们亲密无间地合作了一辈子。盖茨也一样，他的成功，得益于在起步时就有志同道合的小伙伴艾伦，他们也亲密无间地合作了一辈子。

比尔·盖茨坐上了世界首富的金色交椅，一坐就是二十多年。